Zada Wagner
Verstoßen für die Freiheit

Über die Autorin

Zada Wagner ist ein Pseudonym, um die Anonymität aller Beteiligten zu gewährleisten und die Autorin zu schützen. Die Autorin ist 1988 geboren und Mutter von zwei Kindern. Sie arbeitet als Unternehmerin in Deutschland und steht leidenschaftlich für Frauenrechte ein, für die sie seit ihrer Kindheit kämpft. In ihrer Freizeit genießt sie ihre Freiheit, so leben zu dürfen, wie sie es möchte. Sie reist und taucht leidenschaftlich gerne und liebt es, Zeit in der Natur zu verbringen.

Zada
Wagner

Verstoßen für die Freiheit

Zwischen Familienehre und Sehnsucht – eine Frau kämpft für ihren Weg in die Selbstbestimmung

Wenn nicht anders angegeben, wurden die Bibelstellen der folgenden Übersetzung entnommen:
Lutherbibel, revidiert 2017, © 2016 Deutsche Bibelgesellschaft, Stuttgart (LUT).
Weitere verwendete Übersetzung:
Hoffnung für alle® Bibel. Copyright © 1983, 1996, 2002, 2015 by Biblica Inc.®.
Verwendet mit freundlicher Genehmigung von Fontis – Brunnen Basel.
Alle weiteren Rechte weltweit vorbehalten (HFA).

Copyright © 2024 Gerth Medien
in der SCM Verlagsgruppe GmbH,
Berliner Ring 62, 35576 Wetzlar

1. Auflage 2024
Bestell-Nr. 821037
ISBN 978-3-98695-037-8

Umschlaggestaltung: Maren Habla
Satz: Greiner & Reichel, Köln
Druck und Verarbeitung: GGP Media GmbH, Pößneck
Printed in Germany

www.gerth.de

Prolog

Es regnete. Die Tropfen schlugen auf die Glasscheibe des Dachfensters und trübten sie ein. Ich konnte den Himmel nicht sehen. Regungslos lag ich da und horchte in mich hinein. Einige Minuten vergingen, doch es passierte nichts. Die Tropfen prasselten weiterhin auf die Scheibe – das war alles. *Es war wirklich weg!*

Immer wieder war ich morgens aufgewacht und schon nach wenigen Sekunden hatten mich eine schlechte Stimmung, Negativität und Trauer übermannt. Doch heute, das erste Mal nach einer so langen Zeit, fühlte ich mich ganz einfach FREI! Unglaublich! Ich lächelte und fing vor Dankbarkeit an zu weinen. Mein Mann Christian war bereits unterwegs, sodass ich diesen Moment nicht mit ihm teilen konnte. Ich wünschte mir, ihm nahe zu sein. Das hatte ich lange nicht mehr so empfunden.

Ich lauschte meinen Kindern, wie sie im Zimmer vor sich hin brabbelten. Voller Tatendrang stand ich also auf. Der Tag wartete auf mich! Als wir gemeinsam ins Bad gingen, betrachtete ich uns im Spiegel. Da war eine Frau, die ein Kind auf dem Arm hatte und ein weiteres stand mit der Zahnbürste in der Hand vor ihr. Es war lange her, dass ich uns ganz bewusst wahrnahm. Ich liebte meine kleine, süße, hübsche Familie. Mein Mädchen war komplett blond und blauäugig, mein Sohn hatte hellbraune Haare und braune Augen. Menschen, die uns nicht kannten, würden uns auf den ersten Blick nicht als Familie erkennen. Ich mit meinem gebräunten

Teint, meinen dunklen Haaren und dunklen Augen würde nie als Mutter meiner Kinder erkannt werden. Es amüsierte mich, dass wir eine so bunte Familie waren. Hier fehlte nur mein Mann, der Vater meiner Kinder.

Ich war glücklich. So richtig glücklich wie schon lange nicht mehr. Und ich war ganz sicher: Gott, zu dem ich im Moment größter Verzweiflung gebetet hatte, hatte mich aus den dunklen Tiefen meines Lebens befreit.

Vorwort

Dieses Buch beruht auf einer wahren Begebenheit, meiner Lebensgeschichte.

Ich habe mich dazu entschieden, sie zu erzählen, weil mir in meinem Leben viel zu viele Menschen begegnet sind, die sich dem Zwang ihrer Familien oder der Gesellschaft gebeugt haben. Einige davon sind muslimische Mädchen, die einer arrangierten Hochzeit zustimmten, weil sie Angst hatten, sonst von ihrer Familie verstoßen zu werden. Doch ebenso lernte ich Christen aus sehr konservativen Familien kennen, die von ihren nahen Angehörigen deren feste Interpretation davon, wie man mit Gott zu leben hätte, aufgezwungen bekamen. Manche dieser Menschen wollten sich verwirklichen, erfuhren aber Ablehnung und Widerstand, weil sie damit scheinbar gegen die Werte ihrer Familien oder sogar gegen Traditionen ihrer Kultur verstoßen würden. Somit gaben und geben weiterhin viele auf. Die Sorge vor dem Alleinsein ohne Familie ist oft größer als der Wunsch, einen Lebenstraum zu erfüllen. Somit beugen sie sich.

Diese Menschen können sich selbst nicht finden, weil sie das Leben eines oder einer anderen führen, aber nicht ihr eigenes. Die, die nicht auf ihr Innerstes, ihr Herz, hören und sich deshalb ein Stück weit aufgeben, haben eines gemeinsam: Sie sind nicht glücklich. Immer wieder müssen sie sich fragen: *Was wäre, wenn ich doch meinen eigenen Weg gegangen wäre?*

Dieses *„Was wäre, wenn ...?"* habe ich gewagt. Auf meinem

Weg musste ich sehr viele Hürden nehmen, und genau davon möchte ich berichten.

Bevor ich jedoch meine Geschichte erzähle, möchte ich betonen, dass es nicht meine Absicht ist, Streit und Konflikte in den betroffenen Familien und in Teilen der Gesellschaft heraufzubeschwören. Ich wünsche mir, dass alle Menschen, die eine enge Sichtweise auf das Leben haben – sei es aufgrund ihrer Tradition oder ihrer Religion – andere, die nicht nach ihren Vorstellungen leben, akzeptieren und respektieren.

Es geht mir nicht darum zu appellieren, dass man seine traditionellen Werte vergessen sollte, wenn sie für einen selbst wichtig sind. Mein Anliegen ist es, dass Menschen ihre Nächsten so respektieren können, wie sie selbst respektiert werden möchten.

Diese Toleranz durfte ich in meinem Leben leider nicht erfahren. Ich verliebte mich als junge arabischstämmige Frau in Deutschland in einen deutschen Mann und wollte mit ihm zusammen sein. Deswegen entschied ich mich für ein Leben mit ihm. Dieses scheinbare „Vergehen" wurde mir schwerwiegend zur Last gelegt und vom Großteil meiner Familie bis heute nicht „verziehen". Sie entschieden sich, ihr Gesicht vor der Gesellschaft zu wahren, und somit wurde ich verstoßen.

So stand ich eines Tages als junge Frau verzweifelt in meinem Zimmer und legte den Wohnungsschlüssel auf meinen Schreibtisch, der mich über die Schulzeit stets begleitet hatte. Wenn ich jetzt ginge, so wusste ich, würde ich alles verlieren, was mein bisheriges Leben ausgemacht hatte. Wollte ich das alles wirklich aufs Spiel setzen? Gab es dann kein Zurück mehr? War dies der Preis, den ich für meine Freiheit zahlen musste?

Wenn es so kommen sollte, dann wäre das ein sehr hoher Preis. Auch wenn ich mit Gottes Hilfe viele Verletzungen im Laufe der Jahre überwinden durfte und meine Entscheidung nicht bereue, war sie unglaublich schmerzhaft für mich ...

Kapitel 1

Meine Familie ist palästinensischen Ursprungs. Ein Großteil der Palästinenser, so auch meine Familie, flohen ab 1948 aufgrund der Auseinandersetzungen mit Israel ins Nachbarland Jordanien. Mein Großvater wuchs dort in einer wohlhabenden Familie auf und wurde in den 70er-Jahren ein erfolgreicher Geschäftsmann. Er heiratete meine leibliche Großmutter und gemeinsam hatten sie sechs Kinder, drei Mädchen und drei Jungen. Um seiner Familie aber eine sichere Zukunft bieten zu können, ging mein Großvater daraufhin allein nach Deutschland. Dort fasste er beruflich Fuß und verdiente genug Geld, um mit dem Ersparten aus Jordanien und seinem Einkommen ein Mehrfamilienhaus in Hamburg kaufen zu können.

Während dieser Monate lernte meine Großmutter in seiner Abwesenheit einen anderen Mann kennen und brannte mit ihm durch. Sie verschwand einfach. Daraufhin bot mein Großvater seinen Kindern, die zu dieser Zeit im Teenageralter waren, an, nach Deutschland zu kommen, und die drei jüngsten, darunter mein Vater, nahmen das Angebot an. In den 80er-Jahren lernte er dann die Frau kennen und lieben, die zu meiner Oma wurde. Sie war Deutsche und Christin, er Araber und Muslim. Ja, tatsächlich – meine „zweite" Oma war eine Deutsche. Sie war zwar nicht meine leibliche, dennoch immer wie eine echte Oma für mich gewesen. Für die damalige Zeit war die Liebe zwischen meinen Großeltern sicherlich ungewöhnlich, und auch heute, nach 40 Jahren, ist sie es für einige nach wie vor. Für meinen Vater und seine Geschwister war es jedenfalls alles andere als erfreulich, dass ihr Vater eine deutsche Frau zur Gattin genommen hatte. Dies hatte meine Großmutter leider auch des Öfteren zu spüren bekommen. Doch die Liebe meiner Großeltern war stark!

Mein Vater wurde in Jordanien geboren und war 14, als er nach Deutschland kam. Er ging hier zur Schule und machte eine handwerkliche Ausbildung. Da es für ihn, im Gegensatz zu seinem Vater, nicht infrage kam, eine Frau zu heiraten, die bereits westliche Lebensgewohnheiten angenommen hatte, beschloss er in seinem 20. Lebensjahr, nach Jordanien zu fliegen, um dort eine sunnitische Ehefrau zu finden. Damals, und bei vielen Familien auch heute noch, war das Interesse des Mannes und seiner Familie groß, eine Frau zu heiraten, die der kulturellen Tradition entsprach. Das bedeutete, sie war Jungfrau, arabischer Herkunft, konnte kochen, putzen, war gebärfreudig und im besten Fall auch noch gut aussehend. Für meinen Vater war es undenkbar, eine deutsche Frau zur Braut zu nehmen.

Während dieses Jordanien-Aufenthaltes lernte mein Vater dann meine Mutter kennen. Sie war wunderschön und erst 16 Jahre alt. Wie so oft kamen solche Begegnungen zustande, weil irgendwer immer jemanden kannte, der eine heiratsfähige Tochter hatte. Da er die Brautsuche selbst vornahm, ging er zu den Eltern meiner Mutter und bat diese, anstelle meines Großvaters, der dies eigentlich hätte tun müssen, um ihre Hand. Für sie war es wie ein „Sechser im Lotto", ihn zu heiraten, um dann in Deutschland leben zu dürfen, denn auch sie hatte kein einfaches Leben.

Ihr Vater hatte bereits jung eine Familie gegründet. Um Geld zu verdienen, war er oft monatelang im Ausland gewesen. Während eines Aufenthalts in Ägypten zeugte er mit einer anderen Frau, die er als zweite Ehefrau heiratete, meine

Mutter. Als er wieder zurück nach Jordanien ging, trennte er sich wieder von dieser Frau und nahm meine Mutter einfach mit. In arabischen Ländern besitzen oftmals die Väter das absolute Sorgerecht für ihre Kinder. Meine Mutter wuchs also bei ihrer Stiefmutter auf, die überhaupt nicht erfreut war, was mein Opa in Ägypten getan hatte. Dies hatte sie ihr junges Leben lang zu spüren bekommen.

Nachdem meine Eltern in Jordanien also eine islamische Trauung vorgenommen hatten, flogen sie gemeinsam nach Hamburg und heirateten dort standesamtlich mit der schriftlichen Einverständniserklärung der Eltern meiner Mutter, die aufgrund ihrer Minderjährigkeit nötig war. Damals war dies nach deutschem Recht noch möglich.

Obwohl mein Opa eine Generation älter war als mein Vater und mein Onkel, teilte er nicht die gleichen kulturellen Ansichten wie der Rest meiner Familie. Seinen Glauben hat er zur Grundlage seines Lebens gemacht. Er betete fünfmal am Tag, indem er seinen Gebetsteppich gen Mekka ausrichtete und in den Dialog mit Gott ging. Die Werte seiner Religion lebte er. Mit anderen Menschen ging er sehr liebevoll um. Er betrachtete die drei Weltreligionen Christentum, Islam und sogar das Judentum – was meiner Meinung nach für einen Palästinenser bemerkenswert ist – als gleichwertig. Für ihn zählte nur, dass man Gott liebt und jeden Menschen so behandelt, wie man selbst behandelt werden möchte.

Mein Großvater unterwarf sich dem Zwang der arabischen Gemeinschaft, in der er lebte, nicht. Die Meinung anderer Leute war ihm nicht so wichtig. Darum war es ihm auch egal, was die Menschen über seine Ehe mit einer Deutschen dachten. Der Koran sagt ganz klar aus, dass ein Mann eine Frau einer anderen Religion heiraten darf. Und nur was im Koran stand, galt für ihn. Der Mann gilt dort als Oberhaupt der Familie und gibt die Religion an seine Kinder weiter.

Mein Großvater hatte mit seiner zweiten Ehefrau jedoch keine weiteren Kinder mehr bekommen können. Einer Muslima war es hingegen nur gestattet, einen Muslim zu heiraten, da eine Frau die Religion an die Kinder nicht weitergeben konnte. Und wenn eine Frau einen Ungläubigen heiraten und mit ihm Kinder zeugen würde, würden diese Kinder in die Hölle kommen, da sie aufgrund der Missetat der Mutter ungläubig aufwuchsen.

Was ich an meinen beiden Großeltern immer sehr bewundert habe, war, dass sie einander trotz ihrer unterschiedlichen Religionen von Herzen respektierten und sich noch mit über 80 Jahren bedingungslos liebten. Tagtäglich lasen sie gemeinsam aus der Bibel oder dem Koran vor und philosophierten über die Botschaften darin. Mein Opa lies jedes Jahr zum Zucker- oder Opferfest seine Enkelkinder aus der Bibel vorlesen. Sein Lieblingspsalm aus der Bibel war Psalm 23:

> *„Der HERR ist mein Hirte, mir wird nichts mangeln. Er weidet mich auf einer grünen Aue und führet mich zum frischen Wasser. Er erquicket meine Seele. Er führet mich auf rechter Straße um seines Namens willen. Und ob ich schon wanderte im finstern Tal, fürchte ich kein Unglück; denn du bist bei mir, dein Stecken und Stab trösten mich. Du bereitest vor mir einen Tisch im Angesicht meiner Feinde. Du salbest mein Haupt mit Öl und schenkest mir voll ein. Gutes und Barmherzigkeit werden mir folgen mein Leben lang, und ich werde bleiben im Hause des HERRN immerdar."*

Die größte Sorge meiner Oma war, dass mein Opa vor ihr aus dieser Welt scheiden würde, denn dann würde sie sich allein mit der muslimischen Familie auseinandersetzen müssen. Die negative Einstellung der Kinder meines Opas gegenüber seiner zweiten Ehe war besonders verwunderlich, da sie bereits eine längere Zeit in Deutschland gelebt und die Vorteile und Freiheiten der deutschen Gesellschaft genossen hatten.

Im besagten Hamburger Mehrfamilienhaus wohnten also meine Großeltern, mein Onkel sowie mein ältester Cousin jeweils mit ihren Familien und mein Vater mit meiner Mutter, meinem Bruder und mir. Ich liebte dieses Haus. Wir hatten dort einen wunderschönen Garten mit vielen Obstbäumen und Blumenbeeten.

Man würde meinen, dass mein Opa, der ohne Zweifel das autoritäre Familienoberhaupt meiner Familie war, seine Toleranz und Weltoffenheit an seine Kinder weitergeben konnte. Er hatte es auch immer wieder versucht, indem er kein Gespräch über dieses Thema mied. Mit seiner glücklichen Ehe und seinem großen deutschen Freundeskreis lebte er es seiner Familie vor. Trotzdem konnte er sie nicht erreichen. Sie tolerierten zwar die Bürger, die in diesem Land wohnten, grüßten die Nachbarn und zahlten ihre Steuern, jedoch wäre es eine Katastrophe, ja, eine „Familienschande" gewesen, wenn sich eine Tochter von ihnen jemals in einen deutschen Mann verlieben würde ...

Kapitel 2

Einige Monate nach der Hochzeit meiner Eltern war ich geboren worden. Doch ich kam nicht allein, denn mein Zwillingsbruder Jamal erblickte nur wenige Minuten vor mir das Licht der Welt. Gemeinsam wuchsen wir im Haus meines Opas auf. Als wir vier Jahre alt wurden, ließen sich unsere Eltern scheiden, denn sie stritten sehr viel. Sie waren einfach zu unterschiedlich und hatten sich vor der Hochzeit nicht gut gekannt. Meine Mutter hatte sich dazu entschieden, kein Kopftuch mehr zu tragen, womit mein Vater nicht einverstanden war und was ihn gegen sie aufbrachte. Er schämte sich vor der arabischen Gesellschaft zutiefst wegen der „Verwestlichung" seiner eigenen Ehefrau.

Die ersten drei Jahre nach der Trennung waren wir jedes zweite Wochenende bei meinem Vater. Später hatte ich nicht mehr in dieser Regelmäßigkeit Kontakt zu ihm. Ich fand Gründe, nicht mehr jedes Mal mit meinem Bruder zusammen zu ihm zu fahren, denn ich wollte lieber bei meiner Mutter bleiben und ihr damit gefallen. Es war für mich ein Akt der Solidarität ihr gegenüber, obwohl ich das Haus meines Opas mit seinen Bewohnern vermisste.

Meine Mutter hingegen, bei der wir unter der Woche lebten, war mit der Situation überfordert. Sie schrie herum, beleidigte uns und immer wieder schlug sie uns aus nichtigen Gründen. Mal war das Zimmer zu unordentlich und wir bekamen eine Ohrfeige oder wir waren zu laut und erhielten Schläge mit dem Gürtel. Wir durften nie ein Wort über meinen Vater verlieren, es sei denn, wir sagten etwas, das ihren Hass gegen ihn bestätigte und damit weiter schürte. Alles, was ihn betraf, nahm sie persönlich und versuchte stets, uns gegen ihn aufzuhetzen. Und sie drohte mit uns Dinge zu tun, die uns demütigen sollten, wenn wir nicht das täten, was sie von uns erwartete. Sie würde uns „rausschmeißen" aus dem, wie sie sagte, „gesegnetem Leben" mit ihr. Da sie uns das Leben geschenkt habe, hätte sie auch das Recht, darüber zu bestimmen. Obwohl ich mich an all das gewöhnt hatte, war mir eine Drohung sehr unangenehm in Erinnerung. Sie wollte uns, wenn wir nicht so funktionierten, wie sie wollte, nackt ins Treppenhaus setzen. Nicht nur dass es kalt sein würde – der Gedanke daran, dass andere Menschen mich so sehen würden, ging mir als Kind sehr nahe.

Eines Tages lernte meine Mutter einen neuen Mann bei einer Freundin kennen, die eine verheiratete Muslima war. Deren Ehemann hatte an demselben Abend, an dem auch meine Mutter zu Besuch war, einen Freund eingeladen. Meine Mutter und der Freund des Mannes unterhielten sich die ganze Nacht. Zum Ende hin fragte er sie, ob sie ihn heiraten würde. Sie willigte dem Fremden ein und kein Jahr später gebar sie meine Halbschwester.

Unser Vater nahm meinen Bruder und mich zu sich, damit unsere Mutter die Geburt und die ersten Tage im Krankenhaus verbringen konnte. Doch leider hatte er auch anderes im Sinn. Mein Vater fuhr mit uns in seinem Auto durch Hamburg und stellte sehr geschickt Fragen, die uns dazu brachten, schlechte Dinge über unsere Mutter zu erzählen, nämlich dass sie uns beschimpfte und schlug. Es entsprach zwar der Wahrheit, doch wir wussten nicht, dass er unsere Stimmen während der Fahrt auf Tonband aufnahm. Mit den Aufnahmen ging mein Vater anschließend zum Jugendamt. Ich kann mich noch genau daran erinnern, wie er uns kurz darauf ebenfalls dorthin brachte und wollte, dass wir dem Sozialarbeiter alles erzählten. Ich war damals gerade erst neun Jahre alt geworden. Der Mann vom Jugendamt war ein älterer Herr mit weißem Schnurrbart. Mein Bruder und ich saßen an einem großen Tisch und ich sah, wie er entsetzt alles aufschrieb. Ich hatte das Gefühl, dass er hoffte, dass wir alles wieder verneinen würden. Er sagte sogar: „Dass eine Hand mal ausrutscht, passiert halt. Seid ihr euch sicher, dass es so schlimm ist, wie ihr es schildert?" Mein Bruder und ich schauten zu unserem Vater, der uns freundlich anblickte, und bejahten unsere Schilderung. So wie wir es erzählt hatten, war es ja auch! Ich hatte keine Ahnung, was das für Konsequenzen für uns haben sollte. Ich kann mich noch gut an dieses Gefühl erinnern, den Sozialarbeiter zu sehen und nicht zu verstehen, warum er hoffte, dass wir alles zurücknehmen würden. Er ahnte nämlich, was folgen sollte. Ein Teil in mir warnte mich, jedoch war ich zu jung und zu naiv, um auf diese Stimme zu hören. Es kam, wie es kommen musste: Wir wurden meiner Mutter weggenommen. Auch wenn wir bei ihr Gewalt erfuhren, war es keinesfalls meine Absicht gewesen, von ihr getrennt zu werden.

Nach dem Besuch beim Jugendamt waren alle im Haus meines Opas besonders nett zu meinem Bruder und mir. Am nächsten Tag fuhr mein Vater uns beide zur Schule. Dass er uns brachte, freute mich sehr. Ich drückte die Hand meines Bruders, der neben mir saß, denn es kam eine Erinnerung in mir hoch. In dem Jahr, in dem ich eingeschult worden war, war meine Mutter umgezogen. Die Umschulung sollte aber erst zum nächsten Schuljahresanfang stattfinden. Meine Mutter erwartete, dass wir mit dem Bus allein durch einen Teil der Stadt Hamburg fuhren, um zur Schule und wieder nach Hause zu kommen. Ich konnte mich noch gut erinnern, wie mein Bruder und ich mit unseren sieben Jahren das erste Mal mit dem Bus nach Hause fahren sollten. Wir hatten uns nach dem Schulschluss nicht gefunden, denn als Zwillinge waren wir unterschiedlichen Klassen zugewiesen worden. Daher waren wir beide getrennt gefahren. Glücklicherweise hatte ich den Weg nach Hause gefunden. Mein Bruder dagegen hatte sich verfahren. Der Busfahrer konnte über unsere Schule die Telefonnummer meiner Mutter erfahren und hatte sie zur Endstation gebeten. Dort angekommen, beleidigte sie ihren Sohn sofort aufs Niedrigste, weil er es mit seinen sieben Jahren nicht geschafft hatte, allein nach Hause zu finden. Sie war so wütend und ungehalten darüber, dass er ihr solche Umstände machte und sie ihn abholen musste.

Bei der Familie meines Vaters hingegen fühlten wir uns einfach wohl. Meine Großeltern verwöhnten uns und gaben uns das Gefühl, wichtig und geliebt zu sein. Nachdem uns mein Vater vor der Schule abgesetzt hatte, betraten mein Bruder und ich das Schulgebäude. Sofort fühlte ich eine Erleichterung. Der gewohnte Ablauf eines Schultages, dieselben Gesichter meiner Klassenkameraden und Lehrer – dies gab mir das Gefühl, dass alles wie immer war. Als die ersten beiden Schulstunden um waren, hatten wir eine große Pause. Ich traf mich mit meinem Bruder, denn auch hier waren wir in getrennten Klassen untergebracht, und gemeinsam gingen wir auf den Schulhof. Als sich die Pause dem Ende neigte, liefen wir die Treppen des Schulhauses hoch. Ich weiß noch, wie ich mich mit einer Klassenkameradin und meinem Bruder unterhielt, als ich das Schreien einer Frau hörte. Diese Stimme kannte ich und zuckte fürchterlich zusammen. Es war unsere Mutter, die bitterlich vor dem Lehrerzimmer weinte. Als ich sie so sah, wurde mir klar, was ich angerichtet hatte. Sie rannte zu mir und sagte, dass mein Vater uns ihr weggenommen hätte. Er sei zu ihr gefahren und habe das Band abgespielt, das er dem Jugendamt vorgelegt hatte. Der

Schulleiter kam und nahm meine Mutter mit in sein Büro. Mit der ganzen Situation, den Blicken und dem Getuschel der Schüler und Lehrer waren wir total überfordert. Meine Klassenlehrerin beendete diese schreckliche Situation schließlich und brachte meinen Bruder und mich in unsere Klassenzimmer. Dort angekommen, fing auch ich fürchterlich an zu weinen. Ich konnte mich kaum beruhigen. Ich war so traurig über den Verlust meiner Mutter, hatte Angst vor dem, was noch kommen würde, und fühlte Scham darüber, dass wir das Gesprächsthema der Schule waren. Meinem Bruder ging es genauso.

Unsere Lehrer hatten sich mit dem Jugendamt in Verbindung gesetzt und veranlasst, dass auch meiner Mutter Gehör verschafft wurde. Sie hatte ausgesagt, dass mein Vater sie in ihrer Ehe geschlagen hätte und uns nach wie vor schlagen würde. Darauf folgte einer der schrecklichsten Tage meines Lebens: Mein Bruder und ich saßen betrübt auf einer Holzbank, die in einem riesigen Flur eines Gerichtes stand, und klammerten uns aneinander, um uns gegenseitig Trost zu spenden. Unsere Eltern saßen mit einem Richter in einem Raum, dessen Tür direkt vor uns war. Wir schauten den Gang hinunter und blickten auf all unsere Lehrer, die uns unterrichteten. Abgesehen von einer kurzen Begrüßung ignorierten sie uns. Es fühlte sich wie eine Strafe an. Denn es beschämte mich zugleich, dass sie unseretwegen da waren und, was noch viel schlimmer war, sie anscheinend mehr wussten als wir. Nacheinander wurde jede beteiligte Person hereingebeten und machte eine Aussage. Der Richter hatte meiner Mutter anscheinend jedes Wort geglaubt. Er wäre wohl nie auf die Idee gekommen, dass es auch andersherum hätte sein können.

Zum Schluss wurden mein Bruder und ich dem Richter vorgeführt. Ja, dieses Wort spiegelt genau mein damaliges

Gefühl wider. Wir saßen mit ihm an einem großen, runden Tisch. Ohne irgendwelche einleitenden Worte, die uns ein bisschen auf alles vorbereitet hätten, fragte er uns, wo wir leben wollten: bei unserer Mutter oder unserem Vater. Wir hatten beide solche Angst. Ich sagte sofort „Bei meiner Mutter", obwohl ich wusste, dass ich es bei meinem Vater besser haben würde. Doch es ging einfach alles zu schnell, weil wir uns sofort entscheiden mussten und keinerlei Bedenkzeit hatten. Mein Bruder wollte zwar mit mir zusammenbleiben, hatte jedoch auch Mitleid mit meinem Vater, weil er ihn nicht allein lassen wollte. „Zu meinem Vater", kam es deswegen prompt aus seinem Mund. Somit wurden wir auseinandergerissen. Mein Bruder und ich waren bis dahin unzertrennlich gewesen. Wir gaben uns Halt und waren eine eingeschworene Gemeinschaft. Aber nun wurde entschieden, dass Ruhe in diese Familie einkehren müsste. Beide Familienhälften sollten unabhängig voneinander leben. Es sollte komplette Funkstille herrschen. Dies sollte uns schützen, doch die Trennung brachte nur noch mehr Schmerz und Kummer.

Mein Vater hatte meinen Zwillingsbruder folglich an einer uns damals nicht bekannten Schule angemeldet. Beide Elternteile verboten mir, meine Familie in unserem großen Haus weiterhin zu besuchen. Am Anfang war mein Bruder öfters heimlich zu uns nach Hause gekommen. Nur für wenige Minuten, weil er Angst hatte, dass es unser Vater herausfinden würde. Leider hatte meine Mutter ihm immer wieder schmerzhafte Vorwürfe für die Trennung zwischen uns gemacht, weil er sich für unseren Vater entschieden hatte. Aufgrund dieser Worte kam er uns dann irgendwann nicht mehr besuchen.

Kapitel 3

Im Laufe der Zeit und des langen Zusammenlebens mit meiner Mutter wirkten ihre Drohungen nicht mehr. Sie gingen mir in das eine Ohr hinein und aus dem anderen wieder hinaus. Meine Kindheit mit ihr hatte mich schlicht und ergreifend abgestumpft. Alles, was mich nicht umbrachte, wusste ich, konnte nicht so schlimm sein. Bis zu dieser Phase meines Lebens habe ich vieles nicht hinterfragt. In der Vergangenheit wurde ich geschlagen, gedemütigt und beschimpft. Ich habe es einfach hingenommen. Meine Mutter hatte mir oft gesagt, dass sie mich töten dürfte, da sie mir das Leben geschenkte hatte und folglich auch das Recht besäße, es mir zu nehmen. Ich kann mich noch gut an eine Situation erinnern, als sie mir dies an einer Ampel voller Wut auf Arabisch entgegenschleuderte. Mich belastete es nicht, dass sie so etwas zu mir sagte, doch ich schämte mich dafür, die Aufmerksamkeit der Menschen an der Ampel auf uns zu ziehen. Und so tat ich, als ob alles in Ordnung sei, und lächelte nur.

Eines Tages veränderte sich jedoch etwas in mir. Ein Erlebnis knackte meine emotionale Schale, als ich elf Jahre alt war. Nach der Schule ging ich mit meiner Freundin Taraneh zu ihr nach Hause. Ihre Eltern kamen aus dem Iran und waren Muslime, lebten ihre religiöse Überzeugung aber nicht aus. Aus meiner Sicht waren sie sehr liberal in ihren Ansichten. Als wir beide in die Wohnung kamen, umarmten sich Mutter und Tochter und küssten sich zu Begrüßung auf die Wange. Sofort schoss es mir in den Kopf: Wann hatte mich jemals jemand nach der Schule so umarmt? Ich fühlte mich zum ersten Mal in meinem Leben einsam. Nicht dass ich gar keine körperliche Zuwendung bekommen hatte, doch diese Herzlichkeit und Wärme zwischen diesen beiden Menschen zu spüren, löste einen Schmerz in mir aus. In diesem Moment wurde mir klar, in welchen Familienverhältnissen ich lebte und dass es andere gab. Es war, als ob mein Schutzmantel plötzlich von mir abfiel und all das Vergangene, das ich erfahren hatte, mich erneut einholte und mich diesmal all die Verletzungen und der Schmerz nicht unberührt ließen. Es wühlte mich sehr auf.

Ich fragte meine Freundin, ob sie sich öfter so begrüßen würden. Als sie verwundert über meine Frage sagte: „Jeden Tag", spürte ich eine Wut in mir aufkommen. In diesem Moment wurde ich geradezu überwältigt von einem sehr intensiven Gefühl und es richtete sich gegen alle arabischen Menschen. Ich – palästinensischer Herkunft – fing an, meinesgleichen zu hassen. *Alle Araber sind gleich*, so dachte ich. Ich wusste noch nicht, dass ich wenige Jahre später jedoch eines Besseren belehrt werden sollte.

Als ich 14 Jahre alt war und mein Bruder und ich schon unendliche fünf Jahre getrennt voneinander aufwuchsen, war die Sehnsucht nach ihm so gewachsen, dass ich ihn über seinen Kindheitsfreund heimlich ausfindig machte und seine Handynummer bekam. Wir telefonierten miteinander und schickten uns Nachrichten. Kurze Zeit später beschlossen wir, uns heimlich zu treffen. Unsere Eltern wussten von alldem nichts. Wir verabredeten uns vor einem Einkaufscenter. Ich hatte vor unserem Widersehen Angst davor gehabt, dass ich meinen Bruder nicht wiedererkennen würde. Als mir eine Menschenmenge entgegenkam, hielt ich jedoch inne. Sofort erkannte ich ihn. Er war einen Kopf größer geworden als ich, besaß aber noch leicht seine zarten Gesichtszüge von damals. Wir umarmten uns und liefen stillschweigend durch das Einkaufscenter. Später unterhielten wir uns, doch es kam nicht mehr als eine oberflächliche Unterhaltung zustande. Wir kannten uns nicht mehr. Keiner von uns wusste so richtig, was er sagen sollte. Von da an telefonierten wir einmal im Monat und trafen uns weiterhin heimlich alle paar Monate. Es hatte lange gedauert, bis wir wieder eine enge Bindung zueinander aufbauen konnten. Dafür besteht diese bis heute noch und ist unzertrennbar.

Mit der Zeit erfuhr ich, wie es ihm zwischenzeitlich ergangen war. Mein Vater hatte wieder geheiratet und erneut Kinder bekommen. Nun hatten wir auch von dieser Seite weitere Halbgeschwister. Doch seine neue Stiefmutter hatte ihn nicht gut behandelt. Im Endeffekt war es ihm nicht besser ergangen als mir. Auch er hatte dort leider Demütigungen und Gewalt erfahren. Mein Vater hatte seine Augen davor verschlossen und meinen Bruder seiner Frau vollkommen ausgeliefert. Ich fragte mich, wie unser Vater seinen eigenen Sohn nur so im Stich lassen konnte. Dem vielen Geschrei aus der Nachbarwohnung wollten meine Großeltern schließlich ein Ende setzen. Der Konflikt wurde gelöst, indem mein Opa einen Anbau an das Haus setzen ließ, den er mit meiner Oma nutzen wollte. Mein Bruder zog daraufhin in das ehemalige Schlafzimmer meiner Großeltern, wo es ihm endlich gut ging.

Kapitel 4

Mit 14 Jahren flog ich in die Heimat meiner Eltern nach Jordanien, wo ich das letzte Mal mit vier Jahren gewesen war. Der Besuch war geplant worden und nun waren wir zu sechst am Flughafen: meine Mutter, ihr Mann, meine drei neuen, geliebten Halbgeschwister und ich. Ich hatte eine enge, liebevolle Bindung zu meinen beiden Halbschwestern und meinem Halbbruder aufgebaut, die im Jahresabstand voneinander geboren waren.

Nach langem Warten waren nun endlich wir an der Reihe, in das Flugzeug einsteigen zu dürfen. Im schmalen Gang des Flugzeuges suchten die Passagiere ihre Plätze. *Fast überall nur diese Araber,* ging es mir dabei ständig durch den Kopf. Mein kleiner Halbbruder wollte unbedingt an einem Fensterplatz sitzen. Er setzte sich in eine beliebige Reihe und schaute mit strahlenden, großen Augen aus dem Fenster. Plötzlich schrie meine Mutter auf Arabisch durch das ganze Flugzeug: „Du verdammter Hund! Komm gefälligst her, dass ist nicht dein Platz!" Ich schämte mich wieder so sehr. Der Unterschied diesmal war aber, dass alle Menschen im Flugzeug meine Mutter verstanden hatten. Ein fremder arabischer Mann mittleren Alters, dem der Platz, auf dem mein Bruder saß, gehörte, sagte zu meiner Mutter: „Meine Schwester, du brauchst doch nicht so mit deinem Kind zu reden. Er kann meinen Fensterplatz haben." Dieser Mann war so freundlich und hatte Verständnis für meinen kleinen Bruder. Mir wurde klar, dass es auch andere Araber geben musste: jene, die nicht gleich beleidigten und drohten. Ich sagte mir: *Sie sind nicht alle gleich! Es ist meine Familie, die so ist, wie sie ist.*

Kurz danach lernte ich meine in Jordanien lebende Familie kennen. Es waren viele wunderbare, herzliche und intelligente Menschen darunter, die *nichts* mit meiner Mutter und einem gewissen Teil meiner Familie in Deutschland gemeinsam hatten. Diese Erlebnisse machten mir deutlich, dass es falsch war, alle Menschen meines Kulturkreises zu hassen.

Nach wie vor wohnte ich bei meiner Mutter und hatte keinen Kontakt zu meinem Vater. Doch das Leben ging auch so weiter. Es gab Tage, da musste ich darum betteln, meine Hausaufgaben zu Ende machen zu dürfen, weil meine Mutter keinerlei Verständnis dafür hatte. Sie wollte, dass ich sofort mit den Dingen begann, die im Haushalt erledigt werden mussten. Ich wusste aber, dass mein Wunsch nach einem anderen Leben als das, welches meine Mutter führte, nur in Erfüllung gehen könnte, wenn ich die Schule gut meisterte. Dies war die Grundlage dafür, eine gute Ausbildung zu erhalten und um später selbst genug Geld zu verdienen. Dadurch erhoffte ich die Unabhängigkeit zu erhalten, nach der ich mich so sehnte. Ich wünschte mir, dass meine Mutter, wie die meisten anderen Eltern auch, zu den Elternabenden meiner Schule gegangen wäre, um mein Lernen wertzuschätzen. Doch während meiner gesamten Schullaufbahn war sie nur zweimal auf solch einer Veranstaltung gewesen. Auch mein Stiefvater konnte sich an kaum einen Elternabend seiner Kinder aus erster Ehe erinnern. Beide rühmten sich stolz vor mir, wer von ihnen beiden an weniger solchen Veranstaltungen ihrer Kinder teilnahm.

Als ich mal wieder in meinem Zimmer saß und Hausaufgaben machte, hörte ich das Kreischen meines Halbbruders und dazu passend das Gebrüll meiner Mutter. Ich ignorierte es, denn es kam öfter vor. Meistens war der Lärm binnen kürzester Zeit wieder vorbei, weil meine Mutter sich nicht anders zu helfen wusste, als den Fernseher anzuschalten und die Kinder damit abzulenken. Aber diesmal hörte mein kleiner Bruder nicht mehr auf zu weinen. Ich lief aus meinem Zimmer zu meiner Mutter ins Wohnzimmer und fragte: „Mama, warum weint Mohammed?" Sie schaute mich nicht an. Sie starrte auf den Fernseher, rechts und links neben ihr saßen meine beiden Schwestern. Genervt antwortete sie: „Dein Bruder hört nicht! Darum muss er jetzt richtig erzogen werden! Geh nicht zu ihm! Das wird ihm eine Lehre sein!" Irritiert schüttelte ich den Kopf und verließ das Wohnzimmer. *Eine Lehre sein? Was meint sie? Was hat sie mit ihm gemacht?*, schoss es mir durch den Kopf, während das Weinen meines Bruders anhielt. Ohne auf die Worte meine Mutter zu hören, lief ich leise den Flur entlang aufs Schlafzimmer zu, wo die Geräusche herkamen, und öffnete vorsichtig die Tür. Eine Gänsehaut überkam mich und Tränen schossen mir in die Augen. Es tat unendlich weh, ihn so zu sehen. Mein Bruder streckte mir flehend seine Hand entgegen und schluchzte bitterlich: „Zada, Hilfe!" Seine andere Hand und sein rechter Fuß waren mit dem Gürtel eines Bademantels an einem Heizkörper festgebunden. Ich sah eine Erniedrigung und Hilflosigkeit in ihm, die ein dreijähriges Kind niemals fühlen sollte. Schnell schloss ich die Schlafzimmertür hinter mir, lief zu ihm und löste die Knoten. Dabei flüsterte ich ihm zu: „Alles wird gut, ich bin jetzt da und passe auf dich auf." Er umklammerte mich fest und hörte nicht auf zu schluchzen. Mein Körper zitterte vor Wut auf meine Mutter. Warum musste sie ihm das antun? Ich hasste sie so sehr dafür.

Wenn sie in diesem Moment das Zimmer betreten hätte, weiß ich nicht, ob ich mich hätte beherrschen können. Ich hatte es mir nahezu gewünscht, dass sie hereingekommen wäre. Es war mir egal, ob sie mich dabei erwischt hätte, wie ich gegen ihren Willen meinen Bruder befreit hatte. Ich hatte gehofft, ihr den Spiegel vors Gesicht halten zu können! Ihr zu zeigen, wie grausam das ist, was sie getan hatte. Doch sie kam nicht. Mein Bruder und ich hielten uns lange in diesem Zimmer auf, bis wir uns beide beruhigt hatten. Mohammed wollte mich einfach nicht loslassen und ich hielt ihn noch lange im Arm. Auch ich konnte mich nicht vom ihm lösen.

Insgeheim hoffte ich, dass meine Mutter spürte, dass sie zu weit gegangen war, denn sie fragte nie nach, wie mein Halbbruder sich befreit hatte, als er wieder spielend durch die Wohnung lief.

Der Mann meiner Mutter war bei unseren Problemen mit ihr leider keine Hilfe. Er wohnte bei uns mit in der Wohnung, obwohl er eine weitere kleinere Wohnung als Rückzugsort nur für sich gemietet hatte. Ich hatte keine enge Bindung zu ihm. Wir hatten Respekt voreinander und meistens grüßten oder verabschiedeten wir uns lediglich mit ein bis zwei Worten. Im Gegensatz zu meiner Mutter war er aber nicht verbal beleidigend mir und meinen Geschwistern gegenüber. Doch wenn seine Kinder unartig waren, schlug er sie. Bei mir wagte er es nicht. Jedes Mal, wenn ich das sah, wurde ich unendlich wütend auf ihn. Zu sehen, wie er einer Zweijährigen ins Gesicht schlug, auch wenn er es verharmlosend als „Backpfeife" titulierte, brachte mich gegen ihn auf. Ich wünschte mir immer mehr, dass er nicht bei uns wohnen würde. Und dennoch war er trotz allem der stabilere Elternteil. Er war nicht grundlos wütend und damit berechenbar. Manchmal konnte er sogar liebevoll mit seinen eigenen Kindern umgehen, dann gab es mal einen Kuss oder ein gutes Wort mit auf dem Weg.

Was sich für mich endlich änderte, war, dass meine Mutter mich nicht mehr schlug, denn mittlerweile war ich so groß wie sie. Vermutlich hatte sie Hemmungen, mir weiterhin körperliche Gewalt anzutun. Vielleicht spürte sie auch, dass ich mich wehren würde. Was blieb, war ihre Art, mich durch Beleidigungen und Erniedrigungen stets emotional zu verletzten.

Was sich jedoch auch änderte, war das Thema des anderen Geschlechts. Meine Mutter fing an, mir zu drohen und ermahnte mich wöchentlich: „Wenn ich herausfinden sollte, dass du einen Freund hast oder dich mit einem Jungen triffst, dann werde ich dich umbringen!" In diesem Alter hatte ich noch keinen Freund und hatte auch nicht vor, mich mit einem Jungen zu treffen. Meine Mutter versuchte mich und meine Geschwister nach den kulturellen, islamischen Moralvorstellungen zu erziehen. Jedoch trug sie kein Kopftuch. Sie mochte es, sich zurechtzumachen und ihre Haare zu frisieren und das wollte sie auch in der Öffentlichkeit zeigen. Fünfmal am Tag betete sie zu Allah auf die Art und Weise und zu den Uhrzeiten, wie es den traditionellen islamischen Regeln entsprach. Nur wenn sie Blutungen bekam, durfte sie nicht beten. Dann galt sie als unrein und durfte sich nicht an Allah wenden. Obwohl meine Mutter mir tagtäglich dieses Ritual vorgelebt hatte, hatte ich nie einen Zugang dazu gefunden, auch wenn sie darauf bestand, dass ich es ihr gleichtun sollte. Viel wichtiger war ihr jedoch, dass wir nach außen hin als muslimische Familie wahrgenommen wurden. Und das bedeutete besonders für das weibliche Geschlecht, dass es Regeln gab, die eingehalten werden mussten.

Vielen Mädchen aus meinem Freundeskreis und der Schule erging es wie mir. Auf ihnen lag der Fokus. Sie mussten nach diesen Vorstellungen leben und insbesondere die Grenzen einhalten. Ich ging auf eine Schule, die zu 60 % von Kindern besucht wurde, die aus einem Haushalt mit Migrationshintergrund stammten. Der größte Teil von ihnen lebte nach einer Form des Islam, die von ihren Vätern, Brüdern und leider sogar auch von den Müttern stark konservativ geprägt war und damit die Rolle der Frau klar umriss.

Genau dieser Umstand sollte meiner Meinung nach auf den Prüfstand gestellt werden. Viele muslimische Frauen leiden unter der ihnen zugewiesenen Rolle, würden aber nie dagegen aufbegehren, geschweige denn dazu ermutigt werden, für sich selbst eine Rolle in ihrer Religion zu finden. Eher würden sie bestraft und mitunter von ihrer Familie verstoßen werden, sollten sie eigene Vorstellungen von sich entwickeln. Warum ich nie Angst davor hatte, lag – denke ich – daran, dass ich von Grund auf einen extrem ausgeprägten Gerechtigkeitssinn besaß und mir ein Leben wünschte, wie meine deutschen Mitbürgerinnen es hatten. Außerdem hatte ich nie Angst davor, ganz allein dazustehen. Ich hatte schon immer einen starken Willen und damit das nötige Rüstzeug, um mein Leben meistern zu können. Ob ich diesen Willen gehabt hätte, wenn ich in einem arabischen Land geboren wäre, kann ich nicht sagen. Was ich weiß, ist, dass die Gleichberechtigung der Frau hinsichtlich ihrer Selbstbestimmung in Deutschland unterstützt wird, sodass ich stets das Gefühl hatte, dass mich ein unsichtbares Schild begleitete, dass mich beschützen sollte.

Auf der anderen Seite machte es mich traurig zu sehen, wie viele Frauen und Mädchen den anderen Weg gingen und sich zum großen Teil aufgaben. Ich sah, wie viele sich dem Willen ihrer Familien beugten. Die mutigen unter ihnen, und es waren wirklich nicht viele, die sich trauten, unterdrückten ihre Bedürfnisse nicht mehr und taten die Dinge, die verboten waren, heimlich. Die meisten anderen Mädchen hatten sich untergeordnet – aus Angst vor Strafe. Im Laufe der Zeit sah ich, wie unglücklich sie als Frauen wurden. Sie trauerten tagtäglich ihrem verpassten Leben hinterher. Noch heute kenne ich einige Frauen, die vom Leben enttäuscht sind.

Schon damals wusste ich, dass mein Weg anders aussehen sollte und würde. Mir ein Leben aufzwingen zu lassen, welches ich nicht führen wollte, nur damit sich ein möglicher Partner und meine Familie wohlfühlten, stand für mich in keinem Verhältnis! Damals wie heute bin ich der Ansicht, dass es richtig ist, seinen eigenen Weg zu gehen.

Kapitel 5

Je älter ich wurde, desto mehr hinterfragte ich die mir vorgelebten Werte. Ich empfand vieles als ungerecht: einerseits das Tragen von Kopftüchern für die Frauen und anderseits, dass es kulturell unangemessen war, als junge Frau mit seinen Freundinnen abends auszugehen. Selbst abends in einem Café zusammen zu sitzen, galt für Mädchen und Frauen als unanständig.

Ich tat es trotzdem und setzte mich damit über die moralischen Grenzen meiner Mutter hinweg. Doch mit jeder Überschreitung ereigneten sich regelrechte Dramen mit vielen bösen Worten und ich durfte immer nur mit hart erkämpften Kompromissen meines Weges gehen.

An einem heißen Sommertag bei über 30 Grad entdeckte ich ein wunderschönes Sommerkleid. Da ich sehr sparsam mit Geld umging und nebenbei mit einem Job in einer Bäckerei mein Taschengeld aufbesserte, konnte ich mir diesen besonderen Wunsch leisten und kaufte es. Am selben Tag wollte ich mich mit meinen Freundinnen treffen. Zu Hause angekommen, zog ich das neue Kleid an, denn ich wollte es voller Stolz allen zeigen. Als meine Mutter mich sah, fing sie gleich an, mich anzuschreien. Sie bezichtigte mich, eine Hure zu sein, weil ich so gekleidet durch die Straßen laufen wollte. Das Kleid war bodenlang, nicht durchsichtig, jedoch ärmellos und hatte nur zwei Zentimeter breite Träger. Somit waren die Schultern, wie es sich aus Sicht meiner Mutter für ein anständiges Mädchen gehörte, nicht bedeckt. Also zwang sie mich, trotz der Temperaturen, die draußen herrschten, eine Strickjacke überzuziehen. Das tat ich zunächst auch, als ich aber weit genug von zu Hause entfernt war, zog ich sie wieder aus. Wut und Verzweiflung überfluteten mich und ich dachte. *Ich will nichts verheimlichen! Ich möchte mich so anziehen, so sein, wie andere auch, und das tun, was ich für richtig halte!*

Nach dem Treffen mit meinen Freundinnen beschloss ich, mit meiner Mutter zu reden. Allerding zog ich die Strickjacke wieder an, bevor ich nach Hause kam. Ich öffnete die Tür unserer Wohnung und trat ein. Meine Mutter saß vor dem Fernseher. Vor ihr auf dem Tisch stand eine Flasche Wasser. Angespannt setzte ich mich zu ihr. „Mama, können wir reden?", fragte ich aufgeregt. Sie schaute zu mir herüber. Ich sprach weiter: „Wir haben aktuell 30 Grad hier. Wir leben in Deutschland und ich bin hier geboren und aufgewachsen. Ich versuche, dir mit meinen Geschwistern und dem Haushalt so gut es geht zu helfen, doch ich bitte dich darum, nicht so auszuflippen, wenn ich dieses Kleid anziehen möchte." Danach zog ich die Strickjacke aus. Meine Mutter blickte auf den Boden, fing an zu weinen und hob langsam ihren Blick zu mir: „Zada, was sollen die Leute und die Nachbarn von uns sagen, he? Dass meine Tochter eine Schlampe, eine Hure ist? Keiner wird dich dann heiraten wollen!" Ich wurde wütend. Ich hasste es so sehr, wenn sie mich als Schlampe oder Hure bezeichnete, und erwiderte: „Niemals würde ich so jemanden heiraten, der so denkt! Es ist doch egal, was die Leute sagen! Von welchen Leuten reden wir hier überhaupt?! Wir sind in Deutschland! Alle, die so eine Einstellung haben, sind hier falsch!" Entsetzt schaute sie mich an und fragte ruhig: „Warum ist dir das so wichtig, was du anziehst, und warum sagst du, dass du niemals so jemanden heiraten würdest, der so denkt? Zada, sei ehrlich zu mir! Hast du jemanden kennengelernt? Hast du etwa einen Freund?" Ich schüttelte den Kopf:

„Nein, ich habe keinen Freund. Ich will einfach nur wie die anderen Mädchen ein Sommerkleid anziehen dürfen." Meine Mutter rutschte näher auf mich zu und sagte: „Als ich gestern mit deinem Stiefvater einkaufen war, habe ich ein Mädchen gesehen, das auf offener Straße ihren Freund geküsst hat. Dein Stiefvater und ich haben gesagt, wenn das Mädchen eine unserer Töchter wäre, dann hätten wir sie zusammengeschlagen und danach verstoßen. Wenn ich je erfahren sollte, dass du mir einen Jungen verheimlichst, dann wirst du auf der Straße leben. Du wirst verhungern, keiner wird dir helfen, weil du dann eine Schande bist."

Mir stockte der Atem. Ich fand es schrecklich, was sie zu mir sagte. Zuerst konnte ich darauf nichts antworten. Dann blickte ich sie an und antwortete: „Ich habe wirklich keinen Freund, versprochen Mama. Aber wenn ich einen hätte, würdest du mir das wirklich antun? Liebst du mich gar nicht?" Tränen liefen mir übers Gesicht. Sie tröstete mich und sagte: „Natürlich liebe ich dich. Darum muss ich dir das sagen, damit ich auf dich aufpasse. Schau dir diese deutschen Schlampen an – sie haben immer wieder einen neuen Freund. Alle von ihnen lassen sich entjungfern. Sie haben keine Ehre. Wenn du oder eine deiner Geschwister das machen würden, dann würde man uns nicht mehr auf der Straße grüßen. Die Leute würden auf uns spucken. Wir wären nichts mehr wert in der Gesellschaft. Du bist jetzt auch schon 16 Jahre alt. Ich habe Freundinnen und Bekannte, die Söhne haben, die eine Frau zum Heiraten suchen." Ich runzelte die Stirn und schüttelte dabei den Kopf. „Mama, ich will noch nicht heiraten! Ich habe erst die zehnte Klasse abgeschlossen. Ich will noch Abitur machen und studieren." Meine Mutter lächelte: „Wozu brauchst du ein Abitur und warum willst du studieren? Ich würde mich so sehr freuen, wenn du eine Ausbildung als Friseurin machst und deine Mutter immer frisieren würdest."

Erneut schüttelte ich den Kopf. „Ich will keine Friseurin werden. Nach den Sommerferien möchte ich mein Abitur anfangen und danach gerne studieren." Ihr Lächeln verschwand: „Wo willst du studieren?" Mir wurde ganz heiß. Ich spürte, wie sich die Spannung zwischen meiner Mutter und mir erneut aufbaute, und wusste sofort, worauf sie hinauswollte.

Für einen kurzen Moment überlegte ich, ob ich sie anlügen sollte. Doch ich wollte endlich frei sein. Frei von *ihr* und allen Anforderungen, die sie an mich stellte. Ich wollte mich nicht verleugnen und jemanden spielen, der ich nicht war! Sie musste langsam und behutsam erfahren, was ich mir vom Leben wünschte. Mit einer ruhigen Selbstverständlichkeit sagte ich also: „Ich weiß noch nicht, wo ich studieren möchte, aber vielleicht in Berlin oder auch woanders." Daraufhin stand meine Mutter auf, packte mich an meinem Kleid, drückte mich gegen die Wand und übergoss mich mit der Flasche Wasser. „Woanders wohnen – unverheiratet! Du Hündin, ich bin deine Mutter! Das hast du nicht zu entscheiden!" Tränen der Wut und Wasser flossen über mein Gesicht. Sie zuckte zusammen, als sie meine Verachtung in meinem Blick erkannte. „Wie kannst du es wagen, mich so anzuschauen?! Ich bin deine Mutter! Meine Mutter hat mich geschlagen und dabei habe ich sie immer geliebt. Du kannst froh sein, dass du so eine Mutter hast wie mich. Jede andere Mutter auf der Welt hätte dich als kleines Kind in den Müll geschmissen nach der Trennung von deinem Vater, um es leichter zu haben, einen neuen Mann kennenzulernen!" Ich blickte entsetzt, aber ohne mit der Wimper zu zucken, in ihre Augen. Ich konnte es nicht glauben, was sie da sagte. Dass sie exakt diese Worte von sich gab, war nicht das erste Mal. Doch jedes Mal lösten sie einen Schmerz und ein Entsetzen in meiner Brust aus, als ob ich sie das erste Mal hören würde. Gleichzeitig hatte ich ihren Worten keinen Glauben geschenkt. Ich konnte mir einfach nicht vorstellen, dass die Welt so böse sein sollte und geschiedene Frauen so etwas mit ihren Kindern tun würden.

Mit einem Mal betrat mein Stiefvater den Raum. Er blickte verwirrt zu uns. „Was ist hier los?" fragte er. „Nichts", erwiderte meine Mutter, schüttelte den Kopf und lies mich los. Der Mann meiner Mutter war für mich nie ein Vater gewesen. Er unterhielt sich nie mit mir. Wir kannten uns einfach nicht. Ich war traurig darüber, keinen Vater zu haben, dennoch war ich froh, dass er in diesem Moment den Raum betrat und somit den Konflikt zwischen mir und meiner Mutter beendete. Ich lief an ihm vorbei in mein Zimmer und zog mir die nassen Sachen aus. Während ich dies tat, kreiste nur ein Gedanke in meinem Kopf und gab mir Kraft: *Noch zwei Jahre, dann bin ich 18 Jahre alt. Wir leben hier in Deutschland. Dann kann ich endlich machen, was ich möchte. Mit 18 Jahren kann ich mein eigenes Leben führen. Ich werde ausziehen!*

Dieser Wunsch beschäftigte mich schon so lange. Ich legte mich in mein Bett und träumte mich in eine andere Welt. Ja, ich träumte von meiner Zukunft in Freiheit.

Kapitel 6

Am nächsten Morgen bat mich meine Mutter darum, Besorgungen zu machen. Vor dem Lebensmittelgeschäft kamen mir etliche Menschen entgegen. Die meisten von ihnen hatten einen Migrationshintergrund. Ich grinste über beide Ohren, als ich zwischen den vielen Leuten meinen Bruder erkannte. Er kam mir entgegen und an seiner Seite war ein weiterer Mann, der älter war als er. Mein Bruder schaute mich besorgt an und neigte seinen Kopf leicht in Richtung des anderen Mannes. *Es war mein Vater!* Eiskalt lief es mir den Rücken herunter. Ich hatte ihn ganze sieben Jahre lang nicht gesehen. Was sollte ich nur tun? Ihn grüßen? Ich blickte zu meinem Bruder und schüttelte den Kopf. Diese Situation überstieg meine Kräfte. So unvorbereitet konnte ich nicht den ersten Schritt wagen. Mein Bruder verstand schnell. Von ihm kam keine weitere Reaktion, aber die Blicke meines Vaters und meine trafen sich. Mein Herz klopfte laut. Doch sein Blick schweifte von mir ab und er unterhielt sich weiter mit meinem Bruder. Mein Vater lief einfach an mir vorbei. Er erkannte seine Tochter nicht. Wie betäubt lief ich weiter.

Ich holte mein Handy raus und rief meine Mutter an, obwohl ich wusste, was kommen würde. Die Tränen brachen aus mir heraus, als ich ihre Stimme hörte: „Mama, ich habe Baba gerade auf der Straße gesehen." Besorgt frage sie: „Was hat er zu dir gesagt?" Ich schüttelte den Kopf: „Er hat mich nicht erkannt." Schroff sagte sie: „Und wieso weinst du?" Schluchzend sagte ich: „Weil er mein Vater ist!" Genervt antwortete sie: „Hör auf mit dem Quatsch und komm nach Hause." Und damit legte sie auf.

Nach diesem Erlebnis ging mir mein Vater nicht mehr aus dem Kopf. Er sah sehr gepflegt aus. Als ich ihn so plötzlich auf der Straße erblickt hatte, trug er ein weißes Hemd und hatte eine elegante und freundliche Art, die mir gefiel. Ein Wunsch verfestigte sich in mir. Ich musste mit meiner Mutter sprechen. Sie saß auf der schwarzen Ledercouch und amüsierte sich über eine arabische Soap. Ich setzte mich zu ihr und sprach sie an: „Mama, können wir reden?" Sie schaute mich kurz an und fragte: „Was ist los?", wendete ihren Blick aber gleich wieder dem Fernseher zu. Es betrübte mich ein wenig, dass sie weiterhin ihre Soap sehen wollte, doch noch mehr betrübte es mich zu wissen, was gleich kommen würde: Streit und etliche Vorwürfe. Doch es war unvermeidbar.

„Ich möchte Baba kennenlernen!" Fassungslos schaute sie zu mir herüber. Sie nahm die Fernbedienung in die Hand und schaltete den Fernseher aus. Wütend und vorwurfsvoll sagte sie: „Wie kannst du nur? Er hat dich damals im Stich gelassen. Er war ein ganz schrecklicher Vater und Ehemann. Er hat mich so schlecht behandelt. Immer wieder hat er mich angeschrien und erniedrigt. Wir kannst du mir das antun!" Ich blieb ruhig und ließ mich nicht einschüchtern, schließlich tat sie genau das nun mit mir, was er ihr *angeblich* angetan hatte. Also sagte ich ruhig: „Ich bin nun 16 Jahre alt. Ich wünsche mir einen Vater und erhoffe mir, eine Bindung zu ihm aufzubauen. Es tut mir leid, dass er dich so schlecht behandelt hat." Sie fing an zu weinen, machte mir weitere Vorwürfe über meine Undankbarkeit und zählte auf, was sie alles für mich getan hatte. Dann wurde sie ganz still. Für einen Moment sagte keiner von uns etwas. Diese Stille war zum Teil unbehaglich, weil ich nicht wusste, was mir gleich bevorstand. Andererseits genoss ich den Frieden in mir, weil ich entschlossen war, komme, was gleich folgen sollte, meinen Vater endlich kennenzulernen.

Ich hatte kaum Erinnerungen an ihn. Seit der Entscheidung des Richters, als wir neun Jahre alt waren, hatte ich ihn nicht wiedergesehen. Aber jetzt hoffte ich, alles nachholen zu können. Ich wünschte mir so sehr, dass er ein besserer Elternteil wäre als meine Mutter. Dass er mir die Sicherheit geben könnte, da zu sein, wenn ich ihn bräuchte. Enttäuscht sagte meine Mutter schließlich: „Dann geh doch zu deinem Vater. Du wirst sehen, was für ein Hund er ist. Er hat Kinder mit seiner neuen Frau bekommen. Sie wird dich nicht akzeptieren." Auch wenn ihre Worte nicht liebevoll waren, freute ich mich. Es war ihre Art zu zeigen, dass sie es akzeptierte. Ich legte meine Hände auf ihre und sagte: „Ich will ihn nur kennenlernen. Du brauchst dir keine Sorgen machen. Du wirst immer meine Mutter bleiben."

Der nächste Morgen war ein Samstag. Ich war schrecklich aufgeregt, denn ich wollte an diesem Tag zum Haus meines Großvaters fahren. Um besonders hübsch auszusehen, legte ich mir meine Lieblingssachen zurecht. Ausgewählt hatte ich einen Jeansrock, der bis über die Knie reichte, und dazu mein grünes Lieblingsshirt. Ich ging zu meiner Mutter in die Küche und lächelte sie aufgeregt an, während sie einen Salat zurechtschnitt. Als ich mich von ihr verabschieden wollte, hielt sie mich an meinem Arm fest: „Sag denen dort, dass ich ein gutes Leben habe, einen tollen Mann und ganz viel verreise. Sie sollen denken, dass ich wie eine Königin ohne sie lebe!"

Dann hielt sie kurz inne und betrachtete mich: „Du bist viel zu freizügig angezogen! Wenn du so hingehst, werden sie dich nicht reinlassen." Ich schaute sie verwirrt an: „Mama, der Rock geht doch über meine Knie und schau mal, das Shirt hat keinen Ausschnitt. Es ist draußen so warm, ich bin eigentlich viel zu dick angezogen!" Meine Mutter warf mir einen Blick zu und richtete ihre Aufmerksamkeit dann langsam wieder auf den Salat: „Zada, ich kenne die Familie deines Vaters. Aber weißt du was, du machst das schon." Dass sie mich gewähren ließ, freute mich. Es schien so, als ob sie mir nur einen Rat geben wollte. Doch ihr Blick verriet, dass sie hoffte, dass mich die Familie meines Vaters so nicht annehmen würde. Es wäre ihr eine Freude gewesen.

Kurz darauf saß ich im Bus auf dem Weg zum Hause meines Opas, wo die Familie meines Vaters lebte. Schon lange war ich nicht mehr so glücklich gewesen wie in diesem Moment. Ich freute mich auch darauf, meinen Bruder zu sehen. Von meinem Plan wusste er jedoch nichts. Ich wollte meinen Vater einfach überraschen. Denn ich nahm an, dass es auch ihm eine Freude sein würde, mich wiederzusehen.

Als ich vor dem Grundstück stand, welches von einem hohen Zaun umgeben war, erahnte ich schon das Paradies, das dahinter versteckt war. Ach, wie liebte ich doch diesen Ort! Mir wurde ganz warm ums Herz und gleichzeitig wurde mir schlecht vor Aufregung. Ich hätte weinen können! Die Mischung aus meinen Gefühlen, unterdrückten Tränen der Freude und dem Bewusstwerden der Einsamkeit der letzten Jahre zehrte an mir. Dieses Gefühl, zu Hause anzukommen, war für mich unbeschreiblich und gab mir Kraft.

Ich öffnete das Tor am Eingangszaun und lief durch den Torbogen, der von rankenden Rosen mit roten Blüten bedeckt war. Vor mir lag der Weg zum Haus, neben dem rechts und links weiße Hortensienblüten leuchteten. Es war ein so unglaubliches Gefühl! Nur das wahre Leben bietet einem eine so schöne Szene. Und mein Opa, der viel Wert auf den Garten legte und diesen täglich pflegte, hatte es möglich gemacht. Der Duft der Rosen stieg in meine Nase und ich schaute kurz zurück, weil ich bereits an ihnen vorbeigelaufen war. Doch nun wollte ich nur noch nach vorne schauen. Wie verzaubert von diesem Moment kam ich an dem Portal der Hauseingangstür an. Mein Herz raste und ich schaute, auf welchen Klingelknopf ich drücken musste. Mein Finger zielte auf den richtigen Knopf, doch als ich ihn traf, knickte er weg. Ich war so aufgeregt. Trotzdem war ein Läuten zu hören. Lange passierte nichts. *Was ist, wenn er nicht da ist?*

Auf einmal öffnete jemand die Eingangstür. Es war mein Vater. Er schaute mich verwirrt an und bemerke offensichtlich erst nach dem zweiten Mal hinschauen, dass ich seine Tochter bin. „Hallo Baba, ich wollte dich wiedersehen", antwortete ich auf seinen verwirrten Blick. „Warum bist du hier?", fragte er mich kühl, als wenn er mich nicht gehört hätte. Irritiert antwortete ich: „Ich wollte wieder Kontakt mit dir. Ich wollte wieder einen Vater haben." Für einen Moment lang sagte keiner mehr etwas. Dann fragte er: „Hat dich deine Mutter geschickt?" Betrübt verneinte ich seine Frage. Links hinter ihm stand die Tür zum Keller offen, rechts davon führten einige Stufen nach oben zu den Wohnungstüren im Hochparterre. Eine davon öffnete sich und mein Opa schaute mich entgeistert an: „Zada, bist du das?" Ich nickte: „Hallo, Sido." Sido ist der arabische Name für „Opa". „Jaba, nimm Zada zu dir. Ich muss kurz mit meiner Frau reden", bat mein Vater ihn. Jaba war eine der verschiedenen Ausdrucksformen für „Papa" auf Arabisch.

Mein Opa winkte mir freundlich zu. Meine Beine fühlten sich so schwer an, als ich die Treppe zu ihm hochstieg. Er nahm mich zu sich und schloss die Wohnungstür hinter mir. Im Flur rief er bereits: „Ingrid, du wirst nicht glauben, wer da ist!" Meine Oma saß auf dem Sofa. Als ich im Türrahmen zum Wohnzimmer stand, legte sie überrascht die Hände vors Gesicht und sagte: „Zada, mein Schatz, bist du das?" Ich fing an zu weinen. Sie stand auf, lief auf mich zu und umarmte mich.

„Mein Kind, du hast uns so gefehlt. Hat dir deine Mutter erlaubt, uns zu besuchen?", fragte sie besorgt. Schluchzend antwortete ich: „Sie weiß es, aber sie war nicht einverstanden. Ich wollte endlich einen Vater haben. Ich dachte, er würde sich freuen, mich wiederzusehen. Er hat sich aber nicht gefreut." Mein Opa legte seine Hand auf meine Schulter und sagte verständnisvoll: „Dein Vater hat sich gefreut. Er kann seine Freude nur nicht so gut ausdrücken. Er muss zuerst mit seiner Frau reden." Anfangs verstand ich nicht, was sie mit meinem Wiedersehen zu tun hatte. Doch das sollte sich schon bald ändern.

Kapitel 7

Meine Großeltern nach einer so langen Zeit wiederzusehen war eine Freude. Es klingelte an der Wohnungstür meiner Großeltern und mein Vater stand in der Tür. Zuerst begrüßte er höflich meine Oma. Dann sagte er zu mir: „Komm!" Ich folgte ihm, nachdem meine Großeltern noch einmal betont hatten, wie erfreut sie waren, mich gesehen zu haben.

Die Tür der nebenan liegenden Wohnung war offen und wir traten ein. Die Ehefrau meines Vaters kam gerade aus dem Schlafzimmer. Sie trug ein schwarzes Gebetskleid, das sie von Kopf bis zu den Fußknöcheln bedeckte. Ich konnte lediglich ihr Gesicht, ihre Hände und ihre Hausschuhe sehen. Wütend lief sie direkt an mir vorbei ins Wohnzimmer und mied dabei jeglichen Augenkontakt. Warum zog sie sich so an, als käme eine Nichtmuslima zu Besuch? Bin ich eine so fremde Person? Mein Vater gab mir ein Handzeichen, ihm ins Wohnzimmer zu folgen, das sehr pompös arabisch in Orange und Rot eingerichtet war. In ihrem Fernseher liefen Nachrichten des arabischen Senders *Al Jazeera*. Über dem Esstisch hingen Familienbilder von meinem Vater mit seiner Frau und ihren gemeinsamen Kindern, aber keine von meinem Bruder oder mir. In der Schrankwand stand immerhin ein Bild von meinem Bruder. Ich aber fühlte mich sogleich ausgeschlossen und unerwünscht.

Mein Vater deutete mir an, auf der Couch neben seiner Frau Platz zu nehmen. Sie begutachtete mich. In einem gehässigen Tonfall sagte sie: „Wie ist deine Tochter angezogen,

Amir?" Ich fühlte mich so unwohl, dass ich am liebsten gehen wollte. „Sei ruhig!", wies mein Vater seine Frau zurecht. Was ich davon halten sollte, wusste ich nicht so recht. Einerseits fand ich es gut, dass er sie zurechtwies, andererseits entsetzte mich sein kalter, lauter Tonfall. „Zada, komm mit", forderte er mich auf und beendete damit kurzerhand den Besuch. Ich stand auf und folgte ihm aus dem Wohnzimmer. Wir gingen ins Treppenhaus und wollten das Haus verlassen. In diesem Moment betrat mein Bruder das Haus über die Eingangstür. „Zada!", rief er verwirrt. Doch dann realisierte er, dass unser Vater bei uns stand und hielt inne. Er fragte: „Zada? Habe ich recht, du bist es?" Mein Vater ließ uns keine gemeinsame Zeit und wiederholte erneut: „Zada, komm mit." Ich folgte ihm auf den Parkplatz des Grundstücks. Mit einer Handbewegung, ohne mir in die Augen zu schauen, forderte er mich auf einzusteigen, nachdem er die Tür eines alten grauen Mercedes-Busses geöffnet hatte. Stillschweigend folgte ich seinen Anweisungen.

Wir fuhren auf die Straße und niemand sagte etwas, bis er schließlich die Stille durchbrach: „Meine Frau denkt, dass du hier bist, weil du Geld haben willst." Mein Blick wanderte in den Fußraum des Wagens. Damit hatte ich nicht gerechnet: „Ich bin nicht hier, um Geld zu verlangen. Ich bin hier, weil ich mir seit vielen Jahren einen Vater wünsche." Meine Brust zog sich zusammen und meine Kehle wurde ganz trocken. Dieser Tag, der mich endlich zu meiner jahrelang ersehnten Familie, meinem Vater, führen sollte und der einer der schönsten Tage meines jungen Lebens hätte werden können, entpuppte sich als Albtraum. „Baba, freust du dich gar nicht, mich zu sehen?", fragte ich ihn und verlangte eine ernsthafte Antwort. Überfordert von dieser Frage schaute er mich an und sagte: „Doch, natürlich", und blickte wieder nach vorne, um sich auf den Verkehr zu konzentrieren. Nachdenklich schaute ich aus dem Fenster und bemerkte den Bezirk, in dem ich wohnte. „Wohin fahren wir?", fragte ich verwundert. Mein Vater schaute weiter auf die Straße und antwortete: „Ich fahre dich zu deiner Mutter." Er parkte vor unserer Haustür und sagte: „Ich muss noch mal mit meiner Frau reden. Ich gebe dir meine Handynummer. Ruf mich das nächste Mal an, bevor du mich besuchen kommst." Mein Vater nahm aus dem Handschuhfach einen Stift und einen kleinen Zettel, notierte seine Handynummer darauf und reichte ihn mir. „So freizügig darfst du dich nicht anziehen, wenn du zu uns fährst. Was sollen die Leute von uns sagen? Außerdem möchte ich nicht, dass meine anderen Kinder sich ein Beispiel an dir nehmen und sich ebenfalls so anziehen." Ich fing an, mit ihm zu diskutieren, denn ich hatte es so satt, mir vorgeben zu lassen, was ich anzuziehen hatte. Doch es war müßig. Die Überzeugung meines Vaters war genau so stark wie meine. Wir verabschiedeten uns voneinander und beendeten damit unsere Meinungsverschiedenheit.

Ich wollte einfach nur noch weg. Doch wo sollte ich hin mit all meinen Gefühlen? Wo war ich zu Hause? Wo war ich erwünscht, so wie ich war? Bei meiner Mutter war es nicht besser. Mich ihr zu öffnen und ihr von der Enttäuschung mit meinem Vater zu erzählen, wäre ein Fehler, auch wenn ich es mir wünschte. Ihre Schadenfreude über ihren Ex-Mann würde auch mich treffen. Sie würde nur eine Selbstbestätigung darin finden und meine Enttäuschung und meine Verletzung gar nicht wahrnehmen. Mal wieder wurde mir klar, dass ich auf mich allein gestellt war.

Mein Vater, die Familie meines Vaters und ich sahen uns ab diesem holprigen Beginn einmal, manchmal sogar zweimal im Monat. Mit meinen Großeltern konnte ich erneut, wie zuvor, als ich noch ein kleines Mädchen war, eine wundervolle

Beziehung aufbauen. Sie waren einfach Mustergroßeltern. Aufmerksam hörten sie mir zu und betüdelten mich, was mir anfangs ungewohnt peinlich erschien, bis ich wieder Vertrauen zu ihnen aufgebaut hatte. Dann irgendwann genoss und liebte ich es nur noch.

Meine Oma war Schulleiterin an einer Grundschule und mein Sido leitete eine Abteilung in einem Wirtschaftsunternehmen. Beide, vor allem mein Sido, besaßen viel Lebensweisheit, die sie ihren Kindern oder Enkelkindern mit auf den Weg gaben, wenn sie von diesen besucht wurden. Meinem Bruder und meinen Halbgeschwistern väterlicherseits sah ich an, dass sie sich über diese Weisheiten meiner Großeltern langweilten. Einmal sagte mein Opa zu mir, dass man seine Freunde mit Bedacht wählen sollte und ruhig den Mut haben dürfe, sich nicht mit jedem anfreunden zu müssen. Ich freute mich jedes Mal aufs Neue, ihnen zuzuhören. Bisher durfte ich mir von meiner Familie nur anhören, wie ich mich für die islamische Gesellschaft zu geben hatte. Doch von meinen Großeltern als Individuum ernst genommen zu werden und Tipps fürs Leben mit auf den Weg zu bekommen, war mir fremd. Ich liebte die Gespräche mit ihnen. Sie gaben mir das Gefühl, so geliebt zu werden, wie ich bin.

Zu meinem Vater entstand nur eine oberflächliche Beziehung. Er ließ mich nicht an sich heran. Ich hatte den Eindruck, dass er mir lediglich Aufmerksamkeit schenkte, damit der Anstand gewahrt blieb. Verständnis und Nähe konnte ich jedoch nicht erwarten. Anfangs, als ich meine Stiefmutter kennenlernte, dachte ich, dass ich ein Geschenk mit der Frau meines Vaters bekam, da sie sich auf mich einließ und viel Zeit mit mir verbrachte, ob zu Hause bei ihr oder am Telefon. Doch nach einer gewissen Zeit erfuhr ich, dass sie schlecht über mich sprach. Sie drehte alles, was ich ihr erzählte, so hin, dass ihre Kinder vor meinem Vater besser dastanden als mein Bruder und ich.

Mit meinem Ammo, also meinem Onkel, meiner Tante, die ich Khalto nannte, und ihren Kindern verstand ich mich sehr gut. Wir konnten viel zusammen lachen und führten interessante Gespräche. Allerdings meinte jeder von ihnen, egal ob jünger oder älter als ich, mir vorgeben zu müssen, was ich zu tun und zu lassen hätte. Nun hatte ich noch mehr Menschen an meiner Seite, die über mich bestimmen wollten, auch wenn ich sie sehr mochte. Trotzdem schüchterte mich das nicht ein, sondern bestärkte mich in meiner Einstellung, wie ich mein Leben führen wollte. Mein Gerechtigkeitssinn drängte mich stets, dagegen anzukämpfen, sodass sie mich als das „schwarze Schaf" der Familie betrachteten. Ich dagegen fühlte mich, wenn es schon so sein sollte, zumindest wie das „stolze schwarze Schaf" der Familie, das seinen Träumen nachging und sich nicht verbiegen, geschweige denn unterdrücken lassen wollte.

Kapitel 8

Mein Geburtstag stand vor der Tür. Vor jedem Tag, an dem ich auf dem Papier ein Jahr älter wurde und dem 18. Geburtstag näherkam, wurde meine Aufregung immer größer. Doch dieses Mal war es fast unerträglich, denn nun stand der so lang ersehnte Geburtstag der Volljährigkeit endlich an. Am Abend zuvor konnte ich meine Gefühle kaum bändigen. Ich rollte mich im Bett hin und her und kam emotional nicht zur Ruhe. Die Freiheit war zum Greifen nahe! *Ab morgen hat meine Familie keine Macht mehr über mich! Ich werde meinen eigenen Weg gehen. Was wäre, wenn ich ausziehe und eine Ausbildung beginne?* Ich hätte dann zwar wenig Geld, doch es würde vielleicht für ein Zimmer in einer WG reichen und notfalls würde ich mir einen Zweitjob fürs Wochenende suchen. Doch all diese Gedanken machten mich auch traurig, denn eigentlich wollte ich gar nicht gehen. Lieber hätte ich eine Familie gehabt, die mich so akzeptierte, wie ich war, und mir nicht das Gefühl gab, eine Gefangene zu sein. Eine, bei der nicht jeder neue Versuch, sich aus der Bevormundung zu befreien, in Aggression ausartete und wo selbst Kleinigkeiten zu reinsten Dramen führten. *Zudem würde ich auch gerne mein Abitur machen und anschließend studieren. Doch wenn ich diesen Weg gehe, traue ich mir nicht zu, gleichzeitig meinen Lebensunterhalt zu bestreiten. Dann könnte es sein, dass ich scheitere.* Ich schlief ein mit dem Gedanken, dass sich hoffentlich bald alles ändern würde.

Und das tat es auch.

Am nächsten Morgen wachte ich auf und er war da: mein besonderer Geburtstag! An einem Freitag wurde ich 18 Jahre alt und war damit nach deutschem Recht volljährig. Diesen Tag wollte ich feiern. Für die Schule machte ich mich besonders hübsch. Ich zog mir ein elegantes Strickkleid an, zog einen Kajalstrich um meine Augen und trug eine Schicht Mascara auf die Wimpern auf. Durch meine arabische Herkunft waren meine Augen und meine Wimpern von Natur aus dunkel, doch nun waren sie noch ausdrucksstarker als zuvor. Es war nicht das erste Mal, dass ich mich schminkte. Doch heute lag vielleicht mehr in meinem Blick als in den Jahren zuvor. Umrandet wurde mein Gesicht von meinen dunklen Haaren, die mir offen bis zu den Hüften fielen, und einem Pony, der meine Augen noch mehr betonte. Im Flur begrüßte mich meine Mutter. Sie umarmte mich herzlich und ich genoss ihre Nähe. Die letzte gefühlvolle Umarmung war tatsächlich genau ein Jahr her. Sie gratulierte mir und löste sich langsam von mir. Dann sagte sie: „Vergiss niemals, auch wenn du nun 18 Jahre alt geworden und damit volljährig bist: Es wird sich für dich nichts ändern. Du hast nach wie vor zu gehorchen. Du darfst hier nicht machen, was du willst." In ihrer Stimme war an diesem Tag jedoch das erste Mal etwas anders als sonst. Wie gehabt war sie ernst und bedrohlich, doch diesmal war auch ein Hauch von Furcht in ihrem Ton zu finden. Sie kannte mich und sie wusste, was ich ab diesem Tag für Rechte in Deutschland besaß. Und natürlich ahnte sie bereits, dass ich mir viele Gedanken darüber gemacht hatte.

In meiner Schule erhielt ich viele Glückwünsche von meinen Mitschülern und auch von einigen Lehrern. Derzeit absolvierte ich in die elfte Klasse eines Gymnasiums. Nach Schulende ging ich gleich nach Hause, denn ich wollte mit meiner Mutter meine Geburtstagsparty vorbereiten, zu der ich meine Freundinnen eingeladen hatte. Bei uns war es nicht üblich, an diesem besonderen Tag Besuch zu bekommen, geschweige denn einen Geburtstagkuchen oder Geschenke zu erhalten. Es betrübte mich, dass meiner Mutter mein Geburtstag nichts bedeutete. Natürlich war ich ihr sehr dankbar, dass sie mir heute half. Aber in arabischen Kulturen wird der Geburtstag nicht gefeiert. Einige arabische Bürger wissen nicht einmal, wann ihr Geburtstag ist. Es ist ihnen einfach nicht wichtig. Manche geben aufgrund dessen an, dass sie am ersten Januar geboren wurden.

Meine Mutter und ich hatten alles fein hergerichtet. Es freute mich zu sehen, wie schön der Tisch im Wohnzimmer mit arabischen Speisen und Getränken wie Orangenlimonade und Coca-Cola gedeckt war. Bei uns gab es nur zu besonderen Anlässen süße Getränke. Am späten Nachmittag kamen meine Freundinnen zu Besuch. Ihre Familien stammten zum Teil aus Deutschland, dem Osten Europas und aus dem arabischen Sprachraum. Es war eine bunte Mischung unterschiedlicher Kulturen.

Im Laufe des Abends verabschiedeten sich einige Freundinnen nach und nach und fuhren nach Hause. Sie hatten mit Erlaubnis ihrer Eltern für meinen 18. Geburtstag immerhin eine Ausnahme machen dürfen und durften bis 21 Uhr bleiben. Jetzt waren nur noch meine iranische Freundin Taraneh und meine polnische Freundin Ewa bei mir. Da sah ich aus den Augenwinkeln, wie das Display meines Handys aufleuchtete und zu vibrieren anfing. Es war mein Bruder, der ebenfalls heute Geburtstag hatte. Da er nicht auf unsere Mutter treffen wollte, kam er nicht zu meiner Party, obwohl ich ihn eingeladen hatte. Sie hatte ihn damals wieder und wieder verletzt und beschimpft, nachdem er als kleiner Junge vor Gericht zu seinem Vater gestanden hatte. Heute, an diesem besonderen Tag, wollte auch mein Bruder mit seinen Freunden ausgehen und fragte, ob Taraneh, Ewa und ich nicht dazukommen wollten. Also verabredeten wir uns vor einer Diskothek in der Innenstadt.

Die Erinnerung daran, welche Gründe mein Bruder hatte, mich nicht zu besuchen, und all die Verletzungen, die uns verbanden, nahmen mich ein, als ich das Handy zurück auf den Tisch legen wollte. All die vielen Jahre des Schmerzes kamen in mir hoch. Meine Freundin Taraneh bemerkte das und fragte mich besorgt, ob alles in Ordnung sei.

Ich atmete tief durch und verbannte die Gefühle aus meinem Kopf. Ich lächelte Taraneh an, griff nach ihrer Hand und flüsterte ihr ins Ohr: „Ich freue mich riesig auf heute Nacht! Ich habe das Gefühl, dass heute wirklich etwas Tolles passieren wird."

Dann zog ich mich in meinem Zimmer kurz um und dachte dabei über meine Worte nach. Diese innerliche Unruhe hatte ich so satt! So schnell es ging, wollte ich ausziehen. Und ich wusste, wenn ich etwas beschloss, dann würde ich dies auch umsetzen.

Ruhig stand ich vor der noch geschlossenen Zimmertür, freute mich über meine Entscheidung, die mir Kraft verlieh, und betätigte die Klinke. Voller Elan trat ich in den Flur. Es war mir egal, ob ein schwerer Weg vor mir liegen würde. Das Gefühl, endlich *ich* zu sein und durch meine Volljährigkeit endlich *frei* sein zu können in meinen Entscheidungen, nahm mir jede Angst vor der Zukunft. Und auch ein weiterer Wunsch, der schon lange unterdrückt in mir schlummerte, gelangte an die Oberfläche: Ich wollte wie die meisten meiner deutschen Klassenkameradinnen endlich einen Freund. Jemanden, mit dem ich mein Leben teilen konnte. Mit dem man gegenseitig Freuden, aber auch das Leid teilen konnte, sodass keiner allein auf dieser Welt sein musste. Und natürlich wünschte ich mir mit meinen jungen achtzehn Lebensjahren, mich auf den ersten Blick unsterblich zu verlieben.

Aufgrund der Drohungen meiner Familie hatte ich es nie gewagt, auch nur annähernd mit einem Jungen befreundet zu sein. Doch heute war ich so beschwingt und übermütig. Ich war achtzehn und heute sollte für mich die Freiheit beginnen!

Für meine Mutter schien an diesem Abend alles aus dem Ruder zu laufen. Sie schaute mich so wütend an, wagte aber nicht, in die Entwicklung des Abends einzugreifen. Bis heute weiß ich nicht, warum sie all ihre schwersten Androhungen, durch die sie mein Leben in ihre Bahnen lenken wollte, nie in die Tat umgesetzt hatte. Es gibt die Schicksale muslimischer junger Frauen, deren Leben durch rohe Gewalt beeinträchtigt oder sogar beendet wurde. So weit ist es in meinem Leben nie gekommen. Und so verrückt das klingt, bin ich meiner Familie dafür dankbar.

Taraneh, Ewa und ich fuhren mit der U-Bahn in die Innenstadt. Ich schaute die beiden an und grinste: „Ich habe heute eine Entscheidung getroffen!" Überrascht blickten sie mich an. „Ich will endlich auch einen Freund haben. Der erste Mann, der mich heute anspricht und mir dabei gefällt, bekommt meine Nummer." Ewas Lachen war so herzlich und dabei so laut, dass alle Mitfahrenden zu uns herüberschauten. Sie sagte: „Und du denkst, dass es so leicht ist mit den Männern?" Mir war es egal, ob ich die Sache falsch einschätzte, und zuckte mit den Schultern. Ich wollte es einfach mal ausprobieren.

Nicht weit von der U-Bahnstation entfernt lag die Diskothek. Je näher wir kamen, desto lauter wurde die Musik und zunehmend mehr Menschen liefen auf der Straße herum. Von dieser Atmosphäre beschwingt freuten wir uns auf den bevorstehenden Abend. Zuvor war ich noch nie in einer Diskothek gewesen, die auch von Deutschen besucht wurde. Meine Erfahrungen beliefen sich nur auf eine iranische

Familiendiskothek, zu der man ab 14 Jahren Eintritt hatte. Wie der Name bereits verrät, kam mitunter die ganze Familie mit. Ich besuchte diese damals heimlich mit meinen iranischen Freundinnen, zum Beispiel zum iranischen Neujahrsfest Nouruz. Doch nun würde ich das erste Mal in eine deutsche Diskothek gehen. Mit großen Erwartungen blickten meine Freundinnen und ich der Nacht entgegen.

Mein Bruder und ich sahen uns sofort. Er wartete mit seinen Freunden vor dem Eingang. Mit ihren schicken Hemden sahen sie attraktiv aus. Einer flüsterte meinem Bruder mit einem Schmunzeln etwas ins Ohr, woraufhin dieser ihm mit dem Ellenbogen in die Rippen stieß und die Jungs zum Lachen brachte. Wir Mädels genossen die Aufmerksamkeit und die Freude auf den Abend wuchs. Liebevoll nahm mich mein Bruder in den Arm: „Alles Gute zum Geburtstag, mein Schwesterherz!" Fast zeitgleich antwortete ich, indem ich seine Umarmung mit den Worten „Alles Gute zum Geburtstag, mein Bruderherz!" erwiderte. Um uns herum wurden viele Geburtstagswünsche ausgesprochen und wir reihten uns in die Schlange ein, die sich vor dem Eingang gebildet hatte.

Nun hatten wir Zeit, um locker miteinander ins Gespräch zu kommen. Der eine Freund, dem mein Bruder in die Rippen gestoßen hatte, hieß Benjamin. Er erzählte mir von seinem neuen Rennrad, welches eine besondere Gangschaltung hatte, und sprach von „Kettenblättern", „Umwerfern" und einem „Schaltwerk". So richtig hörte ich aber gar nicht hin. Ich schaute mich nach der Person um, der ich heute meine Telefonnummer geben wollte. Doch auch als wir bereits in der Diskothek waren, konnte ich niemanden finden, der mich sofort in seinen Bann zog.

Besorgt schaute Taraneh zu mir, weil sie bemerkte, wie naiv ich mich verhielt. Sie nahm mich an der Hand und wir gingen an den Tresen, um ein Getränk zu bestellen. Die Auswahl erschlug mich geradezu. Für viele war es normal, ein Getränk in der Disco zu bestellen. Für mich war es wieder ein weiterer Schritt in meine Freiheit. Still feierte ich es, dass ich nun die Möglichkeit hatte, Alkohol zu bestellen, ohne vor den Konsequenzen mehr Angst zu haben. Doch ich kannte mich keineswegs aus. Das erste Getränk, dass ich mit meiner Volljährigkeit bestellte, war „Wodka-Red Bull". Ich nippte dran, aber es schmeckte mir nicht. Also gab ich mein Getränk an Taraneh weiter, die es dankend übernahm. Danach gingen wir auf die Tanzfläche. Es lief gerade das Lied „So What" von *Pink*, dem ich mich ganz hingab, denn genauso fühlte ich mich.

Und dann sah ich ihn. Auf den ersten Blick zog es mich zu ihm hin! Sollte ich mich genau an diesem Abend wirklich verlieben? Sollte es genauso sein, wie ich es mir gewünscht habe? Ich glaube, manche Momente im Leben sind einfach vorbestimmt. Er stand nicht weit entfernt von mir und sah mit seinen stahlblauen Augen direkt in meine. Noch nie zuvor hatte ich bei einem Menschen solche Augen gesehen. Höchstens bei Terence Hill, doch den kannte ich nur von Spielfilmen. Die blonden Haare des fremden Mannes umrahmten sein Gesicht und das weiße Hemd spannte ein wenig an seinem muskulösen Oberkörper. *Wow! Er wird es sein!* Ich lächelte ihn direkt an und drehte mich bewusst von ihm weg. Ich wollte, dass er den ersten Schritt machen würde. Mein Herz pochte wild in mir. Er sah so gut aus! *Bitte, bitte, sprich mich an!,* wünschte ich mir im Geheimen.

Dann kam er zu mir herüber. Äußerlich versuchte ich ganz ruhig zu wirken, obwohl ich innerlich total aufgeregt war. „Hallo, ich bin Christian!", begrüßte er mich selbstbewusst. Binnen Sekunden wurde mir ganz heiß und ich wurde rot im Gesicht. Wie schrecklich! Zaghaft antwortete ich: „Hallo, und ich heiße Zada!", und konnte den Blick nicht mehr von seinen Augen nehmen. „Was für ein schöner Name", erwiderte er. Meine Freundin Taraneh drehte sich unauffällig weg, um uns allein zu lassen. Im Augenwinkel sah ich, wie sie ungläubig schaute und dabei leicht den Kopf schüttelte. Genau wie ich konnte sie mein Glück kaum fassen.

Ich war beeindruckt, als Christian mir erzählte, dass er Soldat war. Und prompt kam mein Bruder hinzu, um die Situation abschätzen zu wollen. Er machte sich groß, bevor er sich vorstellte: „Hallo, ich bin Zadas Bruder Jamal!" Oh, wie ich das hasste und trotzdem liebte ich meinen Bruder dafür. Er sorgte sich um mich! Und er ging behutsam vor und flüsterte mir ins Ohr: „Soll ich ihn dir vom Hals halten?" Christian blieb selbstbewusst und erwiderte die Begrüßung. Auch wenn ich den Eindruck hatte, dass er sich auf Ärger vorbereitete, blieb er vollkommen entspannt. *Schon wieder: Wow! Was für ein interessanter Mann!* Als deutscher Mann ein arabisches Mädchen anzusprechen, war nicht gerade ungefährlich. Insbesondere den Brüdern kommt die Aufgabe zu, die weiblichen Familienmitglieder zu beschützen, und wenn nötig, auch mit Gewalt. Doch mein Bruder war anders. Ich neigte meinen Kopf zu Jamal, ohne den Blick von Christian zu lassen, flüsterte ihm etwas ins Ohr und verscheuchte damit meinen geliebten Zwilling. Mein Bruder lachte kurz auf, gab mir einen Kuss auf die Wange und ging zu Ewa und seinen Freunden zurück, die an der Bar standen und uns beobachteten. Christian schien die Situation zu erfassen und lächelte: „Du bist gut bewacht!"

Wir tanzten und unterhielten uns dabei. Unser Gespräch war ganz ungezwungen und wir lachten viel. Er gefiel mir. Seine Art, wie er sich bewegte, war so männlich und trotzdem in Harmonie mit der Musik. Wie er sprach und wie behutsam er alles anging, imponierte mir. Ich hingegen hoffte, dass er meine Aufregung nicht spüren würde.

Die Zeit verging und weit nach Mitternacht fragte er mich: „Da deine Beschützer mich nicht hören, wage ich mal einen

Vorstoß. Hast du heute Nachmittag Zeit? Ich würde dich gern wiedersehen. Darf ich dich auf einen Kaffee einladen?" *Ein Date?!* Verlegen antwortete ich: „Gerne." Er fragte nach meiner Telefonnummer. Diese einem fremden Mann zu geben, einfach so, war sehr aufregend. Nachdem er sie in sein Handy eingespeichert hatte, erfasste mich ein kurzer Moment der Reue. Schnell schüttelte ich diesen wieder ab. *Gib dir einen Schubs, nur Mut!*

Nach dem wir uns verabschiedet hatten, ging ich zurück zu meinem Bruder und unseren Freunden. Diese stellten gleich Fragen, wer der Mann sei und was er gesagt hätte. Strahlend erzählte ich jedes kleinste Detail. Auch hier verhielt sich mein Bruder anders, als man es von einem arabischen Bruder erwarten würde. Er unterstützte mich und ließ mir meine Freiheit. Gleichzeitig wäre er sofort da, wenn ich ihn bräuchte, das war sicher. Taraneh hingegen war immer noch überrascht. Sie konnte nur darüber staunen, dass alles tatsächlich so gelaufen war, wie ich es mir gewünscht hatte. Sogar eine Verabredung hatte ich bereits! Als wir kurze Zeit später den Klub verließen, konnte ich das Wiedersehen mit Christian kaum erwarten.

Kapitel 9

Am nächsten Morgen war es so weit: Mein erstes Date stand bevor! Wir hatten uns für 15 Uhr verabredet. Bis zum frühen Nachmittag hatten meine Mutter und ich die Wohnung aufgeräumt. Die Festtagsgläser, die eigentlich nur zum Zucker- oder Opferfest sowie zum Ramadan benutzt wurden, mussten poliert und wieder in den Wohnzimmerschrank zurückgestellt werden. Auch ein paar Luftschlagen, die ich extra für meine Party gekauft hatte, wurden entsorgt und gemeinsam sahen wir uns meine Geburtstagsgeschenke an. Es kam nicht oft vor, dass meine Mutter und ich etwas zusammen machten, deswegen genoss ich die gemeinsame Zeit. Natürlich hatte ich mir auch viel anhören müssen, nachdem ich so spät nach Hause gekommen war. Sie schrie mich an, drohte mir, beleidigte mich und unterstellte mir wieder die bösesten Dinge. Als ich ihr erzählte, dass Jamal auf mich aufgepasst hatte, war sie wieder versöhnt, obwohl sie mir im gleichen Atemzug vorwarf, dass *sie* an diesem Abend keine Zeit mit ihm verbringen konnte.

Der Gedanke, dass ich ihr nichts von meinem bevorstehenden Date erzählen konnte, machte mich traurig. Gerne hätte ich mich meiner Mutter anvertraut, diese aufregende Zeit mit ihr geteilt und dann ihre Geschichten gehört, wie spannend es war, als sie meinen Vater oder ihren jetzigen Mann kennengelernt hatte. Aber wenn ich ihr erzählt hätte, dass ich einen Mann treffen würde und dazu noch einen deutschen, wäre wohl einiges passiert. Die Beleidigungen, Demütigungen und weiteren Kontrollen ihrerseits hätten mir das Leben noch schwerer gemacht. Ich wusste nie genau, wann ich bei ihr den Bogen überspannt hatte und zu was sie dann fähig wäre. Ich musste sie anlügen, auch wenn ich dies sehr ungern tat.

Mein Blick ging unauffällig zu meiner Mutter hinüber. Automatisch verkrampfe sich alles in mir, weil ich Angst hatte, dass sie meine Unsicherheit spüren könnte. Ich wollte bloß nicht in ihre Augen schauen. Langsam ging ich zum Tisch, um die letzten Reste des Geschenkpapiers aufzuheben und sagte dabei zu ihr: „Mama, ich bin um 15 Uhr mit Taraneh verabredet." „Okay, dann sauge noch das Wohnzimmer und den Flur, bevor du gehst, und komme nicht noch einmal so spät nach Hause", war ihre Antwort. Ich nickte und ging zum Staubsauger, mied dabei aber jeden möglichen Blickkontakt. Nachdem ich alles erledigt hatte, ging ich in mein Zimmer und setzte mich erst einmal auf mein Bett. Innerlich war ich so aufgeregt, dass meine Knie ganz weich wurden. Ein Blick auf die Uhr sagte mir, dass ich mich beeilen musste. Schnell zog ich eine neue Jeans und meine liebste Wickelbluse an, dazu passende Sandalen. Das Oberteil betonte meine Taille und gefiel mir deswegen besonders gut für diesen Anlass. Meine langen, dunklen Haare trug ich offen. Ich schminkte mich zwar dezent, aber so, dass erneut meine dunklen Augen betont wurden. Und ich trug das Geburtstagsgeschenk meiner Freundin, ein Armbändchen mit vielen feinen Anhängern daran. Zuletzt packte ich meine Umhängetasche und verließ mein Zimmer. Wie immer erwartete mich „ganz zufällig" meine Mutter im Flur und ich spürte ihren prüfenden Blick. „Tschüss, Mama!" waren die einzigen Worte, die ich ganz lässig aus mir herausbekam. Dieses Mal war ich froh, dass eine Umarmung nicht zu unserer üblichen Verabschiedung gehörte. Als die Haustüre hinter mir zufiel, lag der Nachmittag endlich vor mir. Und ich hatte ein Date mit Christian!

Wir waren am Hauptbahnhof verabredet und meine Unruhe wuchs ins Unermessliche. *Ganz ruhig bleiben! Lass alles auf dich zukommen. Bleib mutig!* Ich versuchte mich zu beruhigen. Doch als ich ihn sah, stockte mir der Atem. Er sah noch besser aus als heute Nacht im Klub und ihn anzusehen, war eine Freude. Wir begrüßten uns mit einer Umarmung. Auch er musste aufgeregt sein, dachte ich, doch davon war nichts zu spüren. Er roch an meinen Haaren, während er mir so nahe war. Als wir uns voneinander lösten, schaute ich auf den Boden. Er half mir aus meiner Verlegenheit, indem er fragte, ob wir in ein Café gehen wollten. Auf dem Weg dorthin wurde ich meine Nervosität ein wenig los, denn wir führten innerhalb kürzester Zeit unser Gespräch von der vorherigen Nacht fort. Trotzdem fummelte ich vor Aufregung an meinem neuen Armband herum und löste dabei versehentlich die Schließe, sodass es auf den Boden fiel. Sofort bückte sich Christian und hob es auf. Er war wie ein Gentleman. „Darf ich?", fragte er und schaute mich so an, dass mir ganz heiß wurde. Ich nickte verlegen. Vorsichtig nahm er meinen Arm. *Es fühlt sich so gut an, wie er meinen Arm hält! Was macht dieser Mann mit mir?* Vorsichtig legte er mir das Armband um mein Handgelenk und verschloss den Karabinerhaken. Seine Fingerspitzen berührten dabei ganz sachte meine Haut und mich durchlief ein leichter Schauer. *Wow! Was für ein Gefühl!*

Plötzlich bemerkte ich, dass wir angestarrt wurden. Menschen arabischer und türkischer Herkunft begegneten uns und starrten zu uns herüber. Einer von ihnen blickte mir verachtend in die Augen. Ich wusste genau, was er dachte! Mädchen aus Familien wie meiner wurde von Kindheit an beigebracht, dass man sich nicht mit einem Mann treffen durfte, vor allem nicht mit einem nicht muslimischen. Gerade diesen Männern wird unterstellt, „keine Ehre" zu besitzen. Sie legten keinen Wert darauf, eine „unberührte" Frau zu heiraten und deswegen sei Sex vor der Ehe für sie ganz normal. Und genau damit würde einer Familie das Schlimmste widerfahren. Die Tochter würde entehrt und dadurch zur größten Schande werden. Damit wäre das Gesicht der Familie vor der Gesellschaft verloren. Der Blick des Vollbärtigen verriet mir seine Überzeugung, dass ich schrecklichen Verrat an meiner Familie begehen würde. Aber nicht nur das, ich beging auch Verrat an der arabischen Gesellschaft, weil ich mich einem Deutschen hingab.

In diesem Moment erschreckte mich noch ein weiterer Gedanke: *Was ist, wenn uns jemand sieht und es meiner Mutter erzählt?* Nein, dieser Angst wollte ich keinen Raum in mir geben. *Zada, du bist jetzt 18 Jahre alt! Bleib mutig,* sprach ich mir innerlich zu. Das war mein Leben, meine Zeit und mein Moment, den ich genießen wollte. Wieder entschied ich mich dazu, auf mein inneres *Ich* zu hören und das zu tun, was sich schlicht und ergreifend richtig für mich anfühlte.

Im Café bestellten wir uns beide einen Latte macchiato und dazu einen unwiderstehlichen Erdbeerkuchen mit einer riesigen Portion Sahne. Als die Kellnerin unsere Bestellung brachte, lachten wir uns beide an, weil alles so reichlich und lecker aussah. Christian hatte sich bewusst neben mich gesetzt und beobachtete mich genau. Nun hatte unser lockeres Gespräch eine Wendung genommen. Er wollte alles über mich wissen. Er fragte nach, wie ich zu bestimmten Dingen stünde und hörte genau hin, was ich antwortete: Welche Ziele hatte ich im Leben? Was machte mich glücklich? Dabei stellte er immer wieder erstaunt fest, dass er der gleichen Ansicht war. Es hatte den Anschein, dass er mich auf den Prüfstand stellte. Irgendwie war mir das unheimlich, aber auch nicht unangenehm, da ich somit auch seine Einstellungen und Überzeugen kennenlernte. Ich ärgerte mich nur darüber, dass meine Stimme nicht so selbstsicher klang. Manchmal überschlug sie sich und ich fing an zu stottern. Doch Christian war die Ruhe selbst.

„Darf ich dir etwas sagen, Zada?", fragte er mich und lächelte dabei charmant. Ich nickte und war gespannt, was nun kommen würde. „Ich finde dich wunderschön und freue mich sehr darüber, dass wir heute hier sind." Wow! Verlegen schaute ich mal wieder auf den Boden. Ich konnte einfach nicht weiter in seine blauen Augen schauen. Dann fuhr er fort: „Hast du Lust, etwas Aufregendes zu unternehmen?" Ich erschrak. *Was meint er damit? Hat er deswegen gesagt, dass er mich wunderschön findet? Will er etwas von mir, von dem ich noch nicht bereit bin, es ihm zu geben?* Sofort hob er abwehrend seine Hände und meinte: „Nein, nein – nicht, was du gerade denkst!" *Kann er meine Gedanken lesen?* Ich schaute ihm diesmal sehr selbstbewusst und direkt in die Augen und fragte ihn: „Was meinst du denn, was ich gerade denke?" Verlegen lächelte er: „Etwas, was ich auch gerne vorhabe, aber dafür ist es jetzt noch viel zu früh." Mir stockte der Atem. *Was meint er? Küssen, oder etwa …?* Ich konnte den Gedanken kaum zu Ende denken, da mir das alles einfach noch zu fremd war.

„Wir sind nicht weit von einem meiner Lieblingsorte entfernt. Kann ich ihn dir zeigen? Wir müssten lediglich ein paar U-Bahn-Stationen weit fahren." Er stand auf und reichte mir seine Hand. Zögernd legte ich meine in seine. Sie war so groß und so warm. Als er mich losließ, strich er mit seinem Daumen ganz langsam über meinen Handrücken und schaute mir dabei direkt in die Augen. Es war so intensiv, dass ich eine Gänsehaut bekam. Seine direkte Art und sein Mut, so offensichtlich mit mir zu flirten, beeindruckten mich. Das war kein vorsichtiges Abtasten der Lage oder nur Andeutungen, die man bei einer Ablehnung im Nachhinein anders auslegen könnte. Und obwohl ich ihn so gut wie gar nicht kannte, war tief in meinem Herzen ein Vertrauen zu ihm da. Lediglich mein Verstand rief mich zur Vernunft und sagte mir stets: Bleib wachsam!

Wie verließen also das Café machten uns auf den Weg zu seinem Lieblingsort. *Wo wird der sein und was ist dort so besonders?*, fragte ich mich innerlich. Christian wollte nicht verraten, wo es hinging. Insgesamt fuhren wir neun U-Bahn-Stationen weit und damit immer weiter raus aus der Innenstadt. Danach mussten wir noch ein ganzes Stück laufen. Immer weniger Menschen begegneten uns und irgendwann wurde mir mulmig zumute. *Ich kenne ihn doch gar nicht! Was ist, wenn er ein verrückter Kerl ist, der etwas Gruseliges vorhat? Fühlt sich das alles tatsächlich noch so gut an?* Ich beschloss, aufmerksamer zu werden, ihn zu beobachten und auf Warnsignale zu achten, denen ich eventuell vorher keine Beachtung geschenkt hatte. Und just in diesem Moment lächelte er mich an und sagte: „Wir sind da!" Als ich das Gebäude musterte, vor dem wir standen, bekam mein bereits verunsichertes Selbstbewusstsein einen riesigen Knacks. Irritiert blickte ich zu ihm: „Eine Kletterhalle?" Amüsiert über meine Reaktion erwiderte er: „Ich klettere sehr gerne. Da kann man gut den Kopf frei kriegen und vor allem ...", er hielt kurz inne, „... kann man sich besser kennenlernen." Ich atmete tief durch. In meinem Leben war ich noch nie klettern. Ich hatte vieles noch nicht gemacht, aber ausgerechnet das?

Höflich öffnete er die Tür, damit ich als Erste die Halle betreten konnte. Staunend blickte ich auf die simulierten Berge mit ihren bunten Klettergriffen, die bis unter die Decke dieses großen Gebäudes gingen. Wir mieteten uns zwei Kletterausrüstungen, bestehend aus einem Hüftgurt mit Karabiner, einem Sicherungsgerät und besonders leichten Schuhen. In der Umkleidekabine atmete ich einige Male tief durch und fragte mich: *Wo bin ich hier reingeraten?* Mein Blick wanderte auf den Gurt in meiner Hand. Doch ich hatte keine Ahnung wie ich diesen anzulegen hatte. Christian wartete bereits vor einer zehn Meter hohen Kletterwand auf mich, lächelte charmant und fragte: „Darf ich?" Er nahm den Gurt, zog ihn fest um meine Hüften und um die Oberschenkel und überprüfte danach, ob er richtig saß. Dabei kam er mir so nahe, dass ich seinen Atem spüren konnte. *Ein Verrückter, der mich in zehn Metern Höhe sehen will!* Danach stellte er sich vor die Wand, nahm das Seil, das von oben herunterhing, und sagte: „Das ist das Bremsseil. Wir setzen dies in das Sicherungsgerät ein, damit kann ich dich abseilen. Wenn du die Wand loslässt, kann ich dich absichern." Automatisch machte ich einen Schritt zurück und dann schoss es nur so aus mir heraus: „Wie meinst du das? Ich soll die Wand loslassen, wenn ich da oben hänge? Ich werde gleich alles tun, um mich regelrecht an der Wand festzuklammern, aber doch nicht loslassen!" Lachend erwiderte er: „Das kriegst du hin. Ich weiß es."

Bei all seinen Erklärungen versuchte ich, aufmerksam zuzuhören. Doch die Spannung wuchs. Mein Herz pochte vor Angst, die fast in Verzweiflung überging. Ich wollte ihn nicht enttäuschen und schlecht vor ihm dastehen. Also ließ ich mir Zeit, um nachzudenken. Eigentlich war es ein Nach*fühlen*, denn auch meine Neugierde auf dieses Erlebnis wuchs. Ich schaute ihm in die Augen und spürte sein Vertrauen in mir. Zumindest wollte ich es versuchen, und das war ich eigentlich nicht ihm schuldig, sondern mir. Schließlich siegte meine Neugierde.

Christian befestigte das Bremsseil in meinem Sicherungsgerät: „So, nun kannst du starten!" Ich holte tief Luft und umfasste die erste Halterung. Stetig kletterte und stemmte ich mich an den gelben Griffen Stück für Stück weiter nach oben. Wahnsinn! Das war eine komplett neue Lebenserfahrung für mich. Das Adrenalin rauschte geradezu durch meine Adern. In mir wuchsen Kräfte, von denen ich vorher gar nicht wusste, dass ich sie hatte. Unendliche Freude überkam mich und ich kletterte weiter und weiter. *Ich habe die Hälfte schon geschafft! Warte mal, wenn ich die Hälfte schon geschafft habe, bedeutet das ...*

Und dann schaute ich nach unten. *Oh Gott!* Vor lauter Angst fing ich an zu zittern. Meine Hände klammerten sich ganz fest an die Griffe und meine Hüften drückten sich gegen die Wand. Christian war bereits etwa fünf Meter unter mir. In diesem Moment hatte ich das Gefühl, als ob mich die Erdanziehungskraft mithilfe des Seils um meinen Hüften zu Boden ziehen würde. Christian sagte ruhig: „Es ist alles gut. Es kann dir nichts passieren. Ich halte dich fest." Ich fand meine Fassung wieder und erwiderte erstaunlich ruhig: „Das reicht mir für das erste Mal! Kann ich auch runterklettern?" „Vertrau mir. Stütz dich mit deinen Füßen gegen die Wand und dann lass los. Du wirst nach einem kurzen Moment einen kleinen Ruck spüren, bevor du in die Sicherung fällst", sagte er zuversichtlich. *Das war doch nicht sein Ernst! Ab wann hatte ich da unten nicht mehr richtig zugehört?*

Nun hatte ich mich bis hierher gut geschlagen, also wollte ich den Rest auch meistern. Erneut ging ich in mich. Ein Stück weit war es unheimlich erlösend, nur zu vertrauen. Doch dazu musste der Verstand überwunden werden. „Okay, ich lasse jetzt los", sagte ich schließlich und Christian nickte. Nach einer gewissen Zeit, die er am anderen Ende des Seils geduldig abwartete, stieß ich mich mit einer Kraftanstrengung der mentalen Art von der Wand ab und ließ los. Für einen Wimpernschlag eines Moments fiel ich. Dann kam der Ruck und ich hing im Seil. Langsam seilte mich Christian zu sich ab. Als ich in seiner Reichweite war, griff er nach meinem Schuh und seine Hand wanderte an meiner Jeans entlang, bis er um meine Taille greifen konnte. Ich landete ganz nah an ihm dran, sodass er mich vorsichtig auf den Boden stellen konnte. Dann sagte er: „Und? Geht es dir jetzt besser? Ich hatte im Café vorhin den Eindruck, dass du sehr aufgeregt warst. Ich dachte mir, dass es dir guttun würde, wenn du hier ein bisschen Druck abgeben kannst." Mit großen Augen blickte ich ihn an. *Wie aufmerksam von ihm!*

Er hatte tatsächlich recht und mir wurde klar: Er verstand mich und ich ihn. Vieles konnten wir aus dem gleichen Blickwinkel betrachten, und das schuf Gemeinsamkeit zwischen uns. Von da an waren wir unzertrennlich.

Kapitel 10

Zwischen Christian und mir entwickelte sich eine Aufrichtigkeit und Vertrautheit, die ich mir nie hatte vorstellen können. Er war sehr aufmerksam, respektvoll und hörte mir gut zu. In dieser Kennenlernphase unternahmen wir gemeinsam viele schöne Dinge: Wir waren wandern, gingen schön essen oder abends noch aus. Dabei kamen wir uns immer näher. Irgendwann kam der Punkt, an dem ich Christian von meinen schwierigen Familienverhältnissen erzählen musste. Ich erzählte ihm auch, dass ich zuvor noch nie einen Freund gehabt hatte.

Was mir sehr an ihm gefiel, war, dass er vom ersten Tag an verbindlich war und sich täglich bei mir meldete. Uns beiden gefiel jedoch nicht, dass wir uns nur am Wochenende sehen konnten. Er verbrachte die Woche in der Kaserne und wenn wir uns dann am Wochenende sehen konnten, musste ich bis zehn oder manchmal spätestens elf Uhr abends zu Hause sein. Erschwerend kam hinzu, dass ich seit einem Jahr samstag- und sonntagvormittags eine arabische Schule besuchte. Das tat ich freiwillig, denn ich wollte arabisch Lesen und Schreiben lernen. Diese Zeit ging zwar von meinen „heiligen Stunden" mit Christian ab, doch dazu entschied ich mich bewusst. Unter der Woche dachte ich nur an ihn.

Verträumt saß ich eines Nachmittags vor dem Fernseher, doch meine Aufmerksamkeit galt nur meinem Handy. Und dann vibrierte es. Christian hatte mir geschrieben: „Hallo Zada, ich freue mich darauf, dich am Wochenende abzuholen.

Ich würde dich gerne meinen Eltern vorstellen. Wäre das für dich in Ordnung?" Im Nu hatte ich heftige Schmetterlinge im Bauch! *Er will mich seinen Eltern vorstellen? Er meint es wirklich ernst.* Meine Mutter schaute mich an und fragte: „Warum lächelst du so? Wer hat dir geschrieben?" Sofort überkam mich die bekannte Angst, die schon so lange in mir geschürt worden war. Doch ich nahm auch die Stimme in mir wahr, die mir sagte, dass ich nun 18 Jahr alt und es mein gutes Recht war, mich in einen Mann zu verlieben und mit ihm zusammen zu sein. Aber ab wann ging ich bei meiner Mutter zu weit? Mutig wagte ich mich vor, denn ich wollte stets ehrlich zu ihr sein: „Ich habe einen Kumpel! Er heißt Christian!" Überraschenderweise blieb sie ruhig.

Zuerst starrte sie auf den Boden und dann wieder zu mir. Dann sagte sie: „Du weißt, dass es *haram* ist, mit einem Mann befreundet zu sein. Du sorgst dafür, dass die Leute über uns reden. Du weißt, dass dein Freund mehr von dir will als Freundschaft. Du bist ein sehr hübsches Mädchen. Ich hätte dich eigentlich schon mit 16 Jahren verheiraten sollen!" Dieses Mal besiegte die Wut in mir die Angst. Das Wort *haram*, das bedeutet, dass etwas verboten ist, war mein ständiger ungebetener Begleiter. Immer wieder musste ich mir anhören: „Dies ist *haram*, das ist *haram*. Alles *haram*." Doch die Tatsache, dass meine Mutter sich anmaßte, glauben zu können, mich gegen meinen Willen zu verheiraten, brachte mich stets gegen sie auf. Sie starrte mich an, ohne etwas zu sagen, bis ihr Blick auf einmal ernster wurde: „Du hattest noch nie einen Kumpel. Du schläfst doch nicht etwa mit ihm, oder?" Zu diesem Zeitpunkt hatte ich tatsächlich noch nicht mit ihm geschlafen, doch ich hatte es vor. Den Kopf schüttelnd sagte ich ruhig: „Nein, das habe ich nicht", denn es entsprach der Wahrheit. Mein Ohnmachtsgefühl, nichts gegen sie ausrichten zu können, ließ nach und ich konnte wieder denken:

„Mama, Taraneh und ich sind heute verabredet. Wir müssen für die Schule eine Präsentation ausarbeiten. Ich muss jetzt los!" Das Gespräch beendete ich, indem ich einfach aufstand und ging. Und meine Mutter hinderte mich nicht daran. Was in ihr vorging, wusste ich nicht.

Als ich in meinem Zimmer meine Schulsachen zusammenpackte, dachte ich gleich an meinen Christian. Er war mir die Sache wert! Mein starker Wunsch auszuziehen und mein eigenes Leben zu führen, wuchs immer mehr. Im Flur begegnete ich, wie immer, prompt meiner Mutter, die mich mit einem Blick maß, der mich erschaudern ließ. Fest nahm ich mir vor: Wenn ich mein Leben ganz mit Christian teilte, dann würde es keine Lügen mehr geben! Dann lief ich zur Wohnungstür und machte sie hinter mir zu.

Endlich war es Wochenende. Ich konnte es kaum erwarten, heute, nach endlosen fünf Wochentagen, Christian wiederzusehen. Und er wollte mich seinen Eltern vorstellen. *Ob sie mich mögen werden?*

Auf der Fahrt in seinem Auto waren wir so miteinander verbunden, als wären wir keine fünf Tage voneinander getrennt gewesen. In der Hand hielt ich einen Blumenstrauß, den ich seiner Mutter schenken wollte. Irgendwann fuhren wir auf einen Parkplatz vor einem großen Einfamilienhaus in einem sehr gepflegten Ortsteil. Als ich aus dem Auto stieg, wurde mir klar, wie wichtig es mir war, einen guten Eindruck zu machen. Beim Aussteigen zitterte meine Hand, sodass ich den Blumenstrauß gegen den oberen Holm der Tür drückte und einige Blütenblätter abfielen. *Die schönen Blumen!* Christian bemerkte meine Nervosität sofort. Er ging um das Auto herum, nahm mir die Blumen ab, legte sie behutsam auf das Autodach und nahm mich in den Arm. Sanft streichelte er mir über den Rücken und sagte zuversichtlich: „Sie werden dich mögen, keine Sorge." Für die einfühlsamen Worte bedankte ich mich mit einem flüchtigen Kuss und wandte mich dem Haus zu. Doch zwischen ihm und der Autotür war kein Durchkommen. Fragend schaute ich ihm in die Augen, als er sanft die Konturen meiner Lippen mit seinem Daumen nachzog. Dann nahm er sich die Zeit und küsste mich leidenschaftlich. Wie wunderschön das Leben mit ihm war! Es war wie in einem Traum. Ich fühlte mich geliebt, geborgen und in diesem Falle sogar begehrt. Christians Plan ging auf, denn die Ablenkung wirkte auf mich.

„Komm", sagte er, nahm mich an der Hand, schlug die Autotür hinter mir zu und gemeinsam gingen wir zum Hauseingang. Die Blumen in der einen, Christian an der anderen Hand, warteten wir, bis die Tür aufging. Die Begrüßung seiner Mutter war herzlich. Zuerst umarmte sie mich freundlich und ein bisschen überschwänglich, denn nicht nur ich war nervös. Dann gab sie ihrem Sohn einen Kuss auf die Wange. Sie war eine süße, kleine Frau mit blauen Augen und roten Haaren mittleren Alters mit einer hohen Stimme. Hinter ihr stand Christians Vater, selbstsicher und wie ein Fels in der Brandung. Woher Christian wohl seine Ausstrahlung hatte? Höflich gab er mir die Hand und führte uns in die Wohnstube. Dort stand ein Esstisch, gedeckt mit zauberhaftem, wunderschönem Geschirr, auf dem ein Engelsmuster abgebildet war. So etwas hatte ich zuvor noch nie gesehen. Eine Tischdecke, so weiß und glatt, lag darunter. In der Mitte standen ein selbst gebackener Apfelkuchen und eine riesige Schüssel mit Schlagsahne. Vor mir war eine typische deutsche Kaffeetafel.

Staunend stand ich mit dem Blumenstrauß in der Hand im Wohnzimmer. Als ich meinen Fauxpas bemerkte, ging ich verlegen auf Christians Mutter zu und bedankte mich für die Einladung. Sie steckte die Blumen gleich in eine passende

Vase, die auf dem Tisch auch noch Platz fand. Gemeinsam verbrachten wir einen wundervollen Tag: Nach dem Kaffeetrinken gingen wir in einem hinter dem Haus beginnenden Wald spazieren. Abends gab es ein Glas Wein, während wir alle vier in der Küche standen und gemeinsam kochten. Mir wurde die Aufgabe zuteil, das Gemüse für den Salat vorzubereiten. Christian und seine Mutter berieten sich noch, wie sie das Rindersteak am besten braten sollten, und sein Vater stand neben mir und schnitt das Baguette.

Nachdem sich die Aufregung des ersten Kennenlernens gelegt hatte, fühlte ich mich wohl und akzeptiert. Jeder konnte so sein, wie er war. Mein Leben war auf einmal so wundervoll. *War das alles nur ein Traum? Werde ich bald aufwachen und mich in meinem Leben vor meinem 18. Geburtstag wiederfinden?*

Nach diesem wunderbaren Freitagnachmittag mit seinen Eltern gingen Christian und ich, bevor wir uns wieder für einige Stunden trennen mussten, spazieren. Wir wollten für uns sein. Christian sah mich an und sagte: „Zada, ich würde gerne mit dir für ein paar Tage in den Urlaub fliegen, damit wir beide nur für uns sind und einfach mehr Zeit zusammen haben. Was hältst du davon?" *„Wegfliegen?"* Ich schaute ihn mit großen Augen an. Meine letzte Reise hatte ich mit 14 Jahren nach Jordanien unternommen, um meine Großeltern, Tanten und Onkels mütterlicherseits zu besuchen. Aber in einem richtigen Urlaub war ich noch nie. Ich hatte so große Lust, doch da gab es ein nicht unerhebliches Problem. Verlegen antwortete ich: „Christian, ich hätte sehr, sehr große Lust. Doch ..." Ich fragte mich, wie ich ihm das sagen konnte. Es war mir peinlich, ihm erklären zu müssen, dass ich schlichtweg kein Geld dafür hatte. Selbst mit meinem Aushilfsjob hätte ich nie so viel Geld für so einen Luxus aufbringen können. Christian grinste: „Mir ist schon klar, dass eine Schülerin dafür nicht genug Geld hat. Der Urlaub geht auf mich." Das war ein großzügiges Angebot. Ich nahm es an und freute mich sehr auf unseren gemeinsamen Urlaub. Nun musste ich allerdings noch die Hürde nehmen, meiner Mutter von unseren Plänen zu erzählen.

Wie erwartet, war sie damit gar nicht einverstanden, als ich nach Hause kam und ihr erzählte, was wir vorhatten. Doch was sollte sie tun? Ich sagte zu ihr: „Mama, ich werde mit ihm vereisen. Ich bin jetzt achtzehn Jahre alt." Sie war sehr wütend, doch sie wusste, dass sie mich nicht davon abhalten konnte, und suchte deswegen nach einer augenscheinlichen Lösung. Mit der Reise wäre sie erst einverstanden, wenn Christian zu uns nach Hause kommen und erklären würde, dass wir in getrennten Schlafzimmern schlafen würden. Damit wäre er der erste deutsche Mann, der als Gast unsere Wohnung betrat. Ein Treffen zwischen meiner Mutter und ihm weckte Ängste in mir. *Was würde Christian von mir denken, wenn er meine Mutter kennenlernt?*

Doch Christian bewies einmal mehr seine herausragenden Eigenschaften, die ich an ihm so liebte: Gelassenheit und Diplomatie. Er kam zu uns und stellte sich als guter Freund vor. Zwischen meiner Mutter und ihm herrschte angemessene Höflichkeit. Sie bereitete, wie es in unserer kulturellen Tradition üblich war, ein pompöses Mal zu. Jedoch konnte Christian die zwischenmenschliche Herzlichkeit, mit der ich in seiner Familie aufgenommen wurde, nicht erwarten und das wusste er. Trotz der schwierigen Umstände fiel es ihm nicht schwer, meiner Mutter das Gefühl zu geben, dass ihre Sorgen ernst genommen wurden. Wir hatten uns vor dem Treffen abgesprochen, wie weit wir ein Versprechen abgeben könnten, ohne uns danach einschränken zu müssen, weil wir uns gebunden fühlten. Immer wieder war mir gesagt worden, dass meine Mutter, wenn ich mit einem Mann vor der Ehe zusammenkäme, das Recht hätte, mich zu töten. Ich wollte, dass meine Mutter, soweit es möglich war, immer die Wahrheit wusste. Die Angst vor körperlicher und mentaler Gewalt trieb mich jedoch dazu, es an der einen oder anderen Stelle nicht so genau zu nehmen. Daher entschieden Christian und ich uns zu einigen Kompromissen. Mit sprachlichem Geschick versicherte er, dass unsere Unterkunft im Urlaub in zwei getrennten Zimmern Schlafmöglichkeiten habe. Meiner Mutter fiel der kleine Unterschied dieser Aussage zu ihrem erwarteten Versprechen nicht auf. Manchmal hatte ich aber auch den Verdacht, dass sie das Spiel nur mitspielte, weil sie wusste, wie machtlos sie war.

Unserem gemeinsamen Urlaub stand nun nichts mehr im Wege. Weitere Personen meiner Familie wussten nichts von meinen Plänen. Und das war gut so, denn zu noch mehr Komplikationen und Rechtfertigungen war ich nicht bereit.

Nach gerade einmal zwei Monaten unserer Beziehung planten wir in den Osterferien einen Urlaub auf Rhodos. Fünf Tage lang sollten wir vierundzwanzig Stunden gemeinsam verbringen. Und tatsächlich war diese Zeit einer der schönsten meines bisherigen Lebens. Wir waren so frei, unbeschwert und glücklich. Und wir wussten, dass wir zusammengehörten. Alle meine Freunde hatten mich aufgrund unseres Beziehungstempos für verrückt erklärt. Doch genau das gehörte zu meiner gesamten Lebenssituation: ein bisschen Verrücktheit!

Kapitel 11

Nach unserem Urlaub war uns beiden klar, dass wir unser Leben nicht mehr ohne den anderen verbringen wollten. Vielmehr wollten wir unsere gemeinsame Zukunft planen. Wir hatten uns auf Rhodos noch besser kennen- und lieben gelernt. Es war zwar eine Urlaubsituation, doch vom morgendlichen Aufwachen bis zum abendlichen Einschlafen war alles so leicht und vertraut. Und ich habe mich in dieser Zeit herausgewagt aus meinen Ängsten. Nun war ich *haram* – denn ich war keine Jungfrau mehr.

Zu Hause angekommen musste Christian wieder zur Armee. Unter der Woche war er mal wieder nur über das Handy erreichbar, doch ich hatte meinen eigenen Alltag. Das Gymnasium nahm ich ernst. Ich wollte so viel Wissen in mich aufnehmen, weil das für mich Unabhängigkeit bedeutete. Eine gute Ausbildung sollte dann später mein eigenes Leben sichern, sodass ich nie wieder von jemandem abhängig sein musste.

An einem Sonntagmorgen hatte ich noch ein wenig Zeit, bevor ich mich auf den Weg zur arabischen Schule machen musste, und spielte noch mit meinen Halbgeschwistern. Ich sollte ein Baby sein, das bei näherem Herankommen zum Monster wurde und meine Geschwister krabbelnd durch die Wohnung jagen sollte. Sie lachten und schrien gleichzeitig. Momente mit ihnen wie diese, in denen auch sie ganz kindlich ungehemmt sein durften, waren so schön. Im Fahrstuhl des Hauses, in dem wir wohnten, las ich dann auf dem Handy eine Nachricht von Christian: „Hallo Zada, meine Eltern fragen, ob wir heute Nachmittag gemeinsam ins Kino und anschließend essen gehen wollen. Was hältst du davon?" Ich fand es immer so süß, wie vorsichtig er mich etwas fragte, weil er meine Wünsche immer miteinbeziehen wollte. Sofort sagte ich zu und buchte vier Kinotickets für uns online, während ich mit der U-Bahn fuhr. Außerdem reservierte ich einen Tisch bei Christians Lieblingsrestaurant, einem Italiener. Dieser Abend sollte auf mich gehen. Ich hatte gespart und wollte alle einladen. Christians Liebe und die warmherzige Freundschaft zu seinen Eltern machten mich so glücklich, dass ich einmal dafür Danke sagen wollte. Christian hatte vor, mich nach der arabischen Schule abzuholen, damit wir dann noch ein wenig Zeit nur für uns hätten.

Nicht weit von der U-Bahn-Station entfernt lag die Moschee, in der üblicherweise der Unterricht stattfand. In diesem Viertel Hamburgs lebten viele Muslime mit arabischen Wurzeln, doch ich konnte nie eine Verbindung zum islamischen Glauben herstellen. In dieser Kultur gab es für Frauen immer nur Regeln, die nicht überschritten werden durften, um nicht aufzufallen. Alles war *haram*. Die arabische Gesellschaft durfte bloß keinen Anstoß nehmen, sonst würde die ganze Familie abgestraft werden. Das Leben als Frau fühlte sich für mich wie ein zu enges Korsett an, in dem kein Platz war, um einmal tief Luft holen zu können. Zu einem Teil sah ich mich als Deutsche, aber zu einem anderen Teil war ich stolz auf meine arabische Herkunft. Die Gastfreundschaft, die Warmherzigkeit der Kultur und auch die Entspanntheit und den Humor aus der Heimat meiner Familie liebte ich. Aus meiner persönlichen Lebenseinstellung, die ich nicht verbergen wollte, resultierten jedoch immer wieder Konsequenzen, die ich so nie wollte. Doch ich musste mich einfach für einen Weg entscheiden – für meinen.

Als ich bei der Moschee ankam, zog ich aus Respekt vor diesem Gotteshaus, so wie alles es taten, die Schuhe aus. Meine Schulklasse bestand aus 15 Schülerinnen und Schülern. Das war ungewöhnlich, denn in der Regel wurden die Klassen nach Geschlechtern getrennt. Da es aber nur einen Lehrer für alle gab, wurden wir gemeinsam unterrichtet. Der Jüngste war erst sechs Jahre alt, ich hingegen war mit meinen 18 Jahren die Älteste. Wir alle hatten einen arabischen familiären Hintergrund. Unser Lehrer war ein freundlicher junger Mann, der sich immer viel Zeit für uns nahm. Am Ende der Unterrichtszeit schaute ich immer wieder auf die Uhr. Gefühlt kam mir die Zeit, bis ich Christian wiedersah, unendlich vor. Als die Stunde vorüber war, durchquerte ich die Gebetshalle wie immer sehr unauffällig. Es schickte sich nicht, die betenden Männer zu beobachten, gerade als Frau. Mit gesenktem Blick lief ich also zu meinen Schuhen und schlüpfte hinein. Gemeinsam mit den anderen Schülern verließ ich die Moschee.

Und dann sah ich ihn sogleich. Er lehnte sich gegen seinen schwarzen BMW und lächelte mich an. Das Auto stand direkt auf dem Parkplatz der Moschee. Während ich auf ihn zuging, blieb sein Blick auf mich gerichtet. Wir umarmten uns nur kurz und dabei vergaß ich vollkommen, wo wir waren. Doch wie konnte ich nur so dumm sein? Hier galten andere Regeln. Regeln, die ich nicht befolgen wollte. Aber musste ich dies denn an diesem Ort in aller Öffentlichkeit tun?

Der böse Blick eines arabischen Mannes, der auf dem Parkplatz stand, machte mir meinen „Fehltritt" augenblicklich klar. Ebenso klar war jedoch auch, dass die herzliche Begrüßung und das Einsteigen in das Auto eines deutschen Mannes Konsequenzen haben würde …

Durch den Besuch des Kinos und des Restaurants hatte ich die Szene auf dem Parkplatz vor der Moschee schnell vergessen. Gemeinsam verbrachten wir eine schöne Zeit. Wie ich zuvor ahnte, wollten Christian und seine Eltern die Einladung nicht annehmen, als ich diese im Restaurant aussprach. Mit Beharrlichkeit setzte ich mich aber durch und fühlte mich danach ganz wunderbar erwachsen.

Später am Abend fuhr mich Christian nach Hause. Im Auto sprachen wir erneut über eine gemeinsame Zukunft. Ich lehnte meinen Kopf an seine Schulter, während wir durch die nächtlich leuchtenden Straßen Hamburgs fuhren. Mit den schönsten Farben malte ich mir unsere Zukunft aus, bis mir ein Gedanke kam, den ich aussprechen musste: „Christian, meine Familie ist nicht so wie deine. Diese Liebe und Freude, die ihr euch gegenseitig schenkt, gibt es bei uns sehr, sehr selten. Du wirst enttäuscht sein, wenn du meine Familie näher kennenlernst. Bis auf meine Großeltern und meinen Bruder wird der Rest der Familie eine ablehnende Haltung uns gegenüber haben." Doch Christian strahlte wieder diese Ruhe aus, die mich gelassener machte. Ein Blick nach draußen offenbarte mir die dort herrschende Dunkelheit und ich spiegelte mich im Fenster wider. Als ich mich so ansah, beseelte mich eine neue innere Einstellung. Sie kam wieder so unverrückbar in mir hoch wie mein Wunsch, baldmöglichst von zu Hause auszuziehen. Ich wollte für unsere Beziehung Stellung beziehen – für Christian und für mich. Keine Geheimnisse mehr. Wenn ich Ablehnung erfahren sollte, dann würde ich Abstand nehmen von diesen Personen. Dann würden auch endlich diese stetige Angst und Unruhe in mir aufhören, dass ich etwas nicht richtig machte und dafür abgestraft werden würde.

Schon lange war mir klar, spätestens seit meinem 18. Geburtstag, dass es so nicht weitergehen konnte mit meinem

Leben. Meine Verliebtheit hatte mich zwar einiges leichter ertragen lassen, doch den Plan, schnellstmöglich auszuziehen, hatte ich schon gefasst, bevor ich Christian kennengelernt hatte, und diesen wollte ich nun trotz der neuen Umstände schleunigst umsetzen. *Lieber gar keine Familie als eine Familie, die einen kaputt macht,* dachte ich mir. Rückhalt und Geborgenheit, also etwas, das jeder Mensch erfahren sollte, würde ich von Christian erhalten, wenn ich mich von meiner Familie trennen müsste. Und da war auch noch mein Bruder, der mich so liebte, wie ich war, und der mich auch so kannte, wie ich war. Auch von meinen Großeltern wusste ich, dass sie mich liebten.

Da ich diese Entscheidung nun für mich getroffen hatte, wusste ich, dass ein Gespräch mit meiner Mutter unumgänglich war.

Kapitel 12

Der Wochenbeginn fühlte sich unendlich lang an. Christian war die ganze Woche auf einem Manöver und am Samstag wollten wir reinen Tisch machen. Das Treffen mit ihm und meiner Mutter sollte klären, dass Christian und ich nicht nur freundschaftlich miteinander verbunden waren. Sie sollte verstehen, dass da mehr war, nämlich Liebe zwischen einer Frau und einem Mann. Heute wollte ich das Treffen vorbereiten und meine Mutter sollte zunächst mehr von Christian erfahren.

Nach der Schule lief ich nervös die vier Stockwerke des Mietshauses hoch, in dem wir wohnten. Als ich in die Wohnung trat, saß meine Mutter wie so oft im Wohnzimmer und schaute Fernsehen. Wir begrüßten uns kurz, in dem wir „Hallo" zueinander sagten. Meine Mutter zeigte keinerlei negative aber auch keine positiven Gefühle mir gegenüber. Es war also gerade neutraler Boden – ein guter Start für das, was ich jetzt vorhatte. Ein Teil in mir fürchtete sich immer noch vor ihr, doch meine getroffene Entscheidung stärkte mich. Mit jedem Schritt durch die Wohnstube, den ich auf sie zuging, wurde ich innerlich stärker. Als ich mich neben sie auf die schwarze Couch setzte, fragte ich sogleich: „Mama, können wir reden?" Ein kurzer Blick in mein Gesicht machte ihr wohl klar, dass es um etwas Ernstes ging, denn sie nahm die große schwarze Fernbedienung in die Hand und verringerte die Lautstärke des Fernsehers. „Ich möchte mit dir über Christian reden." Sie nickte. „Ich weiß, dass kommt jetzt bestimmt plötzlich für dich, aber ich möchte, dass du die Wahrheit weißt." Kurz hielt ich inne. *Bleib mutig! Du bist stark!* Dann sprach ich weiter: „Ich habe mich in ihn verliebt und er hat sich auch in mich verliebt. Wir möchten zusammen sein. Daher würde ich ihn gerne am Samstag mit nach Hause bringen. Ich möchte, dass du ihn näher kennenlernst, da reicht das kurze Treffen letzten Monat nicht. Du wirst sehen, was für ein feiner Mensch er ist." Meine Mutter erstarrte. *Hat sie mich verstanden? Was kommt jetzt?* Als sie sich wieder gefangen hatte, kam prompt aus ihrem Mund: „Du verdammte Hure, du hast doch nicht etwa mit ihm geschlafen!" Das waren mal wieder all ihre Sorgen. *Ruhig bleiben. Lass dich nicht verletzen,* sprach ich innerlich zu mir. „Mama, ich danke dir für alles. Du hast mich auf die Welt gebracht, immer lecker gekocht und mich großgezogen. Doch ich bin kein Kind mehr. Ich bin jetzt 18 Jahre alt und damit volljährig und lebe vor allem hier in Deutschland. Ich bin keine Hure! Ich habe mich in einen Mann verliebt und er sich in mich und wir wollen zusammen sein und werden das auch. Es ist meine Entscheidung. Und was mir wichtig ist und was ich wie mache, ist meine Angelegenheit. Ich bin nicht mehr bereit, mir von dir anhören zu müssen, dass ich eine Hure bin." Das sagte ich in ruhigem, bestimmtem Ton und beendete meine Ansprache: „Verdammt noch mal, ich bin deine Tochter!"

Während ich sprach, ruhte ihr Blick auf mir und sie erhob sich von der Couch. Wohl um ihre eigenen Gedanken ordnen zu können, ließ sie mich ausreden und beugte sich über mich. *Ruhig bleiben! Keine Angst haben!* Um ihre bedrohliche Haltung zu entschärfen, stand ich ebenfalls auf und sie wich zurück. Für den Fall, dass sie mich nun schlagen wollte, könnte ich mich stehend besser wehren. Und genau das hätte ich auch gemacht! Es stand kein schwaches, kleines Mädchen mehr vor ihr, so wie damals. Und dann brach ihr Zorn aus.

Sie fing an zu brüllen: „Du wirst nicht mit ihm zusammen sein und unsere Familienehre beschmutzen! Meine Freunde werden auf mich spucken, wenn sie das erfahren! Und wenn deine Geschwister heiraten wollen, wenn sie alt genug sind, werden alle sagen, dass unsere Familie keine Ehre hat. Deine Geschwister werden keinen Partner finden zum Heiraten! Du wirst jetzt einen arabischen Mann heiraten. Nun ist Schluss mit deinen Eskapaden. Verdammt, wie kannst du nur so egoistisch sein?!"

„Egoistisch?!" entgegnete ich wütend. „Mit Menschen, die sich den Mund über andere zerreißen, will ich nichts zu tun haben. Wenn die ein verdammtes Problem damit haben, dass ich in Deutschland mit einem Deutschen zusammen bin, dann kann mich das nicht daran hindern. Die Wahl eines Mannes darf sich doch nicht nach dem richten, was die Leute sagen, sondern nach dem, den ich liebe!" Den Kopf schüttelnd schrie sie: „Liebe? Du denkst doch nicht wirklich, dass er *dich* liebt? Er will dich – ein arabisches Mädchen! Aber nur solange du exotisch genug für ihn bist, hat er Interesse an dir. Nachdem er dich ein oder zwei Mal im Bett hatte, wird ihm langweilig werden. Dann wird er seinesgleichen suchen und eine deutsche blonde Frau heiraten." Die Worte meiner Mutter trafen mich zutiefst. Das war grausam, denn tatsächlich schaffte sie es, für einen kurzen Moment Zweifel in mir zu säen. Innerlich schrie alles in mir: *NEIN!* All die schönen Momente mit Christian, die Innigkeit, mit der wir beide uns liebten, und die Vertrautheit, die mir so viel Halt gab, waren wahrhaftig.

Mein innerer Kompass holte mich schnell wieder zurück und wies mir erneut den Weg. Entschieden antwortete ich darauf: „Er liebt mich und ich liebe ihn und wir werden zusammen sein. Also bitte lerne ihn doch mal richtig kennen, bevor du dir eine Meinung bildest. Du hast ihn doch erst einmal gesehen." Wutentbrannt packte sie mich an den Armen. Sofort wehrte ich mich, indem ich meine Hände hochriss und sie mich durch den Ruck wieder loslassen musste. Entschlossen machte ich einen Schritt auf sie zu und sagte: „Hör auf!" Fassungslos und vollkommen außer sich über meinen fehlenden Gehorsam lief sie zur Tür und öffnete sie mit einem Ruck. „Dann raus hier!" schrie sie so laut, dass es im ganzen Haus zu hören war. „Du wohnst hier nicht mehr. Ich werde allen Leuten sagen, dass ich dich verstoßen habe und du nicht mehr meine Tochter bist!" Ich blickte auf die offene Tür. *Sie will mich tatsächlich aus unserem Zuhause schmeißen.* Langsam realisierte ich die Tragweite dieser Aufforderung. Tränen stiegen in mir auf! *Soll es so enden?*

Natürlich hatte ich mir vorher Gedanken gemacht, was alles passieren könnte. Doch ich hoffte stets, dass ihre Liebe zu mir größer war als ihre Angst, dass fremde Menschen schlecht über uns denken könnten. Ich schaute sie an und sagte: „Mama, wenn du das wirklich willst, dann packe ich jetzt meine Sachen." Für einen Moment war es still. So sehr hoffte ich, dass sie nur eine leere Drohung aussprach. Jetzt mein Zuhause zu verlassen, auf diese Art und Weise, war das Letzte, was ich wollte. Meine Mutter und meine Geschwister würde ich zurücklassen müssen. Mein Leben würde sich radikal verändern. Sollte der Bruch mit meiner Mutter wirklich unwiderruflich sein?

Angst vor Veränderungen hatte ich dennoch nicht. Es würde sich immer ein Weg finden in meinem Leben. Doch die Abweisung durch meine Mutter tat so entsetzlich weh. Entschieden antwortete sie: „Dann mach schnell, sonst schmeiße ich deine Klamotten aus dem Fenster." Wütend knallte sie die Tür zu und sagte schroff: „Und lege den Wohnungsschlüssel auf deinen Schreibtisch!" Sie blieb also hart! Schweren Herzens ging ich in mein Zimmer. Zuvor holte ich den größten Koffer aus der Kammer im Flur, um meine Lieblingsfotos, Kleidung, Schuhe und alles, was mir noch wichtig war, einzupacken. Tränen liefen über mein Gesicht. Ich wollte hier nicht einfach weg. Doch ich wusste, dass ich jetzt standhaft bleiben musste. Für mich gab es kein Zurück und in Sachen Liebe auch keine Kompromisse mehr.

Ich befürchtete, dass meine Mutter meine restlichen Sachen wegschmeißen würde. Der Gedanke, nicht zu wissen, wo ich jetzt hinsollte, überschattete aber die Sorge um ein paar unwichtige Dinge in meinem Zimmer. *Sollte ich versuchen, Christian zu erreichen?* Er war noch in der Ausbildung und schlief unter der Woche in der Kaserne. Am Wochenende war er meistens bei seinen Eltern. Meine zukünftige Familie wollte ich nicht in Bedrängnis bringen. Sie würde mich wahrscheinlich nicht abweisen, aber wie würde ich mich dabei fühlen? Am liebsten hätte ich Christian angerufen, aber ich wusste, dass er sich auf sein Manöver konzentrieren musste. Was wäre, wenn ich ihn damit abschreckte und ihm das alles zu viel werden sollte? Damit meinte ich nicht nur meine schwierigen Familienverhältnisse, sondern auch, dass er sich nun Sorgen machen und Verantwortung für mich übernehmen müsste. Nein, diese heikle Situation musste ich allein klären. Früher oder später, mit oder ohne Christian wäre schließlich der Punkt gekommen, mein Leben in die Hand zu nehmen. So wollte ich nicht mehr mit meiner Mutter leben.

Während ich weiter überlegte, was nun zu tun sei, kamen meine drei Geschwister in mein Zimmer. Zu diesem Zeitpunkt waren sie sechs, sieben und acht Jahre alt. Das Drama zwischen meiner Mutter und mir war nicht zu überhören gewesen. Auch wenn sie nicht alles verstanden, wussten sie, dass ich sie nun verlassen würde. Kaum dass sie das Zimmer betraten, fingen alle drei an zu weinen und flehten mich an zu bleiben. Es zerriss mir das Herz, sie so zu sehen. Meine Geschwister liebten mich und ich liebte sie. Mohammed lief auf mich zu und hielt mich an meinem Bein fest. Vorsichtig löste ich seine Hände, bückte mich zu ihm herunter, um ihn in den Arm zu nehmen. Im selben Moment kamen die anderen beiden zu uns und ich umarmte alle drei gleichzeitig. Ihre Tränen befeuchteten mein T-Shirt. Sanft streichelte ich nacheinander über ihre Köpfe und sagte: „Passt aufeinander auf und haltet an euren Träumen fest!" Vielleicht würden sie diesen Satz später einmal verstehen. Als die Gefühle drohten, mich zu übermannen, löste ich mich von ihnen. Es war hart für meine Geschwister, aber auch für mich.

Ich drehte mich um und verschaffte mir kurz einen Überblick über meine Sachen. Alles Wichtige lag bereits im Koffer, sodass ich ihn verschließen konnte. Den Schlüssel holte ich aus meiner Tasche, um ihn auf den Schreibtisch zu legen. Es fiel mir schwer, ihn abzugeben. Trotzdem schaffte ich es mit einem leichten Zittern in den Händen, ihn auf die Schreibtischplatte zu legen. Es fühlte sich an wie ein Abschied. Meine restlichen Schulsachen nahm ich aus meinem Schrank und legte sie zu den anderen in meinen Rucksack. Nun hatte ich mein ganzes Leben verpackt. Beim Anheben des Koffers merkte ich, dass er unheimlich schwer war. Für mich kam es nicht infrage, ihn über den Boden zu schleifen. Ich musste ihn anheben, damit ich erhobenen Hauptes an meiner Mutter vorbeigehen konnte. Dafür musste ich den Griff mit beiden Händen umschließen, sodass der Koffer permanent drohte, mir vor die Beine zu rutschen. Allerdings war es egal, welche Figur ich dabei machte, diese Wohnung zu verlassen, denn meine Mutter hatte mir den Rücken zugewandt und spielte bereits an der Fernbedienung. Sie drehte sich nicht zu mir um. Inständig hoffte ich, dass sie sich nur ablenken wollte, damit auch ihr Herz nicht zersprang. Womöglich litt sie genauso wie ich und zum Fernseher gewandt weinte sie vielleicht sogar.

Den Gedanken daran, dass wir uns leider beide aus komplett verschiedenen Gründen so wehtaten und keine Lösung fanden, verstand ich einfach nicht. *Verdammt, wir sind doch Mutter und Tochter!* Langsam öffnete ich die Wohnungstür. Es war also so weit und ich ging mit meinem Rucksack auf dem Rücken und den Koffer vor mir herschleppend durch die Tür. Ein letztes Mal drehte ich mich um und schaute zu meinen Geschwistern, die leise hinter mir herliefen, so unschuldig waren und nichts von dem verstanden, was hier passierte. Meine Mutter und ich waren schlicht und ergreifend zu unterschiedlich. „Ma'a as-salama", sagte ich. Meine Mutter reagierte nicht auf meine Verabschiedung. Erneut stürmten meine Geschwister auf mich zu und wollten mich abhalten: „Zada, bitte geh nicht!" Erst da kam meine Mutter zu uns an die Wohnungstür und schrie: „Lasst diese Hure gehen und vergesst niemals: Wenn ihr nicht auf mich hört wie Zada, dann schmeiße ich euch auch raus! Dann schlaft ihr irgendwo auf der Straße unter einer Brücke wie Zada!" Grob verscheuchte sie meine Geschwister, schubste mich durch die Tür und knallte sie mit einem Mal zu, sodass sich der ganze Lärm im Treppenhaus erneut verteilte.

Für einen kurzen Moment haderte ich vor unserer Tür. „*Dann schlaft ihr irgendwo auf der Straße unter einer Brücke wie Zada!*"? *Wie kann sie es in Kauf nehmen, dass ihr eigenes Kind, ihr eigen Fleisch und Blut, unter einer Brücke schlafen müsste?* Mir blieb nichts anderes übrig, als an meine nächsten Schritte zu denken. Der Fahrstuhl brauchte ewig, bis die Tür sich öffnete. Die letzten Worte meiner Mutter vergrub ich in mir, an dem Ort, an dem sich schon so viel angehäuft hatte. Jetzt musste ich an meine Zukunft denken, und zwar an die unmittelbare: *Wo sollte ich jetzt hin?*

Mit aller Kraft zog ich den Koffer hinter mir her bis zur nächsten Bushaltestelle. Meine Freundin Taraneh war die erste Person, die mir einfiel. Sie könnte ich um Hilfe bitten, ihr könnte ich mich anvertrauen. Obwohl ihre Eltern muslimisch, doch im Gegensatz zu meinen tolerant und stets liebevoll waren, akzeptierten sie Taraneh, so wie sie war. Sie hatte ihre Freiräume und die Eltern vertrauten ihr. Ich hatte das immer zutiefst beneidet. Zu meinem Vater konnte ich nicht. Er hätte den Grund meines Rausschmisses wissen wollen und mich dann ebenfalls aus dem Haus geworfen. Und meinen Großeltern wollte ich die Auseinandersetzung mit ihm ersparen, wenn ich dort um Übernachtung gebeten hätte.

Die Eingangstür des Mehrfamilienhauses, in dem meine Freundin wohnte, stand offen. Schwer atmend schleppte ich mich mit meinem ganzen Gepäck in den ersten Stock. Nervös klingelte ich an ihrer Wohnungstür und hoffte inständig, dass sie da war und mir öffnete. Ich hoffte, dass nur sie mich so sehen würde und nicht ihre Eltern. Ein lauter, schriller Ton kam aus dem Lautsprecher der Klingel, der unmittelbar hinter der Tür befestigt war, sodass ich erschrocken zusammenfuhr. Angespannt stand ich vor der Tür, da öffnete sie sich und ich musste wohl wie ein Häufchen Elend ausgesehen haben. Taraneh, und zum Glück nur sie selbst, erfasste mit einem Blick auf mich und den Koffer sogleich die Situation und bat mich herein: „Komm erst einmal herein, Zada!" Mit diesen Worten brachen bei mir alle Dämme. Mit zeitlicher Zielgenauigkeit liefen mir die Tränen über meine Wangen. Nun konnte ich loslassen und meine Gefühle nicht mehr zurückhalten. Bevor meine Stimme nur noch schluchzen konnte, sagte ich: „Taraneh, meine Mutter hat mich rausgeschmissen." Sie nahm mir meinen Koffer ab und stellte ihn in den Flur. Kaum waren ihre Arme wieder frei, nahm sie mich an die Hand und ging mit mir in ihr Zimmer. Dann schloss sie die Tür und umarmte mich. Eine gefühlte Ewigkeit standen wir so da. Irgendwann löste sie sich von mir und reichte mir ein Taschentuch. Das war dringend nötig, damit ich die Sintflut, die in mir steckte, zumindest etwas eindämmen konnte. Gemeinsam brachten wir mein Hab und Gut in ihr Zimmer. „Mensch, sind in deinem Koffer Pflastersteine? Der ist richtig schwer!", meinte sie und fuhr zuversichtlich fort: „Ich rede kurz mit meinen Eltern. Mach dir keine Sorgen. Sie werden einverstanden sein, dass du bei uns bleiben kannst. Du weißt doch, dass sie dich mögen." Dann verließ sie ihr Zimmer. Ihre Worte waren wie Balsam für meine Seele und langsam beruhigte ich mich.

Niedergeschlagen setzte ich mich an ihren Schreibtisch. Viele Optionen hatte ich nicht. Betrübt starrte ich immer wieder auf mein Handy und überlegte, ob ich Christian anrufen sollte. Doch ich entschied mich erneut dagegen. Ich wollte ihn damit in dieser Woche, in der er sowieso nichts für mich tun konnte, nicht belasten. Ich wollte erst mit ihm darüber reden, wenn wir uns am Wochenende sahen.

Kapitel 13

Am nächsten Morgen erwachte ich mit Kopfschmerzen. Der gestrige Albtraum saß mir immer noch in den Knochen. Doch auch der schlimmste Tag eines Lebens geht vorüber und ein neuer bricht an, das wusste ich. Ich wollte nach vorne schauen. Taraneh stand mir sehr nahe und half mir, so gut es ging, darüber hinwegzukommen. Sie wusste, dass jetzt keine Zeit für sachliche Analysen der Situation oder aber für Gefühlsduselei war, die alles nur verstärken würde. Manchmal hilft es, nur da zu sein, den Alltag zu teilen oder auch nur gemeinsam zu schweigen. Auch Taranehs Eltern nahmen meinen Einzug gelassen hin und gaben mir das Gefühl, mich nicht erklären zu müssen. An dieser Stelle kann ich mich im Nachhinein nur bei ihnen bedanken.

Doch der Alltag musste nun wieder gemeistert werden und gemeinsam machten wir uns bereit für die Schule. Wir betraten unseren Klassenraum, in welchem die meisten Schüler bereits an ihren Plätzen saßen. Als ich mich an meinen Tisch setzte, überkamen mich die Geschehnisse des letzten Tages. Es fühlte sich merkwürdig an, am Schulunterricht teilzunehmen nach dem, was gestern geschehen war. Auf keinen Fall wollte ich, dass meine Klassenkameraden und Lehrer von meinem Desaster erfuhren. Es wäre mir unangenehm gewesen zu zeigen, wie verrückt mein Leben war. Gleichzeitig wusste ich, dass mehrere Klassenkameraden in einer ähnlichen Situation steckten wie ich. Der Unterschied zu mir war jedoch, dass sie sich dem Druck der Familien beugten.

Und auch die Jungs hatten es nicht immer leicht. Sie wurden schon von Kindesbeinen an auf die männliche Rolle als Oberhaupt der Familie vorbereitet, ob sie es wollten oder nicht. Vielen von ihnen wurde von der Familie vorgegeben, dass ihre zukünftige Ehefrau aus der gleichen Heimat zu kommen hatte. Es wäre verpönt gewesen, mit einer deutschen Frau zusammen zu sein. Keiner von ihnen wollte das Verhältnis zu seiner Familie aufs Spiel setzen. Es war leichter nachzugeben und sich anzupassen, als mutig dem entgegenzutreten und für seine andere Sichtweise zu kämpfen.

Einige Klassenkameraden, die die gleichen traditionellen und islamischen Ansichten mit ihrer Familie teilten, empfanden meine Einstellung als „maßlos übertrieben westlich". In der Klasse war ich bereits dafür bekannt, dass ich mit meiner Meinung über die Rechte der Frau bei keiner Diskussion hinter dem Berg hielt. Besonders Themen bezüglich der Rolle von Frauen waren Reizthemen, bei denen ich immer und immer wieder Stellung bezog. Mir war klar, dass ich dem ein oder anderen damit mächtig auf die Füße getreten bin. Doch ich fand und finde es nach wie vor wichtig, für seine Werte einzustehen. Ich wollte für eine Welt kämpfen, in der alle so leben durften, wie sie es sich wünschten. Einige, mit denen ich solche Diskussionen führte, bezeichneten mich als „keine echte Araberin" aufgrund meiner Ansichten. Ich liebe vieles aus meiner Kultur. Und nur weil ich bestimmte Dinge anders sehe, hat das meiner Meinung nach nichts damit zu tun, ob ich eine Araberin, eine Deutsche oder eine Deutsche mit Migrationshintergrund bin.

Irgendwann stupste mich Taraneh an und wollte mich zur Pause mit auf den Schulhof nehmen. Der Unterricht und die Pausenklingel waren an mir vorbeigegangen. Als wir auf einer Bank am Rande des lärmenden Geschehens auf dem Schulhof saßen und ich die frische Luft in meinen Lungen spürte, fühlte ich mich besser. Ich war wieder mit der Realität verbunden. Und just in diesem Moment der Klarheit in meinem Kopf erhielt ich eine Nachricht auf meinem Handy – und zwar von meiner Mutter. Mit gemischten Gefühlen las ich: „Treffen 14:00 Café bei Wohnung." Sofort schickte ich ihr ein „Okay" zurück. Also schlug ich nach der Schule den gewohnten Weg nach Hause ein, um zu dem vereinbarten Treffpunkt zu kommen.

Meine Mutter hatte bereits Platz genommen und Kaffee für uns bestellt, als ich das Café betrat. Sie stand auf, kam mir entgegen und umarmte mich unerwarteterweise. Als wir uns gesetzt hatten, erklärte sie mir: „Ich habe nachgedacht. Ich werde Christian kennenlernen." In mir stieg sofort eine Freude auf, von der ich bis dahin gar nicht gewusst hatte, dass ich zu dieser im Zusammenhang mit meiner Mutter noch fähig war. Dass sie bereit war, ihn endlich richtig kennenzulernen, versöhnte mich in diesem Moment mir ihr. Dann fuhr sie fort: „Du darfst nun wieder nach Hause kommen und meine Tochter sein. Du darfst auch mit Christian zusammen sein, wenn ihr im Islam heiratet." *Heiraten? Hatte ich richtig gehört?* Wie geschockt saß ich da und alle Freude verging mir auf einen Schlag. Ich fühlte mich zu jung und zu unreif, um zu heiraten. Schließlich bedeutete dies im Islam, dass ich nicht nur eine moralische Verpflichtung Christian gegenüber einginge, sondern auch eine rechtliche, die eine gewisse Außenwirkung hätte. Ich würde mich daran gebunden fühlen, meine Ehepflichten zu erfüllen. Doch ich wollte mich nicht dazu drängen lassen, sondern selbst mit Christian diese Entscheidung treffen, wenn wir als Paar so weit waren.

Im Laufe der Zeit hatte ich gelernt, erst einmal nachzudenken und dann zu reagieren. Also atmete ich tief durch und nahm mir einen Moment, um über ihre Forderung nachzudenken. Ruhig antwortete ich anschließend: „Ich würde mich sehr freuen, wenn du ihn kennenlernen würdest. Für die Zukunft wünsche ich mir auch, ihn zu heiraten, auch im Islam, wenn du das wünschst. Jedoch erst, wenn wir beide es für richtig halten. Ich möchte noch nicht mit 18 Jahren heiraten. Das erscheint mir zu früh." Sogleich erwidert sie darauf: „Mit 18 Jahren war ich bereits zwei Jahre verheiratet und deine Oma schon mit 14 Jahren." Es erschien mir so, als ob sie sehr stolz darauf war und man ihr dafür gar einen Orden verleihen müsste. Mein Herz pochte. Diese Bemerkung fand ich lächerlich und unangemessen, stellte sie doch einen altertümlichen Wert da, der in das moderne Deutschland, das ich kannte, so gar nicht mehr passte. Eigentlich hätte ich sie fragen müssen, ob sie ihre frühe Heirat glücklich gemacht hatte. Vermutlich hätte sie dies auch bejaht, da sie damit ihre Pflicht als „gute Tochter" schließlich erfüllt hatte. Dieses Gespräch war jedoch ein Friedensangebot. Es sollte mir genügen, dass sie bereit war, einen Weg mit mir zu finden. Sie vor den Kopf zu stoßen, hätte nichts gebracht. Von meiner Vorstellung darüber, dass eine junge Frau über ihr Leben selbst bestimmen sollte, hätte ich sie ohnehin nicht überzeugen können.

Ich sagte also ruhig: „Ich denke, dass Christian nicht damit einverstanden wäre, so jung zu heiraten. Vor allem kennt er mich ja auch erst seit zwei Monaten." Sie nickte und sagte überzeugt: „Zada, wenn dich der Mann, wie du selbst sagst, *wirklich* liebt, dann wird er dich heiraten." Ich wurde ganz ruhig. Einerseits konnte ich mir nicht vorstellen, dass sich Christian darauf einlassen würde, andererseits wollte auch ich noch nicht heiraten. Meine Wünsche bezüglich einer Heirat waren ganz anders. Natürlich träumte ich davon, dass sich mein Traumprinz irgendwann aus freiem Willen vor mich knien, mir einen Antrag machen und dabei aus einer Schachtel mit der Aufschrift eines edlen Juweliers einen Ring herausnehmen würde, um ihn mir an den Finger zu stecken, nach dem ich überglücklich „Ja" gesagt hatte. Und natürlich wollte ich nach einer traumhaften Hochzeit eine noch traumhaftere Hochzeitsreise mit ihm unternehmen. Die Flitterwochen sollten den Beginn eines gemeinsamen Lebens markieren und nicht das folgerichtige Resultat daraus sein, dass wir eine Bedingung erfüllen mussten, um den Segen der Familie zu erhalten.

Meine Mutter fuhr fort: „Zada, wir sind Muslime. Es ist eine große Sünde, wenn du mit einem Mann zusammen bist, ohne ihn zu heiraten. Dafür kommst du nach *Dschahannam*. Du weißt, was die Hölle bedeutet? Stell dir auch vor, dass du, wenn ihr nicht mehr zusammen seid, niemals einen Mann heiraten kannst. Du musst als Jungfrau in die Ehe gehen. Entweder wird dein zukünftiger arabischer Mann auf unsere Familie spucken, wenn er sieht, dass bei eurer Liebesnacht kein Blut auf der Bettwäsche ist. Oder du wirst überhaupt keinen Mann finden, weil sie dich als Frau ohne Ehre ansehen werden, wenn das herauskommt. Deswegen darfst du auf keinen Fall mit Christian schlafen." Darauf antwortete ich nicht mehr. Allein die Vorstellung, den Rest meines Lebens mit einem Mann verbringen zu müssen, der der gleichen Meinung war wie meine Mutter, wäre tatsächlich meine persönliche Hölle gewesen. Wie sie selbst in der Nacht der Nächte mit dem Ammenmärchen klargekommen ist, dass bei der Entjungferung einer jungen Frau Blut fließen musste, hätte mich sehr interessiert. Ich traute mich aber nicht, sie zu fragen. Vielleicht hätte sie mich als gute Mutter beiseitegenommen und mich in die Tricks arabischer Frauen eingeweiht, mit denen diese den Unsinn über die Anatomie einer Jungfrau in der Männerwelt bestätigten. Einen Vorteil hatte dieses Gespräch jedoch auf jeden Fall und dies wurde mir erst langsam klar: Dass Christian ein Deutscher war, war auf einmal kein Thema mehr. Immerhin!

„Wann wirst du ihn wiedersehen?" fragte sie mich. Geplant war, ihn am Freitagnachmittag zu treffen. Geschäftig sagte sie: „Gut, dann triffst du dich am Freitag mit ihm. Du erklärst ihm alles, auch warum ihr im Islam heiraten müsst! Und dann besucht er uns am Samstag. Ich werde ein großes Abendessen machen und ihn kennenlernen." Das alles ging mir einfach zu schnell. Ich wusste kaum, was ich antworten sollte. Dann legte sie ihre Hand auf meine – eine Geste, die ich schon lange nicht mehr durch sie erfahren hatte. Ruhig sagte sie: „Wo sind deine Sachen?" Dass ich eventuell eine Nacht allein irgendwo hier in Hamburg mit all meinen Sachen verbracht hatte, schien sie nicht zu beunruhigen. „Bei Taraneh", sagte ich mit einem Frosch im Hals. „Ach, bei Taraneh? Na ja, eigentlich hätten sie wissen müssen, dass man einer Verstoßenen kein Obdach bieten darf. Fahr zu ihr und hol alles nach Hause!"

Ich versuchte ihre Bemerkung zu ignorieren. Für ihren Versuch, Brücken zwischen uns zu bauen, war ich sehr dankbar und wollte deswegen nicht nachtragend sein. Über ihre Worte freute ich mich einfach, auch wenn ich wusste, dass es nur eine Frage der Zeit wäre, bis wir wieder unterschiedlicher Meinung sein würden und ich erneut schlimmstenfalls des Hauses verwiesen werden konnte.

Taranehs Familie war überglücklich, als sie erfuhren, dass die Differenzen zwischen mir und meiner Mutter behoben waren – zumindest so weit, dass ich wieder ein Dach über dem Kopf bei ihr hatte. Nachdem ich ihnen endlich alles erklären konnte, waren sie der gleichen Meinung wie sie: „Zada, wenn er dich wirklich liebt, dann wird er das tun." Ich respektierte ihre Meinung, doch ich teilte sie einfach nicht. Zum Wohl der Familie schnellstmöglich zu heiraten, kam für mich nicht infrage.

Kapitel 14

Meine Halbgeschwister begrüßten mich überschwänglich, als ich mit dem schweren Koffer wieder in unsere Wohnung trat. Mein Wohnungsschlüssel lag unangetastet auf meinem Schreibtisch. Den Rest der Woche wichen meine beiden Schwestern und mein Bruder kaum von meiner Seite und wir verbrachten viel Zeit zusammen mit Lesen und Spielen.

Der Freitag und ein Wiedersehen mit Christian rückten langsam näher. Wir hatten zwischenzeitlich nur kurz Kontakt gehabt und vereinbart, dass er mich von der Schule abholen würde. Übernächtigt und übermüdet kam Christian vom Manöver zurück, doch beide fieberten wir unserem Zusammensein entgegen. Dann endlich fuhr mein Fels in der Brandung mit seinem schwarzen BMW auf den Schulparkplatz. Als sich unsere Blicke trafen, fühlte ich mich sicher und geborgen. Nun war er da! Als er ausstieg, lief ich auf ihn zu und wir umarmten uns. Eine große Last fiel von meinen Schultern, als mich seine starken Armen fest bei sich hielten. Als wir ins Auto stiegen, bat ich ihn, zu einem unserer ruhigen Lieblingsplätze am Ortsrand zu fahren. Ich wollte mit ihm auf unserer Lieblingsbank unter einer großen Trauerweide sitzen und mit ihm reden. Eng aneinandergeschmiegt saßen wir also da und lauschten dem Wind, der durch die Blätter wehte. Ich wusste nicht so recht, wie ich das Gespräch beginne sollte. Für uns beide stand einiges auf dem Spiel. Obwohl ich mir der Liebe und Loyalität Christians sicher war, wusste ich nicht, wie er das Wort „Heirat" aufnehmen würde. Wäre ihm gleich am Anfang unserer Beziehung doch alles zu kompliziert? Wäre es für ihn leichter, dass wir uns trennten? Sollte ich mich doch in ihm getäuscht haben? Irgendwie schaffte ich den richtigen Einstieg ins Gespräch. Ich wollte nichts beschönigen und nichts herunterspielen. Ehrlich mit ihm zu sein, hatte ich mir geschworen.

Er hörte ruhig zu. Als ich fertig war, nahm er meine Hand, küsste sie und sagte: „Es tut mir leid, dass du so eine schreckliche Woche hinter dir hast. Du hattest mir schon so viel von deiner Familie erzählt, doch ich hoffte, dass sie nicht so extrem ist." Nach einer kurzen Pause schaute er mir in die Augen und sagte weiter: „Zada, ich liebe dich und ich weiß, und du weißt es auch, dass du meine Traumfrau bist, die ich später heiraten möchte und mit der ich eine Familie gründen will. Ich habe meine eigenen Vorstellungen, wie und wann ich dir einen Antrag machen möchte. Doch ich möchte aus freiem Entschluss heiraten und nicht weil deine Familie es so will." Diese Worte waren ehrlich und kamen von Herzen. Er wollte mich nicht einfach nur hinhalten, das spürte ich. Dazu kam, dass ich voll und ganz seiner Meinung war. Erneut überraschte mich Christian darin, dass wir uns so ähnlich waren. Weiterhin hielt er meine Hand in seiner fest und sagte schließlich: „Ich mache mir Sorgen um dich. Was hältst du davon, wenn wir uns eine Wohnung suchen und zusammenziehen? Wir werden das schon schaffen!" *Mit Christian zusammenziehen! Das Leben mit ihm teilen! WOW!* Seit meinem 18. Geburtstag lebte ich auf der Überholspur. Mit rasender Geschwindigkeit veränderte sich mein Leben. Alles, was ich mir in den letzten Jahren erträumt hatte, wurde nun für mich bereitgelegt. Ich brauchte nur noch zugreifen – und das tat ich. Ohne zu überlegen und aus tiefstem Herzen sagte ich: „Ja!" Wir saßen noch lange auf der Bank und genossen unser

Zusammensein. Jeder erzählte von den Erlebnissen seiner Woche und unsere Zweisamkeit genügte uns. Am Ende unseres Gespräches entschieden wir, dass Christian meine Mutter dennoch besser kennenlernen sollte. Danach wollten wir entscheiden, wie es weitergehen sollte.

Am nächsten Tag, ging ich nicht zur arabischen Schule, denn ich wollte meiner Mutter bei den Vorbereitungen helfen. Die Wohnung wurde geputzt und die herrlichsten arabischen Speisen zubereitet. Meine Mutter war eine gute Köchin und sie wollte wohl einen guten Eindruck hinterlassen. Eine halbe Stunde bevor Christian eintreffen sollte, läutete es. Ein Mann stand vor der Tür, der ein Bekannter meiner Familie war. Zu meiner großen Überraschung stellte sich schnell heraus, dass er angeblich legitimiert war, Trauungen nach dem Islam durchzuführen. Meine Mutter hatte diesen Bekannten tatsächlich eingeladen, damit er Christian und mich an diesem Tag trauen sollte. Auf Anweisung meiner Mutter nahm ich mit ihm im Wohnzimmer Platz. Er fing an, mir zu erklären, wie wichtig es ist, im Islam zu heiraten und den Familiensegen zu erhalten. Still hörte ich zu und fragte mich dabei, wie Christian darauf reagieren würde, wenn er herausfand, was meine Mutter geplant hatte.

Dann läutete es erneut. Meine Geschwister hüpften aufgeregt in der Wohnung herum und ich öffnete die Tür. Christian und ich begrüßten uns lediglich mit einem abgesprochenen Küsschen auf die Wange. Leise flüsterte ich ihm dabei ins Ohr: „Da sitzt ein Mann im Wohnzimmer, der uns vermählen will." Christian ließ sich nichts anmerken. Meine Geschwister hatten keine Probleme, sich gleich auf ihn einzulassen. Sie fühlten sich augenblicklich wohl bei ihm, plapperten auf ihn ein und wollten mit ihm spielen, auf ihn klettern, ihn verkleiden und am liebsten all das gleichzeitig, bis meine Mutter sie in ihre Zimmer verwies. Wir Erwachsenen nahmen an unserem reichlich gedeckten Tisch Platz.

Christian und meine Mutter hatten nun ein zweites Mal die Chance, sich kennenzulernen. Beide führten zunächst ein unverfängliches Gespräch über die Speisen vor uns. Trotz der leichten Sprachschwierigkeiten meiner Mutter unterhielten wir uns auf Deutsch. Sie bat Christian, von seiner Familie zu erzählen, was er gerne tat. Christian und ich empfanden es als sehr befremdlich, dass der fremde Mann dabei zuhörte und uns anstarrte. Dann änderte sich das Gespräch und der fremde Mann fing an, Christian zu erklären, dass er zum Islam konvertieren müsse, damit er mich heiraten dürfte: „Eine Frau kann die Religion nicht an die zukünftigen Kinder weitergeben, weil der Mann das Familienoberhaupt ist und somit die Erziehung hinsichtlich der Religion vorgibt. Daher muss der Mann konvertieren, damit die Kinder nicht in die Hölle kommen, sondern als Muslime aufwachsen." Innerlich schüttelte ich den Kopf. *Wir leben doch nicht mehr im 19. Jahrhundert, wo nur der Mann das Sagen hat!* Christian hörte höflich zu und genoss dabei das leckere Essen. Schließlich beendete der Mann den Monolog mit den Worten: „Wir sitzen hier nun gemeinsam und können dich zum Islam konvertieren lassen und euch danach vermählen, damit ihr beide den Segen der Familie habt und zusammen sein könnt. Du sprichst mir einfach die *Shahada* nach, das ist das islamische Glaubensbekenntnis: ‚Es gibt keinen wahren Gott außer Allah und Mohammed ist der Gesandte Gottes.'" Christian nahm noch einen Bissen und sagte dann diplomatisch und gleichzeitig so bestimmt, dass es keiner am Tisch wagte, ihm ins Wort zu fallen oder seine Meinung zu kritisieren: „Vielen Dank für diese Erklärung. Ich verstehe nun einiges besser als vorher. An dieser Stelle möchte ich Ihnen sagen, dass es mir mit Zada ernst ist und dass ich mir auch wünsche, sie zu heiraten und dass ich später mit ihr eine Familie gründen möchte. Doch ich bitte Sie darum zu respektieren, dass wir die islamische Vermählung noch einige Zeit hinauszögern werden."

Ich bewunderte ihn dafür, wie geschickt er mit seinen Worten und seiner Tonlage klarmachte, dass meine Mutter ihr Ziel vorerst nicht erreichen würde, ohne dabei einen Streit zu entfachen. Denn anders kannte ich es nicht, wenn man anderer Meinung war als sie. Und es machte mich stutzig, wer dieser Mann wirklich war, den meine Mutter eingeladen hatte. Für eine korrekte Trauung hätten noch zwei männliche Zeugen gefehlt und es machte nicht den Anschein, dass es geplant war, noch weiteren Besuch zu empfangen. Zum Glück! Dieser Mann und wohl auch meine Mutter schienen es mit den Voraussetzungen so einer Trauung nicht wirklich genau zu nehmen. War meiner Mutter dies alles nicht klar? Oder war auch dieses Theater wieder einmal der Beweis dafür, dass es lediglich um ihr Wohlbefinden ging, damit sie später hätte sagen können, dass ihre Tochter verheiratet war, bevor sie entjungfert wurde? Ich weiß es nicht.

Nach Christians klarem Statement schauten sich meine Mutter und der uns unerwünschte Gast irritiert an. Sie wichen auf Small Talk mit Christian um, bis unser gemeinsames Treffen zu Ende war. Christian hatte es tatsächlich geschafft, dass meine Mutter nicht mehr über das „Problemthema" sprach. Und damit fiel mir ein Stein vom Herzen.

Kapitel 15

Am Tag darauf, es war Sonntag, besuchte ich wieder die arabische Schule. Der zweistündige Unterricht verging diesmal wie im Flug, obwohl ich wusste, dass Christian mich abholen würde. Nachdem unser Lehrer gemeinsam mit uns die Lösung der letzten Aufgabe zur Satzstellung durchgegangen war, verabschiedete er sich: „Dann sehen wir uns nächsten Samstag wieder." Dann verstummte er für einen Moment, sah mich an und sagte: „Zada, der Schulleiter will dich sprechen. Er wartet in seinem Büro am Ende des Flures auf dich." Ohne weitere Worte wandte mein Lehrer seinen Blick von mir ab und packte seine Sachen. *Hat das mit dem gestrigen Besuch des Mannes, der Christian und mich trauen wollte, zu tun?* Nur diese Erklärung kam mir in den Sinn. Der Schulleiter war gleichzeitig das religiöse Oberhaupt der Gemeinde, der Imam. Sollte unser Familiendrama nun etwa ein öffentliches werden? Nein, meine Mutter hätte alles darangesetzt, dies zu verhindern, denn dann wäre das eingetreten, was sie partout verhindern wollte: die Einbeziehung der arabischen Gesellschaft, die ihr Urteil über unsere Familie fällen würde. Nein, das könnte es nicht sein. Aber was sollte der Schulleiter dann von mir wollen?

Während ich im Flur auf die riesige rotbraune Tür zuging, wurde ich ein wenig nervös. *Nein, bleib ruhig, bleib mutig! Du bist in Deutschland und niemand kann dich zu irgendetwas zwingen!* Ich dachte auch an Christian, der draußen wartete, und hoffte deswegen, dass dieses Gespräch nicht zu lange ginge.

Mein Handy hatte ich mal wieder zu Hause vergessen und konnte ihm deshalb nicht schreiben. Zögernd stand ich vor der gepolsterten Tür des Schulleiters. Die Messingknöpfe, die den Lederbezug hielten, formten ein Rautenmuster. Vorsichtig klopfte ich an, doch der Bezug der Tür dämpfte jegliche Geräusche, was wohl auch den Grund dafür darstellte, weswegen er angebracht worden war. Behutsam öffnete ich also die Tür. Unbehagen machte sich in mir breit, als ich den Schulleiter sah. Ich hatte ihn noch nie zuvor gesehen, doch die Autorität, die er ausstrahlte, ließ keinen Zweifel darüber, dass er der Mann war, der hier über alles herrschte. Er trug eine schwarze Gebetsmütze, seine dunkelbraunen Augen blickten auf mich herab und sein schwarzer Vollbart ragte bis zu seinem dunklen *Thawb*, einem der typischen langen Gewänder eines Muslims. Er stand vor einem Bücherregal, welches fast die ganze Wand bedeckte. „*Salamu alaikum*", grüßte ich und versuchte dabei, mir meine Unsicherheit nicht anmerken zu lassen. „*Wa aleikum assalam*, setz dich bitte", erwiderte er mit einer bedrohlichen Stimme. Er schlug das Buch zu, in dem er wohl gerade gelesen hatte, und zeigte mit seiner Hand auf einen Stuhl, der direkt vor seinem Schreibtisch stand. Langsam nahm ich darauf Platz, während er bedächtig um den Tisch herum zu seinem Schreibtischstuhl ging und mich dabei nicht aus den Augen ließ. Dann legte er das Buch aus der Hand und setzte sich.

Währenddessen wartete Christian in seinem Auto vor der Moschee auf mich. Er hatte alle Fenster heruntergelassen, damit frische, kühle Luft ins Innere gelangen konnte. Ein arabischer Mann kam auf ihn zu und fragte mit einem gehässigen Unterton, ob er auf seine Freundin wartete. Christian antwortet in seiner ruhigen, selbstsicheren Art mit: „Ja!" Der Fremde grinste und erwiderte: „Sie ist gerade beim Schulleiter. Das dauert noch, bis sie kommt. Am besten, du fährst hier weg und wartest woanders auf sie und nicht vor einer Moschee!" Christian stieg aus dem Wagen aus, stellte sich aufrecht vor den Unbekannten hin und sagte entschieden: „Ich werde hierbleiben und auf meine Freundin warten." Irritiert von so viel Beharrlichkeit verzog der Mann sein Gesicht, drehte sich um und ging zurück zum Eingang der Moschee.

Zur gleichen Zeit, als Christian sich draußen ohne Probleme klar positioniert hatte, haderte ich noch im Büro des Imams. Nachdem der Schulleiter Platz genommen hatte, sagte er zu mir: „Wir haben dich mit einem deutschen Mann gesehen. Wer ist er?" *Was für eine persönliche Frage – gestellt von einem wildfremden Mann!* Meine Unsicherheit ließ gleich nach und schlug in Empörung um. Sofort erinnerte ich mich an die Szene auf dem Parkplatz am vorletzten Wochenende und ganz besonders an den Blick des Mannes, der uns beobachtet hatte. Ich schaute dem Leiter direkt in die Augen, senkte nicht mein Blick und antwortete, ohne zu zögern, aber höflich: „Er ist mein Freund." Die Wut und die Verachtung, die meine Worte in ihm auslösten, konnte ich in seinem Gesicht erkennen. Er behielt mich im Blick und lehnte sich zurück, während er seine Hände vor seine Brust nahm und sich nur seine Fingerspitzen berührten. Dann sagte er: „Ich kenne deine Familie. Du kommst aus einer respektablen, sehr ehrenhaften Familie. Du machst ihr eine Schande, wenn du mit einem Mann, dazu noch mit einem *deutschen* Mann, vor der Ehe zusammen bist. Du musst diesen Mann im Islam heiraten, sonst kannst du nicht mit ihm zusammen sein", sagte er fordernd.

Was bildet sich dieser Mann ein, sich in mein Privatleben einzumischen?! Sind denn alle verrückt geworden? Äußerlich blieb ich ruhig und antwortete langsam: „Wir sind fest zusammen. Wir wollen auch irgendwann heiraten, entsprechend dann auch im Islam. Wann wir dies tun werden, ist jedoch unsere

Angelegenheit." Kopfschüttelnd reagierte er darauf: „Auf diese Schule gehen auch andere muslimische Mädchen. Es ist nicht möglich, dass du diese Schule weiterhin besuchst, während du mit einem deutschen Mann befreundet bist. Andere, gute muslimische Mädchen würden das falsch verstehen und nicht erkennen können, dass das eine Schande für die Familie ist. Du bist kein gutes Vorbild! Du kannst nur bleiben, wenn du ihn heiratest, vorausgesetzt, er wird ein Muslim." Ich war empört und rang stark um meine Fassung. Ich musste mich ernsthaft bemühen, ihm nicht meine Meinung zu sagen, denn ich konnte nicht abschätzen, welche Konsequenzen das für mich haben würde. Wenn er sich schon so in mein Leben einmischte, musste ich mich fragen, zu was er noch imstande wäre. Besonnen erwiderte ich deswegen: „Wie schon gesagt – das ist unsere Angelegenheit. Ich muss jetzt los. Ich wünsche Ihnen noch ein schönes Wochenende." Nach diesen Worten stand ich auf. Ich war nicht bereit, mich weiterhin belehren zu lassen. Der Imam stand ebenfalls auf und betonte ernst: „So kann das hier nicht weitergehen mit dir." Doch dieses Gespräch war für mich beendet. Ich verabschiedete mich mit: „*Ma'a s-salamah*", und verließ zügig sein Büro. Schnell lief ich nach unten zu dem Vorraum, in dem alle Schuhe standen, und zog mir zitternd meine Ballerinas an. Draußen auf dem Vorplatz der Moschee musste ich erst einmal tief Luft holen. Es kündigte sich ein Gewitter an, warmer Wind kam mir entgegen und verwuschelte meine Haare. Christians fragender Blick traf mich sofort, als ich zu ihm lief. Seine Hände griffen nach meinen Oberarmen, er hielt mich fest, schaute mir ins Gesicht und fragte besorgt: „Ist alles in Ordnung? Es hieß, du bist beim Schuldirektor?!" Ich nickte: „Lass uns hier weg. Ich erzähle dir alles im Auto." Wir stiegen ein und fuhren los.

Als ich Christian alles berichtet hatte, wurde er ganz still und dachte nach, während er sich auf den Hamburger

Autoverkehr konzentrierte. Das Gewitter kam und überraschte uns mit einem Platzregen. Die Scheibenwischer mussten Schwerstarbeit leisten. Nachdem der Regen wieder abflaute und die Geräusche im Auto leiser wurden, erzählte mir Christian von seinem Erlebnis auf dem Parkplatz vor der Moschee und sagte dann: „Ich mache mir Sorgen um dich, dass sie dir etwas antun könnten, wenn du die Schule weiterhin besuchst." Der Gedanke, dass mein Verhalten irgendwann dazu führen könnte, dass sogar wildfremde Menschen mich bedrohten, schockte mich. Doch Christian hatte recht. Während ich mit dem Schulleiter sprach, wurde mir klar, dass ich dort unerwünscht war, da ich nicht bereit war, mein Leben so zu führen, wie es von mir verlangt wurde. Nachdenklich antwortete ich: „Ich weiß nicht, ob sie mir wirklich körperlich etwas antun würden, doch er hat gesagt, dass sie nicht wollen, dass sich die anderen Mädchen ein Beispiel an mir nehmen und ebenfalls einen deutschen Freund haben möchten. Da ich diese Auflage aber nicht befolgen werde, denke ich, dass ich dort unerwünscht bin." Als mir der Inhalt meiner eigenen Worte klar wurde, schimpfte ich empört: „Das muss man sich mal vorstellen! Ich kann meine arabische Schule nicht mehr besuchen, weil ich hier in Deutschland mit einem deutschen Mann zusammen bin!"

Ich entschuldigte mich bei Christian dafür, dass schon wieder so viele Probleme aufgetreten waren. Er hingegen bewunderte mich dafür, dass ich in so einer Familie aufgewachsen und trotzdem die Frau geworden war, die nun vor ihm stand. Für mich war das jedoch kein Kompliment. Ich will nicht sagen, dass es für mich selbstverständlich war, dass ich der Mensch geworden bin, der ich damals war und heute bin. Aber was wäre denn die Alternative gewesen? Jeden Morgen aufzuwachen und einem Leben hinterherzutrauern, das mir verweigert wurde? In einem Leben gefangen zu sein, das

mich unglücklich machte, weil jemand anderes für mich entschied? Um solch ein Leben auszuhalten, gehört meines Er-
achtens nach viel mehr Stärke.

Dagegen empfand ich meinen Weg, ehrlich gesagt, als
leichter. Das Schwierige an meinem Weg war jedoch zu erkennen, was ich wirklich wollte, und dementsprechend Entscheidungen zu treffen, bei denen ich mit allen Konsequenzen rechnen musste. Zu wissen, wie ich mein Leben führen
wollte oder besser gesagt, wie ich mein Leben nicht führen
wollte, zeigte mir, dass ich einen großen Schritt in meinem
Leben gemacht hatte.

Kapitel 16

Wenige Tage nach dem Gespräch mit dem Schulleiter der Moschee saß ich im Pausenhof meiner Schule mit Taraneh und einigen weiteren Freundinnen aus meiner Klasse. Da klingelte mein Handy. Ich lächelte. Es war mein Vater. Ich nahm den Anruf an und sagte: „Hallo Baba, wie geht es dir?" Für einen kurzen Moment war es still, dann antwortete er, indem er meine Frage ignorierte: „Der Schulleiter hat unsere Familie verständigt, dass du einen Freund hast." Ich erstarrte. Ich hatte ihm noch nichts von Christian erzählt. Ich hatte einfach nicht gewusst, wie ich es ihm sagen sollte, weil ich geahnt hatte, dass er eine noch größere Ablehnung zu ihm hätte als meine Mutter. Er fragte: „Stimmt das?" Mein Hals wurde ganz trocken. Ich stand auf und entfernte mich einige Meter von meinen Klassenkameradeninnen. Nur zu gut wusste ich, dass die neue Beziehung, die mein Vater und ich seit zwei Jahren hatten, nun ein Ende haben würde. Ich bejahte seine Frage und mein Vater wurde lauter: „Trenn dich von ihm." Ich antwortete: „Nein, ich liebe ihn." Dann sagte er ruhig, aber deutlich: „Wir alle werden den Kontakt mit dir abbrechen. Alle. Deine Großeltern, dein Onkel und seine Familie und ich und meine Familie, auch dein Bruder. Du darfst uns nicht mehr besuchen oder anrufen. Das ist eine Schande. Wir werden den anderen arabischen Familien sagen, dass wir dich verstoßen haben." Dann legte er einfach auf.

Wie angewurzelt stand ich auf dem Schulhof. Während ich auf meine Freundinnen blickte, wurde mir langsam klar, was dieser Anruf bedeutete. Ich fühlte mich so allein und verlassen. Innerhalb kürzester Zeit brach für mich ein weiteres Mal eine Welt zusammen. Ich liebte es so sehr, die Familie meines Vaters zu besuchen. Das Haus bedeutete mir so viel. Ich fühlte mich dort zu Hause. Meine Knie zitterten so stark, dass ich umherlaufen musste, damit sie nicht wie Streichhölzer abknickten. Dabei wanderten meine Gedanken zu meinen Großeltern und meinem Bruder. Ich dachte an die wunderschönen Momente, die wir gemeinsam erlebt hatten, und die vielen liebevollen Gespräche. Sie waren immer so herzlich zu mir gewesen. Ich konnte nicht glauben, dass sie keinen Kontakt mehr zu mir haben wollten.

Der Anruf hatte mich regelrecht zerrissen. Die Trauer über den Verlust meiner Familie traf mich so hart, dass ich diese Gefühle jetzt nicht zulassen wollte. Immer wieder schaute Taraneh zu mir herüber. Ich nickte ihr zu und hoffte, dass ich mich gleich fangen würde. Nach einem kurzen Moment ging ich zu meinen Freundinnen, um auf andere Gedanken zu kommen und um nicht vollkommen durchzudrehen. Doch ich hatte mich nicht im Griff und brach in Tränen aus. Alle schauten mich an. Taraneh nahm mich in ihre Arme und fragte: „Zada, was ist passiert?" Schluchzend erzählte ich ihnen, was geschehen war. Dann beruhigte ich mich ein wenig. Eine meiner Klassenkameradinnen legte ihre Hand auf meine Schultern und sagte: „Zada, was du tust, ist zu extrem. Du solltest dich von dem Deutschen trennen, um deine Familie zurückzubekommen. Was ist, wenn er dich verlässt? Dann hast du doch niemanden mehr! Außerdem, wenn er dich wirklich liebt, dann hätte er dich nach dem Islam geheiratet." Alle anderen stimmten ihr zu. Dann ergriff Taraneh das Wort: „Christian scheint ein toller Kerl zu sein. Aber die anderen haben recht, Zada. Ich würde mich an deiner Stelle von ihm trennen." Als ich diese Worte hörte, versiegten meine Tränen sofort. Nicht weil mein Schmerz und die Trauer weg waren, sondern weil es für mich einfach falsch war, was ich da hörte.

Jeder einzelnen von ihnen schaute ich in die Augen und sagte bestimmt: „**Ich tue dies nicht nur, weil ich mich in einen Mann verliebt habe! Ich beuge mich nicht dem Willen meiner Familie, weil diese Art des Zwangs für den Rest meines Lebens bleiben würde.** So möchte ich nicht leben! Wo bleiben da die Liebe und auch der Respekt vor mir? Wir sind doch alle verschieden! Die Toleranz dessen, dass das Leben manchmal anders verläuft als in der arabischen oder türkischen Gesellschaft üblich, gibt es anscheinend nicht!" Hinter mir hörte ich freches Gelächter. „Du hast gut reden", sagte ein Mädchen aus der Schule, das uns belauscht hatte. „Und wo bleibt der Respekt deinen Eltern gegenüber?", fragte sie keck. Sie kam aus einer Familie mit türkischem Migrationshintergrund. Unsere Blicke trafen sich und ich sah ihr tief in die Augen: „Ich liebe meine Familie! Aber kannst du behaupten, dass alle deine weiblichen Familienmitglieder ihr Lebensglück gefunden haben? Oder haben sie sich eher aus genau diesen Ängsten gefügt? Und wie sieht es mit dir aus?" Sie wurde verlegen und konterte mit einem aggressiven Unterton: „Das alles für einen Deutschen? Das ist doch nicht dein Ernst! Das sind doch keine richtigen Männer und außerdem sind sie nicht beschnitten. Wie kannst du für so einen Mann deine Familie verlieren?" Ich trat ein Schritt auf sie zu und fragte sie kopfschüttelnd: „Für einen Deutschen? Wenn du Deutsche so schlimm findest, warum lebst du hier mit ihnen? Bist du nicht außerdem diejenige, die sich seit einem Jahr mit ihrem Freund heimlich trifft, weil ihre Eltern sie sonst umbringen würden? Und dann findest du das, was meine Eltern mir antun, lustig?" Das Lachen verging ihr und sie sagte: „Dafür ist mein Freund ein Türke!" Damit wandte sie sich ab und ging in das Schulgebäude hinein.

Eine Klassenkameradin, die Muslima war und ein Kopftuch trug, sagte in einem verständnisvollen Ton zu mir: „Im Koran steht, dass wir vor der Ehe keinen Sex haben dürfen und dass eine Frau nicht mit einem Ungläubigen zusammenkommen darf. Sie soll ein Kopftuch tragen, um sich vor den Männern zu bedecken, damit erst gar keine verlockenden Situationen entstehen und die Frau somit auch vor dem Mann geschützt wird. Wir müssen nach diesen Regeln leben! Du siehst an dir selbst, was einem widerfahren kann. Diese Regeln haben ihren Grund." Nachdenklich antwortete ich: „Sara, du weißt, wie sehr ich dich mag. Ich respektiere deine Meinung. Doch für mich, für mein Leben, kommt das nicht infrage. Und zum Thema ‚Kopftuch' habe ich auch so meine Gedanken. An dieser Schule bedecken sich so viele Mädchen mit einem Tuch, die Hälfte davon schminken sich aber auffällig. Man sollte sich fragen, warum sie dies tun, wenn sie doch die Reize ihrer Weiblichkeit vor der Männerwelt verbergen sollen. Diese ganzen Regeln sind ein Widerspruch!" Sie nickte und erwiderte: „Diese Mädchen tragen ein Kopftuch meistens auch nicht aus Überzeugung, sondern weil es die Familie erwartet. Aber Zada, noch mal zurück zum Anfang. Wir sind doch Muslime!" Ich schüttelte den Kopf: „Sara, es geht mir dabei nicht um den Islam. Der kann für viele Menschen eine wunderbare Religion sein, auch für Frauen. Es geht mir um die Art und Weise, wie andere mit denen umgehen, die anders denken. Ich möchte respektiert werden, auch wenn ich nicht den Vorstellungen der arabischen Gesellschaft entspreche!"

Entsetzt über meine Worte erwiderte sie: „Wir können nicht einfach so leben, wie die deutschen Mädchen hier!" Sie deutete auf eine Schulkameradin, die auf der anderen Seite des Schulhofes stand und ein Sommerkleid trug. „Schau mal, Zada", meinte sie, „so können wir doch nicht herumlaufen – mit unbedeckten Schultern und Knien!" Für einen Moment dachte ich über ihre Worte nach und sagte schließlich: „**Wieso nicht? Wer sagt, dass wir das nicht können?**"

Als der Schultag endlich vorbei war und ich mich mit dem Schulbus auf den Weg nach Hause machte, lehnte ich erschöpft meinen Kopf ans Fenster. Die Englischarbeit, die wir an diesem Tag geschrieben hatten, könnte ich nicht als Glanzleistung verbuchen, obwohl ich einiges zum Thema „Kulturelle Vielfalt auf Londons Straßen" hätte beitragen können. Denn auch hier stand der Grundsatz der Toleranz an erster Stelle, damit die unterschiedlichen Kulturen friedlich nebeneinander existieren konnten.

Als ich aus dem Bus stieg, wagte ich den Anruf bei meinem Bruder. Ich konnte mir nicht vorstellen, dass er ebenfalls den Kontakt zu mir abrechen würde. Zum Glück ging er an sein Handy. Weinend erzählte ich ihm, was unser Vater mir gesagt hatte. Mein Bruder unterbrach mich und beruhigte mich: „Zada, mach dir keine Sorgen. Er kam gerade zu mir und meinte, ich darf nie mehr Kontakt zu dir haben. Ich habe mich mit ihm gestritten und gesagt, dass ich immer mit dir Kontakt haben werde, egal was du tust." Mein Bruder – der größte Schatz meiner Familie! Mir fiel ein Stein vom Herzen und seine Worte berührten mich so sehr, dass ich erneut zu weinen begann, diesmal jedoch aus Freude. Ich dankte ihm. Betrübt fuhr er dann aber fort: „Der Rest der Familie, auch Oma und Sido, haben sich entschieden, den Kontakt zu dir abzubrechen. Von Oma und Sido soll ich dir sagen, dass du immer zu ihnen kommen kannst, wenn du ein Problem hast. Sie wären für dich da. Allerdings würden Baba und Ammo ihnen das Leben schwer machen, wenn du sie regelmäßig besuchen würdest. Da Oma solche Herzprobleme hat, will Sido Ärger und Stress durch die Familie von ihr fernhalten." Es traf mich schwer, dass der Kontakt zu meinen Großeltern nun nicht mehr so einfach möglich war. Immerhin hatte ich sie jedoch nicht ganz verloren.

Nach dem Gespräch mit meinem Bruder konnte ich nicht mehr. Diese ständige emotionale Achterbahn war einfach zu anstrengend. Ich weinte die nächsten Stunden entsetzlich viel. Doch nach einer gewissen Zeit würde auch das größte Drama wieder etwas kleiner werden, merkte ich. Ich versuchte, nach vorn zu blicken, und begann die Entscheidungen der anderen zu akzeptieren. Ich nahm mir vor loszulassen. Meine Entscheidung, bei Christian zu bleiben, war gefallen, und alle Konsequenzen, die daraus folgten, waren nun einfach nur noch auszuhalten. Ich hatte mich richtig entschieden. Ich wollte mit niemanden Kontakt haben, der mich mein Leben nicht so führen lassen wollte, wie ich es mir wünschte. Schließlich war es doch *mein* Leben!

Kapitel 17

Als ich Christian wiedersah, tröstete er mich über den Verlust der Familie meines Vaters hinweg. Mit ihm meine Zukunft zu planen, war alles, was ich noch wollte. Bereits an diesem Wochenende begannen wir damit, uns gemeinsam Wohnungen anzuschauen, allerdings vergeblich. Die Zeit mit ihm verging stets wie im Flug. Wie sehr hasste ich doch diese Sonntagabende – für mich bedeuteten sie immer ein Abschiednehmen, denn Christian war mein stetiger Wohlfühlfaktor.

Als ich mal wieder nach der Schule zu Hause ankam und die Tür öffnete, stieg mir der herrliche Duft meines Lieblingsessens in die Nase. Meine Mutter hatte *Malfouf* gekocht, arabische Kohlrouladen. Ich kannte niemanden, der so gut kochte wie sie, und ihre Kochkünste galten in ihrem Freundes- und Bekanntenkreis als legendär. Nachdem ich meine Schuhe ausgezogen und den Rucksack abgelegt hatte, rief mich meine Mutter: „Zada, komm bitte ins Wohnzimmer." Ich folgte ihrem Ruf und sah sie auf der Couch sitzen. „Komm, setz dich bitte zu mir." *Irgendetwas stimmt hier nicht. Hat mein Vater sie vielleicht angerufen?* Meine Eltern hassten sich jedoch aus tiefster Seele. Sie hatten seit meinem vierten Lebensjahr nicht mehr richtig miteinander gesprochen. Freudig sagte sie schließlich: „Ich sehne mich danach, mit dir und deinen Geschwistern in den Sommerferien nach Jordanien zu fahren, um endlich wieder gemeinsam Urlaub zu machen. Darum habe ich uns heute Flugtickets gebucht. Meine Familie freut sich auf uns!"

Oh nein! Sofort stieg Angst in mir hoch. *Ich will da nicht hin! Ich will nicht mehr von Christian getrennt sein. Was ist es nun schon wieder, das sie vorhat? Wieso bucht sie für mich, ohne mich vorher zu fragen? Ich will nicht schon wieder das nächste Familiendrama erleben müssen. Ich brauche davon endlich eine Pause!*

„Das hört sich toll an", antwortete ich diplomatisch, „aber ich würde meine freie Zeit in den Ferien gerne mit Christian verbringen. Tatsächlich würde ich lieber in Deutschland bleiben. Kannst du mit meinen Geschwistern nicht allein fahren? Dann bleibe ich hier mit Nadim." Ich hoffe, sie sagte zu, wenn sie hörte, dass ich bei ihrem Mann bliebe und er somit ein Auge auf mich hat. Sie legte ihre Hand auf meine und sagte zugleich: „Zada, du liebst doch Jordanien. Außerdem ist es gut, wenn der Mann mal auf die Frau warten muss und nicht nur immer umgekehrt. Das ist gut für die Beziehung." Ich lachte. Es war schön, so mit ihr zu reden. Doch eine kleine Stimme in mir warnte mich: *Etwas stimmt nicht!* Ich drehte meine Hand unter ihrer um, sodass sich unsere beiden Handflächen berührten und legte meine zweite auf ihre. Es fühlte sich so gut an, sie zu berühren. „Danke Mama, ich möchte aber von Christian wirklich nicht so lange getrennt sein", antwortete ich und befürchtete sogleich, dass es nun wieder eskalieren würde. Erstaunlicherweise blieb sie jedoch ruhig, schaute mich an und sagte, dass ich ja noch Zeit hätte. Ich sollte mit Christian darüber sprechen und später entscheiden. „Und grüße ihn von mir, wenn du ihn siehst. Lass uns aber jetzt essen. Ich habe dein Lieblingsessen gekocht. Deine Geschwister und ich haben schon Hunger. Deck schon mal den Tisch." Verwirrt und zugleich glücklich stand ich auf und ging in die Küche, um alles vorzubereiten. Anschließend saßen wir zusammen wie eine Familie und aßen *Malfouf*.

Satt und entspannt legte ich mich danach auf mein Bett und ging in Gedanken die Situation mit meiner Mutter noch einmal durch. So ein ruhiges Gespräch trotz meiner geäußerten Bedenken mit ihr führen zu können, hätte ich nicht gedacht. Seit langer Zeit war das die schönste Unterhaltung, die ich mit ihr hatte. Ich rief Christian an und erzählte ihm von dem geplanten Urlaub meiner Mutter. Besorgt sagte Christian: „Zada, ich vertraue deiner Mutter nicht. Ich habe Angst, dass sie mit dir in Jordanien etwas vorhat. Ich finde du solltest nicht fliegen." Ich fühlte mich zwar bestätigt in meinem Eindruck, sagte aber dennoch zu ihm: „Ich habe auch das Gefühl, dass etwas nicht stimmt. Doch du hättest sie sehen sollen. Es war ein so schönes Gespräch mit ihr. Was ist, wenn sich durch das letzte Treffen mit dir ihre Einstellung verändert hat?" „Das bezweifle ich. Bitte flieg nicht. Wenn sie etwas vorhat, dann weiß ich nicht, wie ich dich dort finden kann", sagte er mit Nachdruck. Hin- und hergerissen zwischen Christian, dem ich recht gab, und meiner Mutter, die ich nicht enttäuschen wollte, falls ich ihr unrecht tat, entschied ich mich gegen die Reise: „In Ordnung. Ich sage ihr, dass ich nicht mitkomme." Christian atmete auf. Nach unserem Gespräch ging ich also wieder zu meiner Mutter und teilte ihr mit, dass ich nicht mitfahren würde. Unerwartet gelassen nahm sie meine Worte auf und damit schien das Thema für uns beide geklärt zu sein.

Mein Leben normalisierte sich – endlich. In zwei Wochen würden die Sommerferien beginnen und bis dahin hatte ich noch ein paar Prüfungen in der Schule vor mir und traf mich mit meinen Freundinnen zum Lernen. Auch wenn der Verlust der Familie meines Vaters an mir nagte, konnte ich mich wieder auf mein Ziel konzentrieren: gute Schulnoten. Denn gute Schulnoten bedeuteten einen wichtigen Schritt in Richtung Unabhängigkeit.

Taraneh und ich standen auf dem Schulhof und unterhielten

uns über die Dinge, die einen Teenager so beschäftigten. Sie konnte mit der Entscheidung umgehen, dass ich mich für Christian entschieden hatte. Und diese Art der Toleranz wünschte ich mir so sehr von allen Menschen. Als mein Handy klingelte und ich sah, dass meine Mutter anrief, durchlief mich wieder ein kleiner Schock. Inständig hoffte ich, dass es ein banaler Anruf von ihre wäre, mit der Bitte, dass ich vielleicht einfach nur Milch nach der Schule einkaufen sollte. Ich nahm ab und sagte: „Hallo, Mama." „Hallo, mein Schatz, wie geht es dir?" kam es aus dem Hörer zurück. Sie sprach so liebevoll mit mir, dass ich mich wie ein kleines Kind freute. Und diese Formulierung kommt nicht von ungefähr: In meinem Inneren war ich immer noch das kleine Kind, das sich nach der Liebe seiner Mutter so sehr sehnte. Und ich hoffte insgeheim, dass sich ihre Einstellung mir und meiner Beziehung zu Christian gegenüber wirklich verändert hatte. Schließlich musste sie sehen, wie glücklich ich war. Wir plauderten einen Moment, bis sie schließlich sagte: „Lass uns nach der Schule zusammen in das neue Café gegenüber dem Einkaufszentrum gehen. Ich würde dort gerne mal den Kuchen ausprobieren." Sofort sagte ich zu und freute mich auf unsere Verabredung.

Einige Stunden später stand ich vor dem Café und blickte durch die großen Fenster auf die Kuchenauslage. Es gab die herrlichsten Leckereien, alles, was das Herz begehrte. Meine Mutter saß bereits an einem Tisch und winkte mir lächelnd zu, dass ich hereinkommen sollte. Wir umarmten uns zur Begrüßung und ich nahm war, dass sie nach ihrem neuen Parfüm wie ein Maiglöckchenfeld duftete. Ihre schwarze Haarpracht fiel lockig auf ihre Schultern. Ich war so glücklich darüber, dass wir uns gerade so gut verstanden. Wir bestellten uns leckeren Kuchen und während wir diesen vernaschten, erzählte ich ihr von der Schule und dass ich ganz gute Noten bekommen würde. Insgeheim erweiterte ich in Gedanken den Satz mit „... den Umständen zum Trotz". Nachdem ich fertig war, sagte meine Mutter: „Zada, ich wünsche mir so sehr, dass du mitkommst nach Jordanien. Ich habe heute mit deinen Tanten und Onkel telefoniert. Sie waren sehr traurig, dass du nicht mitkommen willst. Alle haben gesagt, ich soll noch mal mit dir darüber reden. Darum bitte ich dich, komm mit. Ich will auch mit euch nach Akaba fahren und dir und deinen Geschwistern zeigen, wie wunderschön Jordanien ist. Bisher hast du nur Amman und Irbid gesehen." Jordanien war wirklich schön und ich hatte Lust mitzufliegen. Doch nach wie vor war ich besorgt darüber, dass sie etwas im Schilde führte und erwiderte deswegen: „Mama, es tut mir sehr leid. Aber ich will von Christian nicht sechs Wochen getrennt sein." Verständnisvoll lächelte sie und meinte: „Dann komm doch einfach nur zwei Wochen mit. Ich frage vorsichtshalber das Reisebüro, ob das auch noch möglich ist. Lass mich kurz telefonieren. Damit du eben allein zurückfliegen kannst. Was hältst du davon?" Zögernd nickte ich, weil ich ein schlechtes Gewissen hatte. Sie versuchte offenbar wirklich, einen Kompromiss mit mir zu finden. Dann rief sie das Reisebüro an, blickte dabei nachdenklich aus dem Fenster und sagte: „Haalloo, ich heißen Abdullahi. Wir fliegen ihn zwei Wochen in Jordanien. Kannen sie bitte für Tochter Zada Abdullahi ihren Ticket buchen, weil sie nur zwei Wochen in Jordanien?" Für einen Moment herrschte Stille. „Ja, ich zahle, was mehr kostet, danke", sagte sie und beendete das Gespräch. „Zada, die Frau vom Reisebüro hat das Ticket für dich umgebucht. So kannst du mit uns Urlaub machen und danach zu deinem Christian zurückfliegen. Bitte, alle würden sich so freuen, auch deine Geschwister!"

Auch wenn sie mich überrumpelt hatte, sagte ich ihr schließlich zu. Sie schien überglücklich zu sein und da wollte ich ihr die Freude einfach nicht verderben.

Kapitel 18

Einen Tag vor dem Abflug trafen Christian und ich uns, um uns zu verabschieden. Ich lag in Christians Armen unter unserer wunderschönen Lieblingstrauerweide, über uns ein dunkel- und graugrünes Meer an Blättern. Er war nicht begeistert, dass ich meiner Mutter zugesagt hatte: „Zada, ich gönne dir den Urlaub mit deiner Familie, doch ich mache mir Sorgen. Deiner Mutter traue ich nicht. Du weißt nicht, was sie wirklich vorhat! Und ich kann dich nicht beschützen, wenn du in diesem Land bist. Wie sollte ich dich finden, wenn ich nicht einmal weiß, wo du genau bist? Wir müssen mit allem rechnen." Ich küsste ihn und sagte: „Mach dir keine Sorgen. Wenn wirklich etwas passieren sollte, dann suche ich die Deutsche Botschaft auf. Außerdem habe ich deine Handynummer im Kopf. Es wird schon alles gut gehen. Du wirst sehen, dass meine Mutter sich verändert hat. Ich freue mich einfach riesig darüber, dass sie und ich uns seit Jahren endlich wieder gut verstehen. Und außerdem meinte sie, dass ich dich grüßen soll. Ist das nicht toll, dass sie unsere Beziehung akzeptiert?" Christian nickte verhalten. Der Abschied von ihm fiel mir schwer. Zwei Wochen würde ich ihn nicht mehr sehen. Und er wollte mich am liebsten gar nicht gehen lassen und „mich bei ihm verstecken", so sein Wortlaut.

Am nächsten Tag war es so weit: Wir flogen vom Hamburger Flughafen los und der Flug dauerte mit einem kurzen Aufenthalt in der Türkei über sechs Stunden. Als wir in

Amman landeten, standen zwei Brüder meiner Mutter in der Eingangshalle des Flughafens und warteten auf uns. Sie empfingen uns herzlich und nahmen uns unsere Koffer ab. Viele Männer schauten uns hinterher, sodass ich mich fragte: *Sehen wir so anders aus aufgrund unseres Kleidungsstils? Vielleicht sogar wie „richtige Europäerinnen"? Oder schlicht und ergreifend, weil wir kein Kopftuch tragen?*

Als wir bei dem alten VW-Bus meines Onkels ankamen, schickte meine Mutter meine Geschwister auf die hintere Bank und wir saßen in der Mitte. Einige Minuten, nachdem wir losgefahren waren, neigte sich meine Mutter zu mir und flüsterte mir ins Ohr: „Wage es nicht, jemandem hier zu erzählen, dass du unsere Ehre befleckt hast und mit einem deutschen Mann zusammen warst!" Als ich das hörte, erstarrte ich. *Wieso ist sie wieder so kalt und unnahbar zu mir?* Verwirrt blickte ich in ihr Gesicht, das sich verächtlich von mir abwandte. Ein Schauer lief mir über den Rücken. *Was hat das zu bedeuten?* Ich flüsterte ihr zu: „Mama, wieso redest du so mit mir? Die letzten Wochen waren doch so schön. Ich hatte den Eindruck, dass du Christian inzwischen magst!" Angewidert blickte sie mich an und erwiderte im Flüsterton: „Ich habe nur so getan, damit du mitkommst. Als wir beide im Café saßen, tat ich so, als ob ich beim Reisebüro dein Ticket umgebucht hätte. Dein Vater und ich haben miteinander gesprochen. Wir haben entschieden, dass du deinen ach so geliebten Christian nie wiedersehen wirst und dass ich dich hier verheiraten werde. Deinen Pass werde ich wegschmeißen, sodass du nie wieder nach Deutschland zurückkehren kannst." Dann nahm sie mir meine kleine Tasche weg, holte meinen Reisepass, mein Handy und mein Portemonnaie heraus und legte sie mir damit fast entleert zurück auf meinen Schoß. Fassungslos habe ich es mit mir geschehen lassen. Ich brauchte eine kleine Weile, bis ich wieder klar denken konnte. In der Zwischenzeit hatte sich ein reges Gespräch im Bus entwickelt. Meine Onkel erzählten uns von einigen Sehenswürdigkeiten, an denen wir vorbeifuhren, und meine Geschwister stellten aufgeregt Fragen. Selbst meine Mutter war wieder wie ausgewechselt und scherzte herum.

In der scheinbar lockeren Atmosphäre in diesem Bus tauchte ich unter in meine eigenen Gedanken. Einerseits bekam ich Angst, dass ich in der Falle saß. Anderseits war ich enttäuscht und fühlte mich so verletzt und betrogen. Meine Mutter hatte also tatsächlich Kontakt mit meinem Vater aufgenommen, nach so langer Zeit. Dass musste sie Überwindung gekostet haben. Die letzten Wochen hatte sie mir etwas vorgespielt. Und ich hatte es nicht gemerkt, weil ich mir so wünschte, von ihr geliebt und respektiert zu werden. Aber nun hatte ich von ihr gelernt. Es war eine harte Lektion in meinem Leben, aber eine nötige: Ab jetzt wollte ich ihr nie wieder trauen und auch ihre Liebe wollte ich nicht mehr. Christian hatte sie richtig eingeschätzt und für mich galt es nun, auf Überlebensmodus zu schalten.

Ich blickte auf das nächtliche Amman, dass an den Fenstern des Busses vorbeiflog. Die Stadt erstrahlte im Glanz ihrer Lichter und dieser wunderschöne Anblick beruhigte mich. *Die Welt ist schön und das wird sie für mich auch bleiben! So einfach wirst du mich nicht verheiraten können. Das schwöre ich dir!* Ich schloss meine Augen und wurde immer ruhiger. Ich vertraute auf meine Stärke. Jetzt brauchte ich nur noch einen Plan und sortierte deswegen zunächst meine Gedanken: *Was sind meine Möglichkeiten? Kann es sein, dass sie blufft? Sie blufft sehr oft. Falls nicht, muss ich herausfinden, wie ich zur deutschen Botschaft in Amman komme. Ich könnte mit einem Taxi dort hinfahren. Was habe ich noch für Optionen? Herausfinden, wo wir in Jordanien wohnen werden; irgendwie versuchen, Christian anzurufen und ihm von dem Gespräch mit meiner Mutter erzählen.*

Was könnte er von Deutschland aus tun? Aber was ist, wenn sie schon alles arrangiert hat und tatsächlich ein wildfremder Mann auf mich wartet? In diesem Fall müsste ich schnell das Weite suchen, bevor mich dessen Familie in die Finger bekäme. Aber jetzt konnte ich ohnehin nichts tun und wollte lieber ruhig abwarten. Ohne meinen Pass, den sie aufbewahrte, konnte ich auch nicht viel ausrichten.

Nach einer neunzigminütigen Fahrt kamen wir in Irbid an, einer der größten Städte Jordaniens. Wir fuhren zum Haus meiner Großeltern, das an einem Berg lag und in dem zusätzlich zwei meiner Onkel mit ihren Familien lebten und meine jüngste Tante, die unverheiratet war. Als wir vorfuhren, wurden wir überschwänglich mit lautem *Zaghrouta* begrüßt. Die Frauen hielten eine Hand über der Oberlippe und stießen einen hohen, permanent schwankenden Ton aus, indem sie die Zunge sehr schnell bewegten. Bei diesem Trubel hätte man meinen können, dass die ganze Familie gekommen war, doch diese war noch weitaus größer, da meine Mutter fünf Brüder und sechs Schwestern mit insgesamt 54 Enkeln besaß.

Meine Großmutter war von einem besonderen Schlag und stellte zu jeder Zeit klar, dass Frauen sich unterzuordnen hätten und nur einen geringen Wert besäßen. Das Stiefmutter-Stieftochter-Verhältnis zwischen meiner Oma und meiner Mutter hatte sich im Laufe der Jahre verbessert. Sicherlich lag das auch daran, dass meine Mutter, wie es sich für eine mustergültige Tochter gehörte, regelmäßig Zahlungen aus Deutschland nach Jordanien veranlasste.

Nach der Begrüßung verteilte meine Mutter kleine Geschenke: Neben anderen Dingen waren Nutellagläser hoch im Kurs und für die Älteren gab es Zuckerersatzstoffe wegen ihres Altersdiabetes. Nach einem ausgiebigen Mahl gingen die meisten Familienmitglieder in ihre eigenen Häuser zurück.

Lediglich eine Tante und ihre Familie brauchten auch einen Schlafplatz, da sie von weither angereist waren. Zum Schlafen fanden sich alle Hausbewohner auf dem Flachdach des Hauses ein. Überall waren Matratzenlager hergerichtet, die zu einer Nacht unter den Sternen einluden. Damit entkamen wir zudem der Hitze des Hauses. Durch die Aufbauten der Treppe, die auf das Flachdach führte, und den Wassertank, der sich dort oben befand, waren Nischen entstanden, die ein wenig Privatsphäre garantierten. Meine Geschwister strahlten vor Freude, als ihnen klar wurde, dass alle nebeneinander auf dem Dach schlafen würden.

Plötzlich schrie jedoch meine kleine Schwester auf und streckte ihren rechten Fuß in die Höhe, mit dem sie in eine Kakerlake getreten war. Mir drehte sich der Magen um, als ich sah, wie diese halb zerquetscht an ihrem Fuß klebte – ein riesiges, schleimiges Tier, dessen Fühler noch zuckten. Nachdem sich alle wieder beruhigt hatten, legte ich mich verhalten neben meine Geschwister. Der Ekel vor noch mehr Ungeziefer, aber auch die Situation mit meiner Mutter, die nun dicht neben mir lag, ließen mich innerlich verkrampfen. Ich fühlte mich überhaupt nicht wohl. Ein Blick auf meine Geschwister, die voller kindlichem Staunen nach oben blickten, machte mir aber klar, dass diese Nacht trotz aller Widrigkeiten einfach genossen werden *musste*. Also versuchte ich, es ihnen gleichzutun, und konnte es kaum glauben: Durch die Finsternis im ganzen Viertel wirkten die Sterne über uns zum Greifen nahe. Die letzte Nacht hatte ich noch im Bett einer Etagenwohnung in Hamburg verbracht und die heutige nun unter der Milchstraße in Irbid. Ich entschloss, meine Sorgen beiseitezuschieben, und genoss schließlich wie meine Geschwister den funkelnden Abschluss des Tages.

Kapitel 19

Die Tage vergingen. Ich entschied mich dazu, mich mit meiner Mutter gutzustellen und so zu tun, als ob das Gespräch im Auto nie stattgefunden hatte. Ich versuchte einfach, die Zeit mit meiner Familie zu genießen und trotzdem wachsam zu sein. Jederzeit achtete ich auf Veränderungen, die bedrohlich werden könnten, falls plötzlich ein Mann für mich vor der Tür stehen sollte. Ich war auf jede Art von Fluchtversuch vorbereitet und wurde damit nicht nur zur stillen Beobachterin meiner Situation, sondern jeglicher.

Was ich während meines Urlaubes in Jordanien alles gesehen, gehört und miterlebt hatte, hatte mich geprägt. Danach war ich dankbar dafür, in einem Land geboren worden zu sein, in dem die Frau dem Mann vor dem Gesetz gleichgestellt ist und die gleichen Freiheiten besitzt. Auch wenn die Gleichstellung von Männern und Frauen in Deutschland noch nicht abgeschlossen ist, war sie aber schon viel weiter vorangeschritten als in vielen anderen Teilen dieser Welt. Am schlimmsten aber fand ich, dass die Frauen, unter denen ich nun kurzzeitig lebte, sich zwar untereinander unterstützten, im Endeffekt aber täglich selbst dafür sorgten, dass niemand es wagte, aus der ihnen zugewiesenen Rolle auszubrechen.

Es fing ganz harmlos an. Um die Gegend besser erkunden zu können, fragte ich meine Tante, ob sie mir ein Fahrrad leihen könnte. Entsetzt packte sie mich am Arm: „Zada, das ist doch verboten! Weißt du denn nicht, dass Fahrradfahren dich entjungfern könnte? Das wäre furchtbar!" *Was? Meint sie das*

etwa ernst? Leider konnte ich sie nicht vom Gegenteil überzeugen. Doch ich vermutete ohnehin, dass sie gar kein Fahrrad besessen hatte.

Wenige Tage später erfuhr ich am eigenen Leib, wie es
einer Frau ergehen konnte, wenn sie sich den engen Regeln
der Gesellschaft nicht beugte. In Irbrid liefen fast alle Frauen
auf offener Straße mit Kopftuch herum. Viele von ihnen ver-
schleierten sich mit einer *Burka*. Diese Ganzkörperschleier
verdeckten jegliche Körperteile der Personen, die sie trugen.
Da ich die religiösen, kulturellen Ansichten nicht teilte, lief
ich ohne eine Kopfbedeckung herum. Trotz der Hitze hatte
ich aber außer meinen Händen und meinem Kopf alles an
meinem Körper bedeckt. Auch eng anliegende Kleider hatte
meine Mutter bereits vorsorglich verboten. Als ich mit meinem Onkel in der Innenstadt Einkäufe tätigte, kamen uns
vier voll verschleierte Frauen in einer *Burka* entgegen und
gingen sehr eng an mir vorbei. Plötzlich packte mich eine
von ihnen an meinen Haaren und zog mich zu Boden. Durch
diesen unerwarteten Angriff hatte ich schnell mein Gleich-
gewicht verloren. Verwirrt stand ich wieder auf und blickte
ihnen hinterher. Als ob er die Situation nicht ganz erfassen
konnte, fragte mich mein Onkel, warum ich hingefallen sei.
Ich hatte mir gewünscht, dass er, nachdem er die Wahrheit
erfuhr, die Frauen zurechtgewiesen hätte. Doch er erklärte
mir, dass es für Männer verboten sei, fremde und insbesondere respektable Frauen, also die in einer verhüllenden *Burka*, anzusprechen. Zudem meinte er, dass ich damit rechnen
müsste, Widerstand von anderen zu erhalten, wenn ich kein
Kopftuch trug.

Keine vier Tage später widerfuhr mir etwas Ähnliches.
Mit einem anderen Onkel war ich nur wenige Straßen vom
Haus meiner Großeltern entfernt, um frisch gebackenes ara-
bisches Brot zu kaufen. Plötzlich traf mich ein mittelgroßer

Pflasterstein am Oberarm. Vier Jungs im Alter von nicht einmal zehn Jahren lachten mich aus, riefen: „Hure, Hure!", und liefen danach weg. Mein Onkel setzte ihnen nach, doch es nützte nichts, denn sie waren schneller. Zu sehen und zu hören, wie diese Kinder mich verabscheuten, weil ich nicht ihrem Bild einer anständigen Frau entsprach, und sie sich damit *jedes Recht herausnahmen*, mich so zu behandeln, wie sie es für richtig hielten, löste in mir eine Angst aus, die den Schmerz meines Armes übertraf. Ich wollte nur noch nach Hause. Als ich vollkommen aufgelöst mit Tränen in den Augen am Haus meiner Großeltern ankam, sah ich meiner Mutter an, wie besorgt sie war. Ich zitterte am ganzen Leib. Sie nahm mich zur Seite, um zu erfahren, was geschehen war. Entsetzt und wütend über das, was ihrer Tochter nun schon zum zweiten Mal an Übergriffen widerfahren war, nahm sie mich in den Arm. Es war ein so großer Trost, sie in diesem Moment an meiner Seite zu haben. Diese Attacken gingen sogar ihr zu weit, denn auch sie liebte das freizügige Leben, wie sie es in Deutschland leben durfte. Hier war ein solches jedoch nicht ohne Risiko möglich. In dieser Nacht schliefen wir auf dem Dach nebeneinander mit dem Gefühl ein, dass wir zusammengehörten und uns beschützen mussten.

Am nächsten Tag kam ich nicht umhin, mich mit der Stellung der Frau in dieser Gesellschaft zu beschäftigen. Mein Arm tat immer noch kräftig weh und erinnerte mich in jeder Minute an dieses Thema. Es hatte sich ein großer rot-blauer Fleck an ihm gebildet. Vielen Familienmitgliedern stellte ich Fragen und versuchte, nicht zu bewerten, sondern nur zuzuhören. An diesem Tag lernte ich auch den ältesten Bruder meiner Mutter kennen, Onkel Amir, und seine beiden Töchter Djamila und Jasmin. Er und seine Frau arbeiteten als Chemiker in der Pharmaindustrie. Schnell kam ich ins Gespräch mit Djamila, die mir erzählte, dass sie ein Semester in England studiert hatte. Prompt verschluckte ich mich an einem Stück *Baklava*. Ungläubig fragte ich sie: „Das haben deine Eltern erlaubt?" Sie nickte und erwiderte ganz selbstverständlich: „Meine Eltern legen viel Wert auf Bildung. Daher unterstützen sie mich und meine Schwester in allem." Sie trug ein Kopftuch, ihre Schwester Jasmin hingegen nicht, deren schwarze Korkenzieherlocken auf ihre Schultern fielen. Keine von beiden war verheiratet. Vorsichtig tastete ich mich an eine Frage heran, die mich beschäftigte, ohne jedoch sie oder ihre Schwester kränken zu wollen: „Wieso trägst du ein Kopftuch wie die restlichen Frauen aus der Familie, deine Schwester aber nicht?" Meine Cousine lächelte: „Unsere Eltern sind sehr gläubig, doch sie sagen, dass es unsere eigene Entscheidung sein soll, ob wir ein Kopftuch tragen wollen oder nicht, *Hamdala*." ‚*Gott sei Dank*' – *Was für eine schöne Redewendung dafür!* Darüber wollte ich mehr erfahren und fragte: „Wie kommt es, dass Ammo Amir anders denkt als die meisten aus der Familie?" Djamila erwiderte: „Unsere Eltern haben beide studiert, viel gelesen und durch Reisen verschiedene Kulturen kennengelernt. Es interessiert sie nicht, was die Leute von ihnen halten. Sie legen viel Wert auf den Islam und sehen in diesem keinen Widerspruch zu Bildung und Toleranz. Sie haben uns gelehrt: Wenn man etwas aus Überzeugung tut, zum Beispiel ein Kopftuch trägt, dann wird man dies auch mit Stolz machen. Der Zwang durch die Familie ist nicht sehr hilfreich. Die Religion soll doch auch inhaltlich gelebt werden und nicht nur nach außen als Fassade dienen." Lange dachte ich über ihre Worte nach und mir wurde klar, dass Bildung ein wichtiges Fundament darstellte, um die gesellschaftlichen Probleme der Frauen hier zu entschärfen.

Als wir während unserer Reise zu einer Hochzeit eines Nachbarn eingeladen wurden, konnte ich noch etwas Weiteres über die Frauen in diesem Land feststellen. Hochzeiten wurden hier stets im ganz großen Stil gefeiert. Keine Braut sollte je ihr Hochzeitsfest vergessen. Sie stand im Mittelpunkt, zusammen mit ihrem Bräutigam. Nach arabischer Mentalität war es üblich, mehrere Hundert Gäste aus der Familie, dem Freundeskreis bis hin zu den Nachbarn einzuladen. Dies galt als Zeichen der typischen Gastfreundlichkeit unserer arabischen Kultur. Es gab einen Festraum für die Frauen und einen für die Männer. Der Bräutigam kam immer mal wieder zu den Frauen herüber, um mit seiner Braut zusammen gebührend gefeiert zu werden. Ausgelassen gefeiert, getanzt und gegessen wurde in beiden Sälen, die üppig mit roten und goldenen Stoffen ausstaffiert waren. Ich war eine der wenigen Frauen, die kein Kopftuch trugen. Trotzdem waren einige sehr freizügig gekleidet, die aber, genau wie ich, bei Herrenbesuch aus dem Nachbarsaal schnell einen Blazer oder ein Tuch über ihren Kopf und ihre Schultern hängen mussten. Auch leckeres Essen gab es reichlich: Thunfisch auf Reis, gefüllte Weinblätter, Oliven und Brot wurden angerichtet und niemand musste hungrig nach Haus gehen.

Auf dem Fest unterhielt ich mich mit einer Gruppe von verheirateten Mädchen. Sie kicherten, als sie mir freudig erzählten, dass sie mit 13 und 14 Jahren verheiratet wurden. Alle hatten bereits ein bis zwei Kinder auf die Welt gebracht und waren noch minderjährig. Auffallend war, dass diese Mädchen besonders hübsch waren. Auch wenn ich nicht darüber nachdenken wollte, machte ich mir folgende Gedanken dazu: *Kann es sein, dass Mädchen, je hübscher sie sind, umso früher verheiratet werden? Ist die Familienehre in noch größerer Gefahr, je schöner die Frauen sind? Buhlten einige Anwärter deswegen schon sehr früh um die attraktivsten Mädchen?*

Am meisten wunderte mich aber, dass es für diese jungen Ehefrauen normal zu sein schien, diese Art von Leben zu führen. Ich denke, dass sie es schlicht und ergreifend nicht anders kannten, als nach dem Willen der Familie zu handeln. Welche Alternative hätten sie denn auch gehabt ohne Ausbildung und Beistand? Viele von ihnen konnten sich nicht vorstellen, wie mein Leben in Deutschland aussah. Sie waren jedenfalls überrascht, dass ich noch nicht verheiratet war. Keine Frau konnte aus dieser Gesellschaft ausbrechen, ohne daraus eine lebensbedrohliche Situation für sich zu schaffen. Und eine Frau, die es nicht anders kannte, würde den Wagemut, ein anderes Leben führen zu wollen, folglich auch nicht bei ihren Töchtern unterstützen.

Erneut erfüllte mich eine Dankbarkeit darüber, in einem Land leben zu dürfen, das mir Freiheit und Individualität gewährleistete – unabhängig von den Vorstellungen anderer.

Kapitel 20

Während meines Aufenthalts in Jordanien lernte ich auch meine Tante Maisa kennen. Sie war verheiratet, hatte fünf Kinder und war Hausfrau aus Überzeugung. Ihr Mann war IT-Spezialist. Nach dem ersten längeren Gespräch mit ihr wurde uns beiden etwas klar: Wir waren seelenverwandt. Sie war so weitsichtig und liebevoll. Ich konnte ihr mein Herz ausschütten und sie verurteilte mich nicht. Andersherum hatte ich das Gefühl, dass sie mich als ihre Tochter ansah. Als sie mich für ein paar Tage zu sich in ihr Haus einlud, erlaubte meine Mutter es mir überraschenderweise, sie zu besuchen.

Mein Onkel holte mich also einige Tage später mit dem Auto ab und fuhr mit mir durch Irbid, bis wir außerhalb des Stadtkerns an ihrem herrlich gelegenen Haus ankamen. Dieses befand sich an einer mit Palmen bepflanzten Straße und wurde von großen Mauern umschlossen. Als wir den Garten durch eine grüne Tür betraten, begrüßten uns nicht nur Maisas Kinder, die darin spielten, sondern auch der Duft von Rosmarin und Lavendel. Sofort fühlte ich mich, als würde ich den liebevoll gestalteten Garten meines Opas in Hamburg betreten.

Die vielen Gespräche mit meiner Tante und die gut auszuhaltende Wärme, während wir uns entweder im Garten oder aber in ihrem kühlen Haus aufhielten, ließen mich durchatmen. Maisa ermöglichte mir auch, dass ich telefonisch Kontakt zu Christian aufnehmen konnte, von dem ich ihr erzählt hatte. Er nahm trotz der fremden Nummer mit der ungewöhnlichen Ziffernfolge sofort ab. Ohne Umschweife erzählte ich ihm von der Unterhaltung mit meiner Mutter im Bus und den vorgefallenen Übergriffen auf mich. Die Besorgnis auf der anderen Seite des Hörers war zum Greifen nahe, als er sagte: „Ich hätte dich hier bei mir behalten sollen!" Aber ich konnte ihn beruhigen, als ich ihm von meiner Notfalltasche erzählte, die bereitstand, und dass ich inzwischen wusste, wo die Deutsche Botschaft in Amman war. Außerdem hatte ich nun Tante Maisa, die mir helfen würde. Trotzdem war er nicht glücklich. Als er mir jedoch von seinen Bemühungen bei der Wohnungssuche erzählte, änderte sich die Stimmung des Gesprächs. Er verkündete: „Ich habe eine Wohnung für uns gefunden. Sobald du zurück bist, können wir direkt zusammenziehen und unser gemeinsames Leben beginnen." Ich freute mich so sehr darauf und wusste: Mein richtiges Leben würde erst beginnen, wenn ich wieder zu Hause in Deutschland bei Christian war.

Drei Wochen lagen nun schon hinter mir, weitere drei noch vor mir. Je länger meine Mutter keine direkten Versuche startete, mich zu verkuppeln, desto mehr ging ich davon aus, dass sie nur geblufft hatte und meinen Reisepass sowie mein Rückflugticket nach Hamburg noch besaß. Unser nächstes Ziel war, einige Tage in Amman bei einem weiteren Onkel und einer Tante zu verbringen. Im Taxi fuhren wir, wie es dort so üblich ist, mit insgesamt sechs Personen samt Fahrer und viel Gepäck viel zu überladen eineinhalb Stunden dorthin. Meine Geschwister freuten sich mal wieder riesig auf die unbekannte Familie. Für sie war die Reise wunderbar mit all diesen neuen Erlebnissen. Überall standen sie im Mittelpunkt und wurden verwöhnt. In diesem Alter spürten Kinder noch keine großen Einschränkungen.

Auf der Fahrt träumte ich von Christian. Seit ich ihn kannte, also seit fünf Monaten, hatten wir uns zumindest an jedem Wochenende gesehen. Ich vermisste ihn, seine Nähe, seine Zugewandtheit, die Gespräche mit ihm und auch seine körperliche Anwesenheit.

Als wir ankamen, bog das Taxi in eine kleine, sehr gepflegte Seitengasse in einem Stadtteil von Amman ein. In der prallen Hitze der Mittagssonne stiegen wir aus und liefen schnellen Schrittes mit unseren Koffern unserer Mutter hinterher. Sie blieb vor einem kleinen hübschen Mehrfamilienhaus stehen und klingelte. Die Tür öffnete sich und wir betraten das Treppenhaus. Sogleich kam ein junger Mann herunter und begrüßte uns: „Hallo, Tante, bitte lass mich euch beim Tragen der Koffer helfen!" Meine Mutter strahlte. Sie nahm ihn in den Arm und sagte: „Abdullah, du bist ja ein hübscher Mann geworden." Dann drehte sie sich zu mir und meinen Geschwistern um: „Das ist euer Cousin Abdullah!" Meine Geschwister begrüßten ihn gleich überschwänglich, indem sie zu ihm liefen und ihn umringten. Ich hingegen winkte ihm zurückhaltend von der Stelle des Flures aus zu, an der ich stand, und sagte: *„Salamu alaikum."* Er erwiderte meine Begrüßung und schaute mich verlegen an. *Oh, oh! Geht hier etwas vor?* Schnell schaute ich zu meiner Mutter hinüber, die ihn förmlich anhimmelte. Mit bösen Vorahnungen lief ich meinen Geschwistern hinterher, die dem Ruf meiner Tante aus der Wohnung im oberen Stockwerk folgten. Oben angekommen wurden wir herzlich begrüßt.

Erneut hatte ich das Glück, einen Menschen kennenzulernen, der mir mit dem ersten Blick nahestand: Es war meine Cousine Aisha, die Schwester Abdullahs, die extra gekommen war. Wir waren uns sehr ähnlich und verstanden uns sogleich, auch ohne Worte. Aisha war Lehrerin und bereits verheiratet. Sie lebte zusammen mit ihrem Mann ebenfalls in

Amman. Meine Tante zeigte uns ihre große Wohnung und wir brachten unsere Sachen in zwei Zimmern unter. Während wir anfingen, unsere Koffer auszupacken, rief meine Tante: „Ihr Lieben, kommt her! Kuchen und Tee stehen bereit."

Meine Geschwister stürmten ins Wohnzimmer, wo sie gemeinsam die Gastgeschenke überreichen durften. Danach nahmen wir alle Platz und aßen köstlichen *Knafeh*, einen arabischen Kuchen, bestehend aus süßen Teigfäden und einer speziellen Käseart. Der Kuchen zerlief mir regelrecht auf der Zunge, als meine Tante das Wort ergriff: „Zada, du bist eine richtige Frau geworden!" Ich lächelte verlegen. „Dein Cousin Abdullah freut sich seit Monaten darauf, dich endlich kennenzulernen", fuhr sie fort. Fragend blickte ich zu ihm und spürte seine Blicke auf mir. Sofort schaute er verlegen auf seinen Kuchen und aß weiter. Dann sah ich zu meiner Mutter hinüber. *Sie will mich mit meinem COUSIN verheiraten! Das kann sie vergessen!* „Ich freue mich auch sehr", fiel meine aalglatte Antwort aus. Und ich war auf der Höhe – meine innerliche Wachsamkeit sollte sich nun auszahlen.

Ich blickte Abdullah an und fragte: „Bist du, so wie ich, eigentlich auch schon nach dem Islam verheiratet?" Auf einmal herrschte absolute Stille im Raum. Alle Augen waren auf mich gerichtet. Lediglich meine Geschwister störten die Ruhe, nachdem sie dem Gespräch der Erwachsenen lauschten und, als diese kein Wort mehr hervorbrachten, um ein weiteres Stück Kuchen baten. Meine Tante suchte fragend den Blick meiner Mutter, doch die war so geschockt, dass sie nicht darauf reagierte, noch irgendein passendes Wort hätte sagen können. Sie konnte offensichtlich nicht glauben, was da gerade geschehen war. Der Erste, der sich wieder gefangen hatte, war mein Cousin selbst. Er fragte mich: „Du bist schon verheiratet?" Aus seinem Tonfall hörte ich seine Enttäuschung heraus. Er war ein lieber, guter Mann und es tat mir leid, ihn zu enttäuschen. Doch ich setzte noch einen drauf, ohne auf meine Mutter oder irgendjemanden Rücksicht zu nehmen: „Ja, ich habe einen deutschen Mann namens Christian geheiratet!" Um mir meine eigene Unsicherheit nicht anmerken zu lassen, gab ich meinen Geschwistern weitere Stücke des köstlichen Kuchens auf ihre Teller und aß dann an meinem weiter.

Meine Mutter sprach tagelang kein Wort mehr mit mir. Sie ignorierte mich komplett, was mir nur recht sein sollte. Ich war erleichtert, den Mut gehabt zu haben, dieses Statement abzugeben. Nun konnte sie mich hier vermutlich nicht mehr verheiraten, denn ich nahm an, dass sich dieses pikante Detail meines Daseins in Windeseile in der Familie verbreiten würde. Wahrscheinlich würde mich ohnehin nun kein Mann mehr haben wollen. Ich nahm an, dass meine fehlende Jungfräulichkeit mich für andere nun „unantastbar" gemacht hatte. Trotzdem bemühte ich mich um meinen Cousin Abdullah, der mir das alles nicht so übel nahm, dass er sich nicht mehr mit mir hätte abgeben wollen. Wir verbrachten auf freundschaftliche Weise viel Zeit miteinander. Abdullah zeigte mir Amman, wo viel mehr Frauen in westlicher Kleidung herumliefen und ich mich nun viel sicherer fühlen konnte als in Irbid.

Mein Cousin und ich schauten uns zusammen auch viele Spielfilme an und unterhielten uns über Gott und die Welt. Dabei erzählte ich auch immer wieder von Christian, damit keine Hoffnungen für ihn entstehen konnten. Mein Onkel und meine Tante behandelten mich wie zuvor. Ob ihnen das tatsächlich ihre Gastfreundschaft oder ihre Loyalität meiner Mutter gegenüber abgerungen hatte, weiß ich nicht. Vielleicht hatte es klärende Worte zwischen ihnen gegeben. Ich hatte davon zumindest nicht mitbekommen.

Kapitel 21

Meine Freundschaft zu meinem Cousin Abdullah ermöglichte es mir, ein zweites Mal mit Christian zu sprechen, worüber ich sehr dankbar war. Er war so lieb, mir sein Handy zu leihen, nachdem ich mich endlich getraut hatte, ihn darum zu bitten. Es war wunderbar, Christians Stimme zu hören, als er mir von unserer neuen Wohnung erzählte. Wie auch bei unserem letzten Gespräch fühlte ich mich anschließend wieder gestärkt für das, was in Jordanien noch auf mich zukommen sollte.

Nach dem Telefonat ging ich in die große, prächtige Küche meiner Tante, in der man alles fand, was einem die Arbeit erleichterte. Der Geruch von gehackter Petersilie und Zwiebeln stieg mir in die Nase. Ich stellte mich neben meine Mutter und half, Weinblätter mit Reis, Hackfleisch, Zwiebeln, Knoblauch und Petersilie zu füllen, um leckere *Mahshi Warak Inab* zuzubereiten. Ein Teil von mir sehnte sich immer wieder danach, mit meiner Mutter die Dinge besprechen zu können, die mich beschäftigen. Ich hätte ihr nur zu gerne von der neuen Wohnung in Hamburg erzählt, die nun auf mich wartete. Ein anderer Teil in mir redete jedoch laut auf mich ein, er schrie fast: *Du weißt, wie sie reagieren wird! Lass es sein!* Daher schwieg ich wieder einmal. Unser Humor hatte uns oft miteinander verbunden, denn sie hatte denselben wie ich. Aber sonst waren wir einfach zu verschieden. Ich war verzweifelt darüber, dass wir zwar zusammen lachen konnten und doch eine Beziehung zueinander hatten, die uns beiden eigentlich nicht guttat – Mutter und Tochter, die doch eigentlich Fleisch und Blut verband.

Während ich weiter meinen Gedanken nachhing, erschrak ich, als meine Mutter mich ansprach: „Zada, ich möchte übermorgen mit euch nach Akaba reisen und euch das Meer zeigen. Euer Onkel Amir hat uns für die letzten zwei Wochen seine Ferienwohnung überlassen." Tagelang hatte sie nicht mit mir gesprochen und nun das. Ich schaute sie an. Sie aber rollte weiter gefüllte Weinblätter zusammen. *Warum will sie mit uns dorthin? Hat sie wieder etwas vor?* Ein wenig Angst kam in mir hoch und mischte sich mit Wut. Auf Deutsch fragte ich sie mit einem leichten Zittern in der Stimme: „Willst du mit uns dort Urlaub machen oder mich zwangsverheiraten und für immer hier zurücklassen?" Sie hörte auf zu rollen. Leise antwortete sie auf Deutsch: „Ich dich nicht zwangsheiraten mit Mann und hierlassen. Ich deine Mutter. Dir nie so etwas machen. Du dankbar, dass du hast eine so gute Mutter." Den letzten Satz sah ich nicht wie sie, doch den Rest nahm ich ihr ein Stück weit ab. Ich spürte schon länger, dass sich irgendetwas in ihr verändert hatte. Sie zeigte es mir nicht, doch die Übergriffe, die ich auf den Straßen von Irbid erlebt hatte, mussten etwas mit ihr gemacht haben. Vielleicht hatte meine Mutter die Ungerechtigkeiten gegenüber Frauen endlich erkannt. Obwohl ich aufmerksam bleiben wollte, löste sich der schwere Druck in meiner Brust, den ich seit dem ersten Tag unserer Reise verspürte. Sie sagte weiter: „Ich dich nicht mit deinem Cousin heiraten. Er seien nicht gut. Sein Vater haben meiner Schwester angetan ..." In diesem Moment betrat meine Tante die Küche und meine Mutter hörte abrupt auf zu sprechen. *Sein Vater?*, fragte ich mich. Doch in der Wohnung hatten wir keine weitere Gelegenheit mehr, allein zu reden.

Am übernächsten Tag waren unsere Familienbesuche also zu Ende. Die letzten zwei der geplanten sechs Wochen sollte es ein Strandurlaub werden. Nachdem ich von allen herzlich Abschied genommen hatte, ging ich zu meinem Cousin. Ich spürte, dass es ihm schwerfiel, mich gehen zu lassen. *Wie kann ich seinen Schmerz lindern? Wie kann ich ihm zeigen, dass ich ihn mag und er ein guter Mann ist?* Ich reichte ihm meine Hand, denn es gehörte sich nicht, seinen Cousin zum Abschied zu umarmen. Doch er ging einen Schritt auf mich zu, überwand dabei jegliche Distanz zwischen uns und nahm mich in seine Arme. Er sprach kein Wort mit mir, aber das brauchte er auch nicht. Seine Umarmung sagte mehr als tausend Worte, doch diese konnte ich nicht erwidern.

Nach dieser für mich sehr emotionalen Szene stiegen wir ins Auto und fuhren zum Busbahnhof in Amman, wo Überlandbusse anhielten. Der Reisebus nach Akaba war eine Katastrophe. Er war bereits sehr gut besetzt, als wir ankamen. Für unser Gepäck war im Stauraum des Busses kaum mehr Platz, sodass wir eine große Reisetasche auf unseren Platz mitnehmen mussten. Und zu unserem großen Übel war die Klimaanlage ausgefallen. Wir saßen verteilt in verschiedenen Reihen im Bus. Meine Mutter mit der Tasche und meinem Bruder saß unmittelbar vor mir, meine beiden Schwestern saßen auf der anderen Seite schräg vor uns. Es fühlte sich seltsam an, nur für mich zu sein. Sonst musste ich mich immer um mindestens ein Geschwisterteil kümmern. Nun saß ich neben einem fremden Mädchen, dem ich, bevor ich Platz nahm, höflich zunickte.

Vor Abfahrt des Busses war eine verschleierte Frau eingestiegen und bot jedem, der wollte, einen Flyer mit vielen wunderschönen Landschaftsfotos und arabischen Beschriftungen an. Ich fand es schade, dass ich die Schriftzeichen nicht gut genug lesen konnte, nahm aber trotzdem einen und vertiefte mich in die schönen Bilder. Als der Bus losfuhr, neigte ich mich nach vorne zu meiner Mutter und fragte sie: „Mama, wo ist das?" Ich zeigte mit meinem Zeigefinger auf drei verschiedene Fotos des Flyers. Sie drehte den Kopf zu mir und erwiderte stolz: „Das ist hier in Jordanien." Überrascht schaute ich sie an und sie schien förmlich aus sich herauszuwachsen: „Zada, Jordanien bietet mehr, als du denkst!" Sie zeigte auf das erste der drei Fotos, auf dem eine Felsenstadt abgebildet war, und erklärte: „Das ist *Petra*, eines der sieben Weltwunder." Ungläubig entgegnete ich: „Was? Eines der sieben Weltwunder ist hier in Jordanien?" Sie lachte: „Ja, das ist hier in Jordanien und das zweite, das du siehst, ist *Dana*, eine wunderschöne Stadt aus Stein und Lehm in einem Naturreservat." Dann zeigte sie auf das dritte Bild und fuhr voller Stolz über ihre Heimat fort: „Und das hier ist *Wadi Ram*, eine Wüstenlandschaft mit einzigartigen Schluchten." Ich war begeistert. „Diese Landstraße führt an fast allen dieser Orte vorbei und das Ende führt zu unserem Ziel – Akaba am Roten Meer", erklärte sie mit einem Lächeln.

Das Gespräch mit ihr fühlte sich so leicht an. Wir unterhielten uns einige Zeit über dieses schöne Land, bis ich ein weiteres Thema anschnitt: „Mama, warum ist unsere Tante nicht mitgekommen? Ihr beide habt euch doch so gut verstanden." Augenblicklich verschwand ihr Lächeln. Sie antwortete mir auf Deutsch, damit uns niemand im Bus verstehen konnte, dass mein Onkel meiner Tante vor einigen Wochen verkündet hatte, dass er eine zweite Frau zur Braut nehmen wollte. Er hatte sie um ihre Zustimmung gebeten, denn im Islam muss die erste Frau damit einverstanden sein. Natürlich war sie das nicht gewesen. Doch er drohte ihr, wenn sie ihm ihr Einverständnis verweigere, ließe er sich von ihr scheiden und würde sie auf die Straße setzen. „Dieser verdammte Mistkerl!", sagte meine Mutter wortwörtlich und meinte weiter, dass ihre Schwester ihm fünf Kinder geschenkt und in den letzten 25 Jahren alles für ihn getan hatte. Ihre Wut und Trauer darüber waren offensichtlich. Das Gesicht meines Onkels kam mir vor Augen. Er wirkte wie ein netter Mann, der den Anschein eines liebevollen Familienmenschen machte. Wie konnte er seine Frau so erpressen? Meine Mutter erzählte mir weiter, dass mein Onkel vor über 25 Jahren meiner Tante versprochen hatte, jeden Monat Geld für sie und ihre Kinder zurückzulegen. Jetzt nahm er jedoch diese Ersparnisse, um die Hochzeit und die Geschenke für seine neue Frau zu finanzieren. In Jordanien war eine Hochzeit ein teures Vergnügen.

Meine Tante hatte nicht mit uns mitkommen wollen, weil sie so verletzt war und darüber regelrecht trauerte. Keines der Kinder wurde bis jetzt darüber informiert, nicht mal mein Cousin wusste davon. Nun verstand ich, warum im Blick meiner Tante so viel Hoffnung gelegen hatte, ihren Sohn gut verheiratet zu wissen. Vielleicht sogar verbunden mit dem Wunsch, dass er nach Deutschland mitgehen könnte. Aber auch der Wandel meiner Mutter war nun erklärbar, da sie das Leid und die Hilflosigkeit dieser ihr nahestehenden Frau sehen musste.

„Zada, versuch dich jetzt auszuruhen. Wir fahren noch über vier Stunden. Könntest du aber bitte deinen Bruder für eine Weile auf den Schoß nehmen?", fragte sie. Zum Glück war mein Geschwisterchen von der Wärme und der Aufregung der Reise müde und fiel gleich in den Schlaf, als ich ihn zu mir nahm. Ich selbst lehnte mich so gut es ging in meinen Sitz. Als wir nach mehreren Stunden endlich in Akaba ankamen und sich die Türen des Busses öffneten, spürte ich die Seeluft, die sich wie eine leichte Brise um uns herumbewegte und alle belebte.

Akaba liegt an einem Seitenarm des Roten Meeres. Die Ferienwohnung des Onkels war großzügig und herrlich gelegen. Wir hatten zwar keinen direkten Blick aufs Meer, aber es war nicht weit entfernt. Und wenn es Nacht wurde und die Stadt leiser, hörten wir das Meeresrauschen. Tatsächlich verbrachten wir die meiste Zeit am Strand. Doch auch dort war es uns Frauen nicht erlaubt, in einem Bikini oder Ähnlichem herumzulaufen. Meine Mutter trug während der gesamten Reise lange Kleider, sodass ihre Arme und Beine bedeckt waren. Ein Kopftuch trug sie jedoch nie. So ähnlich hatte ich mich in Irbid und Amman auch gekleidet. Hier am Strand wollte ich jedoch ein wenig freizügiger sein, was mir meine Mutter auch erlaubte. Also trug ich ein T-Shirt und eine Art Bermudashorts, die bis über meine Knie reichte.

Erstaunlich fand ich, dass nur ganz wenige Menschen badeten. Sowohl Männer als auch Frauen hielten sich am Strand auf, einige waren voll verschleiert. Manche von ihnen saßen mit Plastikstühlen am Wellensaum und hielten ihre Füße ins Wasser. Den Frauen war es egal, ob ihr Kleidersaum nass wurde, denn wenn sie baden gingen, so taten sie dies mit all ihren Kleider am Leib, die sie trugen, und nur um sich abzukühlen. Es war warm genug, um danach an der Luft zu trocken. Ich nahm an, dass es nicht üblich war, schwimmen zu lernen. Keine der Frauen schwamm im Meer und ihre langen Kleider hätten sie im nassen Zustand wahrscheinlich ohnehin eher unter Wasser gezogen. Die Männer dagegen, die schwimmen konnten, trugen in der Regel ein Unterhemd und kurze, locker anliegende Hosen. Meine Geschwister konnten sich ebenfalls freier bewegen. Sie spielten ausgelassen im Sand und konnten auch diesen Teil der Reise in vollen Zügen genießen. Während dieser letzten Etappe auf unserer Reise war die Beziehung zu meiner Mutter so wie immer – mal war sie unnahbar und mal konnten wir zusammen scherzen und lachen. So entspannt war unser Familienleben insgesamt allerdings noch nie gewesen.

Als der Urlaub mit meiner Mutter zu Ende ging, war ich sehr froh, als wir in Amman am Flughafen ankamen. Der Urlaub war sehr aufregend gewesen und endete nun glücklich für mich, doch zu Hause wartete meine große Liebe. Christian und ich hatten, nachdem meine Mutter mir in Akaba meine Wertsachen, darunter mein Handy, wiedergegeben hatte, sehr viel miteinander telefoniert.

Am Tag der Abreise hatte meine Mutter schlechte Laune. Ihre Stimmung machte mir Sorgen, besonders, als es am Schalter der Airline zu Schwierigkeiten kam. Obwohl alle fünf Tickets auf dem Tresen lagen, meinte der Mitarbeiter der Fluggesellschaft: „Laut unseren Angaben fehlen Ihnen zwei Tickets für Ihre Familie." Sofort spannte sich mein ganzer Körper an. *Oh nein. Was ist jetzt los? Hat meine Mutter doch noch etwas auf Lager?* Er starrte sehr lange auf seinen Monitor, bis er sagte: „Oh, das tut mir leid, da ist bei uns was nicht korrekt verbucht. Aber ich habe eine Lösung. Es können zwei aus Ihrer Familie in der ersten Klasse sitzen. Ist Ihnen das recht?" Meine Mutter blickte zu mir herüber und sagte: „Zada, du und deine kleine Schwester, ihr nehmt diese Plätze." Perplex schaute ich sie an. *1. Klasse? Wahnsinn!*

Zwei Stunden später saßen wir beide dort. Unsere Sitzplätze waren superbreit, man konnte die Füße hochlegen und wir durften uns ein Drei-Gänge-Menü aussuchen. Ich hatte meiner Mutter und meinen beiden weiteren Geschwistern gegenüber jedoch ein schlechtes Gewissen. Am liebsten hätte ich den Sitzplatz mit ihnen geteilt. Meine kleine Schwester war ganz aufgeregt. Sie winkte meiner Mutter und meinen Geschwistern zu, die einige Reihen hinter uns saßen. Dazwischen war ein Vorhang, der später die erste von der zweiten Klasse zumindest optisch teilen sollte. Die Düfte unserer warmen Mahlzeit würden daran bestimmt keinen haltmachen. Meine Schwester schaltete mit meiner Hilfe einen Kinderfilm

in ihrem Sitzplatzfernseher ein und ließ sich mit den Kopf-
hörern auf dem Kopf bequem in den Flugzeugsessel fallen.

Angespannt beobachtete ich die Flugzeugtür und wünschte mir nichts sehnlicher, als dass sie endlich geschlossen würde. Solange sie offenstand, hatte ich immer noch ein unsiche-
res Gefühl. Das war bestimmt unbegründet, aber Gefühle
sind nun mal nicht rational. Erst als die Tür geschlossen wurde, wir unsere Sicherheitsanweisung erhielten, der Pilot uns
herzlich in der Maschine begrüßte und wir auf die Startbahn
rollten, war es um mich geschehen. Jetzt konnte ich nicht
mehr aufhören zu lächeln. Ich freute mich so auf Christian.
Nun konnte ich mich ebenfalls in diesen wunderbaren Sessel
fallen lassen und den Rückflug nach Deutschland genießen.
Ganze sechs Wochen war ich hier. Was für eine Zeit!

Kapitel 22

Das Flugzeug landete in Deutschland und nach diesem Wochenende würde die Schule wieder beginnen. Fest auf deutschem Boden zu stehen, gab mir wieder die Sicherheit und Unabhängigkeit zurück, die alle meine Entscheidungen begleitet hatten. So sehr ich Jordanien auch liebte mit seiner Schönheit, seiner Wärme, der Gastfreundlichkeit der Menschen, die sich immer mal wieder völlig unerwartet auch Fremden gegenüber zeigte, und der beeindruckenden familiären Verbundenheit – hier in Deutschland konnte ich als Frau selbstbestimmt leben und mich dabei sicher fühlen. Und da mich die Angst, zwangsverheiratet zu werden und in Jordanien zurückzubleiben, nicht mehr beherrschte, wollte ich meiner Mutter gleich am nächsten Tag unserer Ankunft reinen Wein einschenken. Ich wollte aus der Familienwohnung ausziehen. Alles war bereits mit Christian besprochen. Die neue Wohnung wurde in meiner Abwesenheit renoviert und Christian hatte zumindest bereits ein Bett und die nötigen Utensilien für die Kücheneinrichtung besorgt.

Lange hatte ich darüber nachgedacht, wie ich es anstellen könnte, meiner Mutter meinen Auszug mitzuteilen, ohne ein Drama auszulösen. Allerdings war ich auch bereit, ein Drama auszuhalten, wenn meine Mutter eines anzetteln sollte. Auf jeden Fall musste ich es kurz machen, was bedeutete, dass ich, nachdem sie erfahren hatte, dass ich gehen würde, auch tatsächlich gleich gehen konnte. Meine Geschwister wollte ich da raushalten. Meiner ältesten Schwester gab ich ein wenig Geld und bat sie, kurz nach dem Frühstück mit ihren Geschwistern ein Eis essen zu gehen. Als meine Mutter und ich allein in der Wohnung waren, ging ich zur ihr. Mein Koffer stand bereits neu gepackt, fertig zur Mitnahme bereit da und Christian wartete vor der Wohnungstür. Meine Mutter saß auf der Couch und sah eine arabische Soap. Es wirkte so, als wäre sie nie weg gewesen, was ich erschreckend fand.

Mir war klar, dass ich sie emotional verletzen würde, doch darauf konnte ich nun keine Rücksicht nehmen. So weiterzumachen wie bisher, war für mich undenkbar. Also sagte ich: „Mama, können wir reden?" Sie rührte sich nicht. Zufrieden mit der Welt schaute sie weiter auf den Fernseher. „Mama, ich werde heute ausziehen und mit Christian zusammenziehen. Er wartet vor der Tür auf mich. Ich werde jetzt gehen." Entsetzt schaute sie mich an, denn sie hatte mich wohl verstanden. Hektisch griff sie nach der Fernbedienung und machte den Fernseher aus. Sie war tatsächlich überrascht. Langsam wirkten meine Worte und außer sich vor Wut sprang sie vom Sofa auf und sagte laut: „So dankst du es mir, dass ich dich nicht verheiratet habe in Jordanien? Ich hätte dich mit irgendeinem Penner verheiraten und dich dort lassen sollen." Das Drama nahm Fahrt auf und ich wollte es nicht noch befeuern. Ich wandte mich ab, denn ich wusste, es hätte keinen Sinn gemacht, weiter mit ihr darüber zu reden. Unsere Vorstellungen von der Welt waren einfach zu verschieden.

Bevor ich das Wohnzimmer verließ, sagte sie: „Wenn du gehst, dann sind du und Christian ab sofort dazu verpflichtet, euch finanziell um mich zu kümmern. Ich habe dich auf die Welt gebracht, damit du dich um mich kümmerst und nicht dein eigenes Leben führst. **Ich bin deine Mutter!** Du schuldest mir was!" Das ging nun zu weit und ich konnte nicht an mich halten: „Ich schulde *dir* etwas? Nein, ich schulde dir gar nichts! Du bist keine gute Mutter!" Enttäuscht erwiderte sie: „Keine gute Mutter? Wenn du wüsstest. Meine Mutter war immer schrecklich zu mir. Ich habe dich so viel besser behandelt wie sie mich. Du bist so undankbar. Hätte ich dich doch nie auf die Welt gebracht! Doch ob du willst oder nicht, ihr werdet mir jeden Monat Geld überweisen. Ein Kind muss sich um seine Mutter kümmern. Dein Freund ist Soldat und verdient daher bestimmt genug. Sag es ihm." Ich ging einen Schritt auf sie zu und stellte klar: „Weder ich noch er werden dir monatlich Geld geben. Es mag sein, dass das üblich ist in den arabischen Ländern. Doch wir sind hier in Deutschland. Wenn du Geld willst, dann geh, wie alle anderen auch, arbeiten!" Empört schüttelte sie den Kopf und ich drehte mich um und ging zur Tür.

Dann sagte sie: „Zada, du bist eine Schande für die gesamte Familie. Wenn du jetzt gehst, hast du keine Familie mehr. Christian wird dich irgendwann für eine deutsche Frau verlassen und auch dann brauchst du nicht mehr hierher zurückkommen. Ich werde allen sagen, dass meine Tochter gestorben ist! Du darfst deine Geschwister nie wiedersehen!" Gerade noch hatte ich meine Hand am Türknauf und war somit nur einen Schritt weit von Christian entfernt. *Meine Geschwister.* Damit hatte sie meinen doch so gut vorbereiteten emotionalen Schutzpanzer geknackt und traf einen wunden Punkt. Ich drehte mich zu ihr um und erwiderte: „Das hast du nicht zu entscheiden!" Wissend, dass sie damit eine Macht über mich ausüben konnte, sagte sie: „Doch, ich werde ihnen sagen, dass du sie im Stich gelassen hast, und das auch noch für einen Deutschen! Wenn du jetzt gehst, wirst du sie nie mehr sehen." Ich war außer mir. *Wie kann sie mir das antun? Wie kann sie das meinen Geschwistern antun? Zada, bleib ruhig, sie wird diese Macht nicht haben.* Diesen Streit wollte ich schnellstmöglich beenden. Je mehr Worte jetzt fielen, desto schwieriger würde es werden, sich danach wieder begegnen zu können. Deswegen sagte ich: „Mama, ich würde mir wünschen, dass wir weiterhin Kontakt zueinander haben könnten. Ihr seid meine Familie, doch ich will jetzt meinen eigenen Weg gehen." Doch meine Worte konnten sie nicht überzeugen. Sie schrie so laut, dass auch Christian es hören konnte: „Deinen eigenen Weg? Du bist eine arabische Muslima! Du darfst nicht deinen eigenen Weg gehen!"

Ohne darauf zu antworten, nahm ich meine Sachen, drehte mich um und ging in das Treppenhaus zu Christian.

Die Fahrt in die neue Wohnung war nicht tränenreich gewesen, wie man hätte denken können. Mit allem, was mir widerfuhr, schien ich im Kern härter zu werden. Ich wusste genau, was ich wollte und was nicht. Somit musste ich auch den Preis akzeptieren, den ich dafür bezahlte, und daraus erwuchs mein Selbstbewusstsein. Da ich meine Gefühle der Enttäuschung nicht unterdrücken wollte, weinte ich dennoch für einen kurzen Moment auf der Rückfahrt. Christian konnte sich nur einen Reim aus dem heftigen arabischen Hörspiel machen, das er hinter der Tür mitanhören musste. Als ich mich beruhigt hatte, erzählte ich ihm, was geschehen war. Er hatte sich ein Wiedersehen nach sechs Wochen bestimmt anders vorgestellt. Doch er war so lieb und hatte Blumen besorgt, die auf dem halbhohen Schrank unserer neuen Einbauküche standen, wie ich bei unserer Ankunft in der neuen Wohnung feststellte. Daneben standen Sektgläser, die auf ein Anstoßen auf die Zukunft warteten. Es dauerte auch nicht lange und ich verdrängte, was an diesem Tag geschehen war. Meine Entscheidung war getroffen und sie war richtig. Es fühlte sich so gut an, jetzt hier zu sein mit ihm. Die vielen Wochen, die wir voneinander getrennt waren, hatten unsere Freude auf uns nur verstärkt. Ab jetzt begann die Zukunft.

Und die Neugierde und Aufregung, nun hier in einem völlig neuen Leben angekommen zu sein, überwogen.

Von meinem neuen Wohnort aus gelangte ich nicht so schnell zur Schule. Ich wollte mein Leben aber nicht vollständig verändern und meine Freundinnen, meine Schulklasse sowie meine Lehrerinnen und Lehrer sollten als Konstanten bleiben. Also besuchte ich weiterhin meine alte Schule. Mein Alltag war gut ausgefüllt mit der Schule und meinem Job, darüber hinaus betrieb ich Sport. Einige Monate, nachdem wir zusammengezogen waren, wurde Christian allerdings im Rahmen seiner Ausbildung in eine besondere Einheit versetzt. Somit konnten wir uns erneut nur noch an den Wochenenden oder im Urlaub sehen.

Kapitel 23

Obwohl ich im Alltag gut beschäftigt und damit abgelenkt war, sehnte ich mich dennoch danach, so oft wie möglich mit Christian zusammen zu sein. Und er sehnte sich nach mir. Also entschieden wir uns dazu, nach dem Abschluss meines Schuljahres gemeinsam Hamburg zu verlassen und in die Nähe seiner neuen Einheit zu ziehen. Somit musste er nicht mehr in der Kaserne schlafen, da wir eine schöne, geräumige Wohnung fanden. Mir war klar, dass er Abwesenheiten für Einsätze oder Lehrgänge haben würde und wir uns dadurch über einen gewissen Zeitraum oder sogar einen längeren Zeitraum hinweg erneut nicht sehen würden. Aber aufgrund der Tage, an denen er regulären Dienst haben sollte, wir zusammen morgens aufstanden, uns nach der Arbeit sehen konnten und die Nächte gemeinsam verbrachten, war mir dieser Schritt wert. Unser gemeinsamer Alltag wurde folglich endlich leichter und wir lebten, wie ein glückliches Paar in Deutschland lebte.

Während Christian an seiner beruflichen Karriere arbeitete, wollte auch ich mich weiterentwickeln. Nach dem Umzug begann ich deswegen eine kaufmännische Lehre bei einer deutschen Firma für regenerative Energien in der Nähe unserer neuen Wohnung. Das Abitur an einer neuen Schule weiterzuverfolgen, um danach zu studieren, kam für mich nicht mehr infrage. In dem Bundesland, in das wir zogen, herrschten andere Schulregeln. In Hamburg hätte ich nur noch ein Jahr die Schule besuchen müssen, um die Fachhochschulreife zu erreichen. Wo wir nun lebten, verlangte das Schulsystem, dass ich die gesamte Oberstufe erneut durchlaufen müsste. Mit dem Gedanken, noch weitere drei Jahre die Schulbank zu drücken, konnte ich mich nicht anfreunden und entschied mich daher gegen die Fachhochschulreife. Lange hatte ich jedoch Sorge, dass ich diese Entscheidung vielleicht irgendwann bereuen könnte, da ich mir das Abitur zu absolvieren so fest vorgenommen hatte. Es war für mich zum Symbol für Freiheit und Unabhängigkeit geworden, weil es eine solide Grundlage für einen guten Berufsweg darstellte. Heute weiß ich, dass es für mich und meinen Werdegang die richtige Entscheidung war, nicht weiter zur Schule zu gehen.

Ich bekam mit, dass ein großer deutscher Konzern Stipendien für Auszubildende anbot und bewarb mich darum. Dafür hielt ich einen Vortrag über mögliche Messepräsentationen zu erneuerbaren Energien für die USA, deren Interesse, alternative Energiequellen zu nutzen, zu dieser Zeit sehr gering war. Und tatsächlich erhielt ich einen Zuschlag für eines der höchstdotierten Stipendien, welches ausgeschrieben war, und konnte damit einen Auslandsaufenthalt während meiner Ausbildung bei einem Unternehmen in Kalifornien finanzieren. Zudem besuchte ich für meinen Arbeitgeber viele Orte in ganz Europa und unzählige Städte innerhalb Deutschlands. Aber auch durch unsere Urlaube, die manchmal nur traumhaft waren, erkundete ich andere Länder, denn Christian war genauso neugierig wie ich. Gemeinsam entdeckten wir die Welt unter Wasser und ich machte sogar einen Tauchschein. Christian besaß bereits einen und die folgenden anstehenden Urlaube nutzten wir, um die schönsten Tauchparadiese zu besuchen. Doch nicht nur das Wasser hatte es uns angetan, auch die Luft begeisterte uns. Begonnen hatte es mit einem Tandemsprung aus einem Flugzeug aus 4.000 Metern Höhe. Was für ein Wahnsinn! Adrenalin pur! Die Wirkung dieses

Erlebnisses hielt wochenlang an. Ich war so begeistert, dass ich mithilfe eines Lehrers sogar Sprünge im freien Fall und mit eigener Landung machen konnte.

Als Kind hätte ich mir nie vorstellen können, solche Dinge in meinen Leben zu tun. Aus finanziellen Gründen hatten mein Bruder und ich nicht in einen Sportverein eintreten dürfen, stattdessen wurden wir vor den Fernseher gesetzt. Das war wohl auch der Grund, warum wir damals, im Gegensatz zu unserem Umfeld, körperlich ein wenig unbeholfen wirkten. Ich musste mich immer sehr anstrengen, um halbwegs mit den anderen mithalten zu können. In der Schule hatte ich als Kind trotzdem einen riesigen Spaß beim Sportunterricht und als junge Frau ging ich joggen und betrieb Kraftsport. So erhielt ich langsam nicht nur eine gute Kondition, sondern lernte auch die nötige Disziplin und das Geschick, die ich für die beiden Sportarten brauchte.

Was sich in meinem Leben ebenfalls weiterentwickelte, war ein neues Bündnis zwischen Frauen. Ich war sehr glücklich darüber, von nun an Personen an meiner Seite zu haben, von denen ich wusste, dass sie wahre Freundinnen waren. Sie waren auch eine Stütze für mich, wenn Christian oftmals viele Monate aufgrund der Auslandeinsätze nicht zu Hause war. Mit ihnen konnte ich offen über meine Vergangenheit sprechen. Viele konnten und können es nach wie vor nicht glauben, dass ich mit ihnen auf der Couch sitzen und ganz kultiviert ein Glas Wein trinken konnte und dabei über meine Kindheit sprach. Oft war ich einfach dankbar, dass ich so leben konnte, wie ich es tat. Ich genoss jeden Tag in dem Bewusstsein, keine Angst mehr haben zu müssen, dass ich für etwas abgestraft wurde, weil es in den Augen meiner Mutter *haram* war. Zu diesem Zeitpunkt glaubte ich, dass meine Vergangenheit mir nicht mehr wehtun konnte. So dachte ich zumindest.

Ein weiterer Meilenstein wurde in meinem neuen Leben gesetzt, als Christian mit bereits 26 Jahren Berufssoldat wurde. Aufgrund seiner speziellen Ausbildung war er nun örtlich gebunden. Wenige Wochen später entschieden wir uns deswegen dazu, ein Grundstück in einem Neubaugebiet zu kaufen und ein Haus darauf zu bauen. Wir erzählten Christians Eltern von unserem Vorhaben, zu denen wir eine sehr harmonische, liebevolle Beziehung pflegten. Christians Familie war über die Jahre auch zu meiner Familie geworden, denn sie nahmen mich so an, wie ich war. Eines Tages kündigten sie einen Besuch an, um mit uns auf unser Leben, so wie sie es formulierten, anzustoßen. In Wirklichkeit hatten sie einen anderen Grund, uns zu treffen. Sie besuchten uns über das Wochenende und schliefen, so wie immer, in unserem Gästezimmer. Dieses glich eigentlich eher einer größeren Abstellkammer mit einem Fenster, aber Christians Eltern waren sehr genügsam und die gemeinsame Zeit mit uns reichte ihnen. Nachdem wir in der Küche gemeinsam gekocht hatten, stellte sich dann beim Nachtisch der wahre Grund ihres Besuches heraus. Schon oft hatten wir uns gemeinsam ausgemalt, wie es wäre, wenn wir näher beieinander wohnen würden. Nun wollten sie diese Fantastereien wahr werden lassen und fragten uns, wie wir es fänden, wenn sie das Nachbargrundstück in dem Neubaugebiet erwerben und wir dort ein gemeinsames und doch in zwei vollkommen getrennte Wohneinheiten gestaltetes Haus bauen würden. Für mich glich ihre Frage einer Liebeserklärung. Christians Eltern waren bereit, noch einmal ganz neu anzufangen, um mit uns zusammenleben zu können. Beiden war es beruflich und finanziell möglich, sodass einem Zweigenerationenhaus nichts im Wege stand. Dass jemand bereit war, so eine Veränderung auf sich zu nehmen, um uns, ja, auch mir, so nahe zu sein, ließ mir die Tränen in die Augen schießen. Voller Freude entschlossen wir uns also dazu, dieses gemeinsame Vorhaben zu realisieren.

Die Bauphase des Großprojektes war sehr anstrengend. Gleichzeitig befand ich mich in den Abschlussprüfungen meiner Ausbildung, was alles zusätzlich erschwerte. Doch die Vergangenheit hatte mir gezeigt: Wenn man etwas wirklich will und sich nicht beirren lässt, dann kann man vieles schaffen. Als ich schließlich unser gemeinsames neu gebautes Haus betrat, war ich gerade einmal 23 Jahre alt. Und wenn das Leben viel von einem verlangt, so macht es auch Geschenke, durfte ich in dieser Zeit feststellen: Nachdem Christians Onkel gestorben war, entschloss sich auch seine Tante dazu, sich zu uns zu gesellen. Es war geradezu perfekt, denn zufälligerweise wurde das gerade gebaute Haus auf dem Nachbargrundstück zum Verkauf angeboten und sie konnte es erwerben. Christians Tante wurde für mich eine zweite Tante Maisa, mit der ich ein ebenso starkes emotionales Verhältnis aufbauen konnte wie zu meiner Schwiegermutter.

Kapitel 24

„Blut ist bekanntlich dicker als Wasser!" Diesen Spruch hatte ich mir in meiner Jugend einige Male anhören müssen. Oft hatte ich mir gewünscht, dass ich so empfinden könnte. Doch mit meiner Familie eng verbunden zu sein, war mir nicht möglich gewesen – und daran hatte sich auch nach meinem Auszug nichts geändert.

Während die ersten Jahre mit meinem Christian vergingen, herrschte zwischen mir und meiner Mutter ein Kalter Krieg. Hin und wieder hatten wir Momente, in denen wir uns aufeinander zubewegten, doch schnell lösten sich unsere Annäherungen durch neue Dramen in Luft auf. Ich telefonierte so oft ich konnte mit meinen Geschwistern und besuchte sie. Eines Tages rief mich mein kleiner Bruder an, der zu diesem Zeitpunkt elf Jahre alt war. Er wimmerte am Telefon und sagte mir, dass er sich ungeliebt fühlte und etliche Beleidigungen und Schläge von meiner Mutter erhielt. Ich konnte genau nachempfinden, wie erniedrigt und einsam er sich fühlen musste.

Wenige Tage später erzählten mir meine Geschwister, dass ein Elternsprechtag bevorstünde, an dem die Eltern Einzelgespräche mit den jeweiligen Klassenlehrern führen konnten. Zu diesem Zeitpunkt verstanden meine Mutter und ich uns gut. Ich erzählte ihr von einem neuen Bildungspaket für sozialschwache Familien, damit deren Kinder kostenlose Nachhilfe erhalten konnten. Diese schlug ich für meine Geschwister vor und sie war damit auch einverstanden unter der

Bedingung, dass ich den notwendigen Antrag besorgte und ausfüllte. Meine Mutter hatte jedoch kein Interesse, den Elternsprechtag zu besuchen, da sie keinen Sinn darin sah. Ich hingegen betrachtete Bildung nach wie vor als Dreh- und Angelpunkt einer gesicherten Zukunft und als richtigen Schritt, um sein Leben in die Hand nehmen zu können. Daher entschied ich mich, zum Elternsprechtag zu fahren, um von den Lehrern zu erfahren, wie es um meine Geschwister stand.

Der Weg nach Hamburg war lang, doch ich nahm mir einen Urlaubstag und fuhr in einem Rutsch direkt zur Schule meiner Geschwister. Es verwirrte mich, dass sie inzwischen auf eine Sonderschule gingen, und ich fragte mich, ob meine Mutter diese wohl ausgewählt hatte, weil sie bequem genau vor ihrer Haustür lag. Nachdem ich den gepflegten großen Schulhof überquert hatte, öffnete ich die Eingangstür des Schulgebäudes und lief in den Flur der Sechstklässler. Überall hingen Kunstprojekte der Schülerschaft an den Wänden. Ich ging bis zum Ende des Ganges, wo der Klassenraum meiner kleinen Schwester lag. Einen Moment wartete ich, dann öffnete ein Lehrer die Tür und bat mich herein. Lächelnd betrat ich den Raum, stellte mich vor und setzte mich zu ihm auf die gegenüberliegende Seite des Lehrerpults. Er war ein junger Mann mit blonden Haaren, blauen Augen und einer schwarzen Brille. Verwundert fragte er mich: „Sie sind also die große Schwester?" Ich bejahte. Dann nahm er seine Brille ab, klappte sie zusammen und meinte: „Ich weiß nicht, was Sie sich genau mit Ihrem Besuch erhoffen. Um ehrlich zu sein, habe ich für Ihre Schwester kaum Hoffnung, wenn sich an ihrem Lernverhalten nichts gravierend ändert. Ihre schulischen Leistungen sind so schlecht, dass sie kaum den Hauptschulabschluss, und das auch noch hier auf einer Sonderschule, schaffen könnte. Ich unterrichte Ihre andere Schwester ebenfalls, allerdings nur in Deutsch. Bei ihr sieht es nicht besser aus. Beide machen so gut wie keine Hausaufgaben und sprechen gebrochenes Deutsch, obwohl sie hier in Deutschland geboren wurden. Sie können mit ihren Klassenkameraden nicht mithalten." Entsetzt über diese klaren Worte musste ich mich erst einmal fassen. Damit hatte ich nicht gerechnet. Ich erzählte dem Lehrer von dem staatlichen Schülerhilfeprogramm und bat ihn um eine schriftliche Bestätigung über die Leistungen meiner Schwester, um diese dem Antrag hinzuzufügen. Er wollte meiner Schwester das Schreiben in der folgenden Woche mitgeben, wofür ich mich bedankte.

Als ich zum nächsten Elterngespräch meiner anderen Schwester erschien, bestätigte ihr Lehrer, was mir der erste bereits mitgeteilt hatte. Lediglich mein Bruder, der Kleinste, der in der vierten Klasse war, ließ Hoffnung in mir aufkommen. Sein Klassenlehrer sagte, dass er zwar auch große Probleme hätte, doch sehr an sich arbeitete. Beide Lehrer waren ebenfalls bereit, bis zur folgenden Woche die Schreiben für die Schülerhilfe vorzubereiten.

Nachdem ich alle Gespräche geführt hatte, ging ich zur Wohnung meiner Mutter. Die Umgebung war mir so vertraut und ließ Erinnerungen in mir wach werden. Als ich vor der Tür des Wohnblocks stand und klingelte, fühlte ich mich wie das kleine Kind von früher. Auf der Fahrstuhlfahrt zur Wohnung versuchte ich mein Gefühl abzuschütteln und wieder die zu werden, die ich war: eine erwachsene Frau, die vor allen Dingen ihre Mutter nicht zu fürchten brauchte! Als die Wohnungstür aufging, stand sie vor mir und bat mich herein. Genauso wie früher versuchte ich sofort ihre Stimmung auszuloten: Sie war in Vorfreude auf einen netten Abend. Sie war gerade dabei, sich zu schminken, um zu einer Freundin zu fahren. Während sie sich weiter hübsch machte, sagte ich ohne Umschweife zu ihr: „Mama, wie verabredet komme ich gerade vom Elternsprechtag. Die Lehrer meinten, dass alle drei große Probleme hätten, vor allem die Mädchen. Die Lehrer werden nächste Woche allen ein Schreiben mit nach Hause geben, damit sie, wie ich dir am Telefon erklärt habe, die benötigte Nachhilfe erhalten. Du fandest die Idee gut, erinnerst du dich? Hier ist der Antrag. Wenn du die Erklärungen der Lehrer hast, dann kannst du sie in diesen Briefumschlag legen und abschicken. Der Brief ist frankiert und es ist alles vorbereitet." Ich sah meiner Mutter an, dass sie genervt war. Sie schüttelte den Kopf und sagte: „Warum sollte ich das tun? Von euch Kindern kriegt man sowieso nichts wieder. Das sieht man am besten an dir, Zada." Verwirrt schaute ich sie an. Entschieden fuhr sie fort: „Ich werde deine Schwestern, wenn sie 16 Jahre alt sind, nach dem Islam verheiraten. Dann habe ich meine Ruhe vor euch Kindern." In mir stieg eine Wut hoch, von der ich hoffte, sie nie mehr spüren zu müssen. *Ganz ruhig bleiben, Zada.* „Das ist doch nicht dein Ernst!?", entgegnete ich ihr. Sie zog ihren Lidstrich zu Ende und sagte, ohne mich dabei anzusehen: „Deine Schwestern sind Gott sei Dank nicht so widerspenstig wie du. Sie gehorchen im Gegensatz zu dir. Diesen Quatsch, diese Unterlagen für die Schülerhilfe kannst du wegschmeißen. Deine Geschwister brauchen so etwas nicht. Obwohl? Ich überlege mir noch, ob vielleicht Mohammed ein wenig Hilfe braucht. Mal sehen."

Enttäuscht über meine Machtlosigkeit und die Tatsache, dass sich nichts geändert hatte, verließ ich Hamburg wieder. Es war ein langer Weg zurück nach Hause. Die nächsten Wochen dachte ich viel darüber nach, wie ich meinen Geschwistern helfen konnte, denn natürlich hatte meine Mutter die Papiere für die Nachhilfe nicht weitergeleitet, auch nicht für meinen Bruder.

Kapitel 25

Als ich wieder zu Hause mit einer Freundin bei einer Tasse Kaffee zusammensaß, erzählte ich ihr von den Problemen in meiner Familie. Entsetzt sagte sie sofort: „Zada, du musst das Jugendamt um Hilfe bitten!" Anfänglich fand ich den Gedanken abwegig, doch dann kam ich zu der Überlegung, dass ich nicht mehr so viele Möglichkeiten hatte, von hier aus etwas ausrichten zu können. Ich wollte das Jugendamt also zumindest um Rat fragen. Im Internet fand ich die Telefonnummer des Amtes und konnte mich nach einigen telefonischen Umwegen schließlich an den richtigen Mitarbeiter wenden. Mein Ziel war, dass meine Mutter den nötigen Druck von außen erhielt, um gezwungenermaßen eine bessere Mutter für meine Geschwister zu werden. Sie sollte sie mehr fördern oder ihnen zumindest nicht im Wege stehen, damit meine Geschwister ihre schulischen Leistungen verbesserten. Außerdem dürfte sie auch nicht die Möglichkeit bekommen, ihre Drohung in die Tat umzusetzen und meine Schwestern zwangszuverheiraten. Ich hoffte, dass das Jugendamt meine Mutter und meine Geschwister einige Male im Jahr besuchen würde, um ein Auge auf sie zu haben.

Als ich nun den richtigen Mitarbeiter am Telefon hatte, teilte ich ihm mit, dass ich anonym anrief und mich erst einmal beraten lassen wollte. Ich erklärte ihm meine verschiedenen Anliegen und betonte ausdrücklich, dass ich durch meinen Anruf unter keinen Umständen erreichen wollte, dass das Jugendamt meine Geschwister meiner Mutter wegnehmen würde. Aus eigener Erfahrung wusste ich, wie schmerzhaft diese Erfahrung für alle gewesen war. Daraufhin teilte mir der Mitarbeiter mit, dass das Jugendamt die Kinder nur aus einer Familie herausnehmen würde, wenn das Kindeswohl gefährdet wäre. Das war, Gott sei Dank, zu diesem Zeitpunkt und soweit ich es beurteilen konnte, nicht der Fall. Dann bat er mich ganz unverfänglich darum, ihm zu sagen, auf welche Schule meine Geschwister gingen. Als ich ihm diese mitteilte, nannte er mir gleich ihre Namen. Ich erschrak. *Woher weiß er das?* Ich hatte ihm weder meinen Namen gesagt, noch hätte er irgendeine Verbindung zu mir herstellen können. Dann sagte er: „Ihre Geschwister sind bei uns bereits bekannt. Die Schule hat uns verständigt." Er war einverstanden, meiner Mutter einen Besuch abzustatten, und versicherte mir, diesen Anruf zu verschweigen. Ich offenbarte ihm, wer ich war, und er wollte sich danach bei mir melden. Nach unserem Gespräch atmete ich auf und dachte, es wäre der richtige Weg gewesen, das Amt zu verständigen.

Doch leider lief alles schief. Das Jugendamt kündigte sich meiner Mutter eine Woche vorher an. Somit hatte sie genug Zeit, um sich einen Plan auszudenken. Wenn sie wollte, war sie eine geschickte Schauspielerin und wusste genau, worauf es ankam.

Nachdem der Mitarbeiter des Jugendamtes mit einer Kollegin meine Familie besucht hatte, meinte er: „Ja, bei Ihrer Mutter läuft nicht alles so, wie es laufen sollte, doch wir sehen keinen Grund, um ihr regelmäßige Besuche abzustatten." Vor Aufregung fing ich an zu stottern: „Aber, aber warum? Ich habe Ihnen doch genau, genau erklärt, wie die Situation bei meiner Mutter ist. Ist das, das denn nicht Grund genug?!" Nüchtern antwortete er: „Nein, wir sehen bei Ihren Geschwistern nicht, dass das Kindeswohl gefährdet ist. Da sie alles zum Leben erhalten, werden wir nicht weiter vorgehen."

Ich fing an zu weinen. Das bedeutete nun, dass meine Geschwister genau das Gleiche durchmachen mussten wie ich, oder aber noch schlimmer, sich all den Entscheidungen meiner Mutter zu beugen hatten. Enttäuscht sagte ich deswegen: „Ihre Lebensperspektive ist doch gefährdet. Wieso reicht das denn nicht aus?" Mitfühlend erwiderte der Mitarbeiter: „Ja, das könnte wohl so sein, aber wir haben beim Jugendamt einfach nicht genug Mitarbeiter, um drei bis vier Mal im Jahr ihre Familie zu besuchen und zu betreuen. Wir wenden nur das Schlimmste von den Kindern ab, damit haben wir genug zu tun." Ich dachte jedoch anders darüber. *Ist es denn nicht auch schlimm, den Rest seines Lebens unter den Bedingungen, unter denen man aufgewachsen ist, zu leiden? Und für meine Schwestern würde eine Zwangsheirat eine lebenslange Entmündigung bedeuten!* Nach seiner Erklärung verabschiedete sich der Mitarbeiter und legte auf.

Noch am selben Tag erhielt ich einen Anruf auf meinem Handy von meiner Mutter. In diesem Moment fuhr ich gerade auf den Parkplatz vor unserer Wohnung. Kaum war der Motor aus, nahm ich ab. „Zada, sag mir nicht, dass meine eigene Tochter so eine Verräterin ist und das Jugendamt zu ihrer eigenen Familie geschickt hat!", schrie sie in den Hörer. Ich verneinte, doch sie wurde noch lauter: „Doch, du verdammte Hündin. Ich hätte dich töten sollen! Ich bin mir sicher! Wieso hast du das getan?" In diesem Moment setzten ihre üblen Beschimpfungen etwas in mir frei. Ich ertrug sie einfach nicht länger und fing ebenfalls an zu schreien: „Ja, ich war das, weil du die schrecklichste Mutter bist, die es auf der Welt gibt! Was du mir angetan hast in all den Jahren und nun tust du das Gleiche meinen Geschwistern an. Wie kannst du nur? Das Jugendamt hätte dir übrigens nie die Kinder weggenommen, weil ihr Kindeswohl bei dir nicht gefährdet ist. Das Jugendamt hätte dir helfen sollen, dass aus ihnen was Gutes wird. In

Deutschland gibt es so viele Möglichkeiten und du verbaust ihnen alle!" Angewidert antwortete sie: „Ich werde deinen Geschwistern sagen, dass du wolltest, dass sie ins Heim gehen. Nie wieder wirst du deine Geschwister sehen. Du bist nicht mehr meine Tochter! Jedem, der nach dir fragt, werde ich sagen, dass du nicht mehr meine Tochter bist. Ich werde einen Mann bezahlen, der zu dir nach Hause kommt und dich töten wird!" Dann schrie sie laut in eine andere Richtung: „Habt ihr gehört, Kinder! Eure Schwester Zada wollte, dass ihr mir weggenommen und ins Heim geschickt werdet! Das wollte sie euch antun!" Ich hörte, wie meine Geschwister im Hintergrund über mich schimpften. Schnell legte ich auf. Meine Mutter hatte mich über ihre Handynummer angerufen. Hektisch wählte ich die Festnetznummer und hoffte, dass ich eins meiner Geschwister erreichen würde. Meine kleine Schwester nahm ab. Mit ihr hatte ich ein tolles Verhältnis gehabt und sie respektierte mich wie eine Mutter. Aufgeregt erklärte ich: „Jamila, du darfst Mama nicht glauben, was sie gesagt hat. Schreib dir schnell meine Handynummer auf, damit du mich heimlich anrufen kannst!" Wütend schrie sie mich jedoch an: „Zada, wir hassen dich! Wir wollen dich nie wiedersehen. Ruf uns nie wieder an!" Danach legte sie auf. *So hatte keiner der drei Kleinen je mit mir gesprochen.*

Wie ein Haufen Elend saß ich im Auto. Christian war leider im Ausland, an seine Schulter konnte ich mich also nicht anlehnen. Meine Gedanken überschlugen sich: *Was soll ich jetzt nur machen? Wann hat das Leid mit meiner Familie endlich ein Ende?*

Der Tag war für mich gelaufen. Alle schrecklichen Gefühle aus meiner Kindheit hatten mich wieder eingeholt. Die darauffolgende Nacht schlief ich sehr unruhig und wachte öfters aus einem Traum auf, indem mich jemand verfolgte. Vor dem nächsten Einschlafen nahm ich mir vor, im Traum selbst nicht mehr wegzulaufen, sondern stehenzubleiben und mich umzudrehen, um zu sehen, wer oder was mich verfolgte. Am nächsten Morgen hatte ich noch ganz intensiv das Gefühl meines Traumes in mir, doch ich fühlte mich auch erleichtert, denn ich wusste nun, was zu tun war. Ich hatte einen Entschluss gefasst: *Ich möchte nie wieder Kontakt zu meiner Mutter haben. Nie wieder. Sie tut mir nicht gut. Wir beide tun uns nicht gut.* Doch diese Entscheidung hatte seinen Preis. Auch meine Geschwister waren nun für mich verloren und das tat sehr weh. Durch Umwege erfuhr ich, dass meine Mutter ihre Handy- und Festnetznummer geändert hatte, damit ich sie nicht mehr erreichen konnte. Dasselbe tat ich auch, weil ich nicht wollte, dass sie mich je wieder anrufen konnte.

Trotzdem versuchte ich, den Kontakt zu meinen Geschwistern nicht ganz abbrechen zu lassen, denn meine Sehnsucht nach ihnen war groß. Ich schickte ihnen zu ihren Geburtstagen und zu Weihnachten Pakete mit Geschenken, bunten Grußkarten und lieben Worten. Doch nie erreichte mich eine Antwort von ihnen. Daraufhin fragte ich mich: *Hätte ich meine Handynummer doch nicht ändern sollen? Vielleicht haben meine Geschwister versucht, mich zu erreichen? Nein, die Entscheidung war gefallen und sie war richtig.* Im zweiten Jahr schickte ich ihnen Briefe. Doch wieder erhielt ich keine Antwort. Ich traute mich nicht, zu ihnen zu fahren, denn tatsächlich hatte ich Angst vor einer Ablehnung. *Was wäre, wenn sie mich erneut beschimpfen?* Etwas, das sie nie zuvor gemacht hatten. Sie hatten in mir immer einen Zufluchtsort gesehen. Hinzu kam, dass ich meine Mutter nie mehr sehen wollte. Für alles fand ich immer eine Lösung, doch diesmal entschied ich, dass es vielleicht besser war, keine zu finden.

Nach diesen zwei Jahren unternahm ich keine weiteren Versuche mehr, Kontakt zu meinen Geschwistern zu bekommen. Stattdessen versuchte ich, nur noch den Vorteil der neuen Situation zu sehen: Meine Mutter und ich hatten niemanden mehr, der uns verband, auch nicht meinen Zwillingsbruder. Beide hatten einige Zeit nach unserem 18. Geburtstag angefangen, sich nach all den Jahren hin und wieder zu treffen. Doch dann hatte meine Mutter ihn, stur wie sie war, vor die Wahl gestellt: „Sie oder ich." Sie warnte ihn: „Falls du dich für sie entscheiden solltest oder auch nur unparteiisch bleiben willst, wärst du ebenfalls ein Verstoßener für mich. Deine drei Geschwister haben sich für mich entschieden. Sie haben auch gesagt, dass sie Zada ein Messer in den Bauch rammen werden, wenn sie sie sehen." Für meinen Bruder stand jedoch fest, dass er sich nicht erpressen lassen wollte. Er entschied sich folglich für mich und sah unsere Mutter seitdem nie wieder.

Meine Mutter schaffte es auch, die ganze Familie in Jordanien dazu zu bringen, den Kontakt zu mir abzubrechen. Selbst meine geliebte Tante Maisa verlor ich. Dadurch, dass ich nun niemanden mehr hatte, der mir von meiner Mutter persönliche, familiäre Dinge erzählen konnte, erfuhr ich auch von keinen Dramen mehr. Und das tat mir trotz der schwierigen Entscheidung, die ich getroffen hatte, gut. Ich fühlte mich endlich viel leichter und freier. Meine Familie war nun Christians Familie. Und der zweite Anker in mein Leben war mein Bruder. Er kannte meine Herkunft, meine familiäre Vergangenheit und er war mein geliebter Zwilling.

Nun, nach all diesen Jahren, fühlt es sich an, als ob ich in einem vorherigen Leben mit meinen Geschwistern gelebt habe. Von ihnen dreien ist mir wenig geblieben. Was ich stets in mir bewahre, sind die Erinnerungen an unsere gemeinsame Zeit, in der wir oft lachten, auch wenn sie bei mir häufig Trost und Schutz vor meiner Mutter suchten. Eine kleine schwarze Katzenfigur erinnert mich an eine meiner Schwestern. Diese hatte sie in der Schule getöpfert. Sie war so stolz darauf gewesen und überreichte mir das Geschenk mit ihrer süßen Stimme: „Das habe ich für dich gemacht, Zada." Von meinem kleinen Bruder habe ich ein Foto in meinem Portemonnaie, das in Jordanien gemacht wurde. Einer meiner Onkel hatte bei unserer Ankunft eine Kamera dabei und Tante Maisa hatte dafür gesorgt, dass wir einige der Bilder erhielten.

Meine Mutter war nie wieder Teil meines Lebens geworden. Doch der schwerste Preis, den ich für meine Freiheit zahlen musste, war, mich für mich zu entscheiden und somit meine Geschwister im Stich gelassen zu haben. Bis heute weiß ich nicht, was aus ihnen geworden ist.

Kapitel 26

Noch bevor ich aus Hamburg weggezogen war, hatte mein Vater wieder Kontakt zu mir aufgenommen und ich hatte mich über die Zeit gefreut, die wir miteinander verbrachten. Sie war mir kostbar, da es mir so wichtig war, wenigstens einen Elternteil zu haben. Deshalb hielt ich auch nach meinem Wegzug aus Hamburg den Kontakt zu ihm aufrecht.

Bei unseren Treffen hörte ich ihm zu und versuchte nachzuvollziehen, was er mir erzählte. Ein Thema dominierte stets unsere Gespräche: dass es nicht richtig sei, mit Christian in wilder Ehe zu leben, dass wir im Islam heiraten müssten und ich nach dem Islam leben sollte. Er wünschte sich, dass ich eine gute Muslima werden würde, doch das konnte ich ihm nicht versprechen. Aus Respekt vor ihm verheimlichte ich ihm, dass ich gar keinen Glauben besaß. Ich hatte mich einfach nie zum Islam, aber auch zu keiner anderen Glaubensrichtung hingezogen gefühlt. Jedes Mal versuchte ich deswegen, ihn mit anderen Themen abzulenken, damit wir uns unterhalten konnten wie ein gewöhnlicher Vater mit seiner Tochter.

Trotz der Annäherung zu meinem Vater blieb das Haus meines Sidos für mich nach wie vor eine Tabuzone. Meine Großeltern besuchte ich aber meist einmal im Jahr, wenn wir vorher verabredeten, dass ich heimlich das Familienhaus betreten durfte. Nun war ich älter geworden und konnte meine Bindung zu Oma und Sido festigen. Mein Großvater hatte seine eigene Meinung zu meiner Lebensführung. Auch er war der Meinung, dass ich ein Leben wie eine gute Muslima führen sollte. Aber er überließ mir die Verantwortung für meine Entscheidung. Welche Tragweite diese seiner Ansicht nach hatte, erläuterte er mir einmal und danach ließ er mich damit in Ruhe. Er erzählte mir dabei auch von der Hölle, an die er glaubte. Und doch konnte er mich respektieren und mir seine vielen guten Weisheiten, die er im Leben gesammelt hatte, als Angebot darreichen, um mich auf die Welt vorzubereiten. Er verurteilte mich nicht, denn das könnte aus seiner Sicht nur Gott. Ich wünschte mir, dass mein Vater ebenfalls so tolerant gewesen wäre.

Eines Tages bat mich mein Vater darum, Christian kennenlernen zu dürfen. Das freute mich riesig und ich schloss daraus, dass er sich mit dem Gedanken angefreundet hatte, wie ich mein Leben führte. Er schien mich wahrzunehmen und vielleicht sogar ein Stück weit ernst zu nehmen. Das erste Treffen fand auf neutralem Boden statt und wir besuchten unseren Lieblingsitaliener in Hamburg. Wider Erwarten verstanden sich mein Vater und Christian auf Anhieb gut. Mein Vater war wie ausgewechselt. Er gab sich sehr kultiviert, war höflich und sogar lustig. Als Christian aufstand, um zum WC zu gehen, neigte sich mein Vater jedoch entsetzt zu mir und sagte: „Das kann doch nicht dein Ernst sein, dass du unehelich mit einem Mann zusammenlebst! Du musst ihn im Islam heiraten!" Die Freude verging mir wie so oft mit einem Mal. Nun war er wieder der Baba, der mich unter Druck setzen wollte. *Warum will er Christian denn überhaupt kennenlernen?* Meine Antwort auf seine stete Forderung war immer dieselbe: „Wir werden im Islam heiraten, wenn wir standesamtlich heiraten. Und diesen Zeitpunkt bestimmen wir selbst."

Ein anderes Erlebnis mit meinem Vater hinterließ tiefe

Narben in mir. Mit den Mitteln des Stipendiums, das ich bekommen hatte, wollte ich im Rahmen meiner Ausbildung nach San Francisco reisen. Ich freute mich riesig darauf und war richtig stolz auf mich gewesen, dass alles so gut arrangiert zu haben. Als ich meinem Vater davon berichtete, wünschte ich mir, dass auch er stolz auf mich sein würde. Er schien sich jedoch um meine Sicherheit in Amerika zu sorgen. Dies nahm ich zunächst positiv auf, denn schließlich machte er sich Gedanken über mich. Was er dann jedoch einige Wochen vor meinem Abflug zu mir sagte, zerrüttete unsere zarte Bindung erneut. Als ich ihm um die Kontaktdaten eines Teiles unserer Familie in Kalifornien bat, wollte er sie mir nicht geben. Für mich hätte es ein wenig Sicherheit bedeutet zu wissen, dass ich für den Fall der Fälle einen Onkel in der Nähe als Ansprechpartner gehabt hätte. Er jedoch sagte zu mir: „Was?! Auf gar keinen Fall! Ich will nicht, dass sie erfahren, was für eine Schande du bist, und dass du unsere Familienehre befleckt hast." Meine Sicherheit war ihm nicht so wichtig wie sein Ruf vor der Familie. Ich hatte zwar einen Vater, mit dem ich spazieren und arabisch essen gehen konnte oder mich über aktuelle Themen austauschen konnte, aber mehr konnte ich einfach nicht erwarten.

Vier weitere Jahre vergingen und mein Vater blieb genauso dickköpfig wie ich. Er versuchte weiterhin, mich dazu zu drängen, Christian im Islam zu heiraten, damit wir nicht in die Hölle kämen. Aber durch den Druck meiner Familie verging uns schlicht und ergreifend die Lust auf das Heiraten.

In unserem sechsten Beziehungsjahr unternahmen Christian und ich eine Reise nach Jordanien, denn ich wollte ihm dieses wunderschöne Land zeigen. Was ich damals in diesem Prospekt in dem Bus nach Akaba gesehen hatte, bewahrheitete sich vollends und gemeinsam erlebten wir, wie wunderbar Jordanien sein konnte. Als wir wieder in Deutschland landeten und uns mit dem Auto auf dem Weg nach Hause machten, schaltete ich den Flugmodus meines Handys aus und sah, dass ich einen Anruf meines Vaters verpasst hatte. Sofort erinnerte ich mich an unser letztes Treffen. Mein Vater war krank geworden und hatte sich nach einer Herz-Kreislauf-Erkrankung einer Operation unterziehen müssen. Danach hatte ich ihn im Krankenhaus besucht und trotz der Umstände war es ein schöner Besuch gewesen. Wir hatten uns einfach unterhalten können, ohne dass es wieder um das eine, anstrengende Thema ging.

Nun wurde ich im Auto sitzend ganz still und dachte nach, bis es einfach aus mir herauskam: „Christian, ich kann selbst nicht glauben, dass ich das sage." Kurz hielt ich einen Moment inne und fragte mich, ob ich es wirklich ernst meinte. Doch dann fuhr ich fort: „Ich möchte endlich Frieden mit meinem Vater. Wer weiß, wie lange er noch mit seiner Erkrankung leben wird. Ich wünsche mir, dich endlich mit zu meinen Großeltern nehmen zu dürfen und auch mit meiner Familie und dir einen schönen Tag verbringen zu können. Wann wir standesamtlich heiraten, überlasse ich voll und ganz dir. Aber würdest du bitte darüber nachdenken, ob wir im Islam heiraten können?" Christian warf mir kurz einen nachdenklichen Blick zu und schaute dann wieder schnell nach vorne auf die Straße. „Ich denke darüber nach. Es verwirrt mich ein wenig, weil es dem widerspricht, wofür du stehst. Andererseits verstehe ich deine Motive. Dein Vater ist auch nicht so schlimm wie deine Mutter. Daher kann ich nachvollziehen, dass du es gerne diesem Elternteil recht machen möchtest. Deine Großeltern würde ich natürlich auch gerne kennenlernen." Er schnaufte einen Moment. *Mein armer Christian. Er hat es nicht leicht mit mir.* Es tat mir leid, was er alles mit mir durchmachen musste, und gleichzeitig war ich ihm dankbar, dass ich ihm das wert war. „Ja, ich überlege es mir", antwortete er schließlich. Mir war klar, dass es schwach erschien und vielleicht war es auch so. Doch der Gedanke daran, dass mein Vater sterben könnte und wir nicht im Reinen auseinandergegangen waren, setzte mir zu.

Als wir abends in unserem schönen Zuhause angekommen waren, sagte Christian zu mir: „Mäuschen, es wäre in Ordnung für mich, dass wir im Islam heiraten!" Voller Freude umarmte ich ihn und war so glücklich über seine Entscheidung. Mir war klar, dass er es nur mir zuliebe tat, denn er war jemand, der seinen Prinzipien immer treu blieb.

Somit war der erste Schritt getan. Nun war es an der Zeit, meinen Vater über die gute Neuigkeit zu informieren. Gespannt nahm ich mein Handy in die Hand und rief meinen Baba an. Nachdem er abnahm, sprudelten meine Worte wie ein Wasserfall aus mir heraus. Als mein Vater begriff, worum es ging, freute er sich sehr. Jedoch machte ich ihm in dem Gespräch auch eines deutlich: „Baba, ich knüpfe dies an eine Bedingung: Du stellst keine weiteren Anforderungen mehr, weder an unsere zukünftigen Kinder noch mischt du dich in andere Entscheidungen, die wir treffen, ein. Ich sage es jetzt geradeheraus: Wir werden die Kinder nicht nach dem Islam erziehen. Das ist unsere Angelegenheit! Christian und ich werden nur nach dem Islam heiraten, wenn du mit dieser Bedingung einverstanden bist." Mein Vater ließ regelrecht einen Seufzer der Erleichterung erklingen und antwortete: „Zada, sobald du im Islam geheiratet hast, endet meine Verantwortung vor *Allah*. Es geht mir nur darum, dass ihr es tut. Wie du dich für was entscheidest und woran ihr glaubt, ist die Angelegenheit von deinem Mann und dir." Somit waren beide Seiten geklärt und er hatte seine eigentliche Motivation offenbart, die ihn jahrelang dazu gebracht hatte, mich zu drängen,

Christian nach dem Islam zu heiraten. Nun konnte er endlich aus seiner Verantwortung vor Allah entlassen werden. Mehr wollte er nicht.

Kapitel 27

Nur wenige Wochen später war der Imam bereits bestellt und damit stand der Termin fest. Mir war es wichtig, keine große Sache daraus zu machen. Wir wollten uns lediglich in der Wohnung meines Babas treffen, ohne Gäste und ohne Feierlichkeiten. Ich wollte weder Henna auf meine Hände auftragen noch mich besonders schick anziehen. Also entschied ich mich dazu, an diesem Sommertag eine gewöhnliche Jeans und eine Bluse anzuziehen. Die islamische Trauung sollte für Christian und mich keinen Hochzeitsersatz darstellen, sondern einfach ein Akt der Versöhnung mit meiner Familie sein.

Christian und ich fuhren also nach Hamburg und parkten in einer Seitenstraße wenige Gehminuten vom Haus meiner Familie entfernt. Durch die lange Autofahrt war uns der kleine Spaziergang willkommen. Meine Freude darüber, Christian endlich mein Familienhaus zeigen zu können und meinen Großeltern vorzustellen, war groß. Aber auch die Aufregung vor der bevorstehenden Zeremonie wühlte mich auf. Als der Zaun, über den prächtige Büsche wuchsen und der das Grundstück meines Sidos umrandete, in Sichtweite kam, wurde mir ganz warm ums Herz. Wie sehr hatte ich diesen Ort vermisst. *Ich bin wieder zu Hause,* musste ich denken. Christian öffnete das Tor am Gartenzaun und ließ mich zuerst durch den Torbogen gehen. Dieser war von einem alten Rosenbusch umrankt, der gerade blühte. Der Duft, den die Rosen verströmten, stieg in meine Nase und ich hatte ein

Déjà-vu: Mit knapp 16 Jahren war ich diesen Weg gegangen, um meinen Vater nach jahrelanger Trennung wiederzusehen. Diesmal jedoch hoffte ich, nicht die Abweisung zu erfahren, wie ich sie damals erlebte. Es war erneut ein Sommertag und die Atmosphäre in diesem Garten hüllte mich wie in einem Märchen ein. Weiße Hortensienblüten säumten rechts und links den Weg zum Haus, der mittlerweile erneuert worden war und nun mit beigen Mosaikplatten die Richtung vorgab. Als ich sah, dass Christian genau wie ich in den Bann dieses Gartens gezogen wurde, nahm ich seine Hand und wir fühlten uns sehr nah und miteinander verbunden. Ich wusste durch die Telefonate mit meinen Großeltern, dass mein Opa nach wie vor und trotz seines Alters für all das Wunderbare an diesem Ort verantwortlich war. Es hatte sich in den letzten sechs Jahren nur wenig verändert.

Anscheinend hatte uns mein Vater schon vom Fenster aus erblickt, denn bevor wir klingeln konnten, öffnete er uns strahlend die Tür. Er begrüßte Christian höflich mit einem Händedruck, legte dabei seine andere Hand auf Christians Schulter und gratulierte ihm: „*Mabruk*, dass du heute so eine tolle Frau zur Braut nimmst!" „Danke", erwiderte Christian mit einem Lächeln. Danach wandte sich mein Vater mir zu und sah mich liebevoll an. Er nahm mich in den Arm, so wie er es noch nie zuvor getan hatte, und machte mich damit so glücklich. In seiner Wohnungstür stehend erwartete uns bereits seine Frau und begrüßte uns höflich. Wir wurden gebeten, im Wohnzimmer Platz zu nehmen, und als wir die Stube betraten, erwarteten uns arabischer Kaffee, Tee und die herrlichsten *Baklavas*. Ihre Gastfreundschaft erfreute mich und meine zurückhaltende Einstellung gegenüber diesem „Termin" wurde etwas aufgelockert.

Bevor wir jedoch auch nur einen Schluck arabischen Kaffee trinken konnten, klingelte es an der Tür. Mein Bruder kam zuerst herein und begrüßte mich und Christian herzlich. Über die Jahre hatten wir uns gegenseitig besucht und waren uns, seitdem wir uns als Kinder erneut gefunden hatten, nie mehr fremd geworden. Danach betraten zwei Männer das Zimmer. Ich erschrak, als ich meinen Onkel erkannte, denn mit ihm hatte ich nicht gerechnet. Sechs Jahre hatte ich ihn nicht mehr gesehen oder etwas von ihm gehört und nun erschreckte mich sein Anblick. Er schien es nicht leicht gehabt zu haben, was ich aufgrund seines stark gealterten und verhärmten Gesichts vermutete. Er kam mit dem Imam der hiesigen Moschee auf uns zu, der einen freundlichen, offenen Eindruck machte und Christian und mich zu unserer Entscheidung beglückwünschte. Mein Onkel sprach mich an: „Zada, du bist jetzt eine richtige Frau geworden. Ich freue mich, dass du vernünftig geworden bist." *Vernünftig, wie bitte?!* Ich nickte ihm freundlich zu, ohne auf seine Bemerkung einzugehen. Jetzt war nicht der richtige Zeitpunkt für verletzte Eitelkeit.

Dann bat mein Vater darum, dass wir alle Platz nahmen, und forderte uns auf, uns etwas von den Leckereien auf dem Wohnzimmertisch zu nehmen. Wir kamen seiner Aufforderung nach und die Frau meines Vaters verschwand in der Küche. Nach diesem kurzen Schmaus erklärte der Imam: „Wir sind heute zusammengekommen, um euch vor *Allah* zu vermählen. Hierzu ist es Brauch, dass zwei männliche Zeugen die Trauung bekunden können. In eurem Fall sind es dein Onkel und dein Bruder. Dein Vater ist dein Vormund, Zada!" Dabei schaute er zu mir herüber. Dann sagte er zu Christian: „Bevor wir euch trauen können, musst du, Christian, vom Christentum zum Islam konvertieren." Christian nickte. In diesem Moment überkam mich ein schlechtes Gewissen, denn die Religion zu wechseln, war alles andere als eine Kleinigkeit. Mein wunderbarer Christian – was er nicht alles auf sich nahm! Aus meiner damaligen Sicht stellte sich das so dar: Er war mit sich im Reinen und dazu bereit, ohne ein grundlegendes Problem für sich und andere daraus zu machen. Dieser Mann liebte mich, ja, tatsächlich mich! Meine Gewissensbisse verflüchtigten sich und erneut wurde mir klar, wie wertvoll Christian für mich war.

Der Imam sprach zuerst ein kurzes Gebet und erklärte Christian danach: „Du musst einen Satz aussprechen. Es ist das Glaubensbekenntnis und heißt auf Arabisch *Schahada*." In wohlklingendem Arabisch sprach er dieses also vor und übersetzte es anschließend auf Deutsch: „Ich bezeuge, dass es keinen Gott außer Gott selbst gibt, und ich bezeuge, dass Mohammed der Gesandte Gottes ist." Christian versuchte so gut es ging, die arabischen Worte nachzusprechen und machte seine Sache gut, so fand ich. Der Imam war mit dem Ergebnis jedoch nicht einverstanden und wiederholte die Worte mit der Bitte, dass Christian sie noch einmal aussprechen sollte. *Und was soll das jetzt hier werden? Soll er noch einen arabischen Sprachkurs absolvieren?* „Könnten sie langsamer sprechen?", bat Christian. Dann wiederholte der Imam die Worte erneut und Christian überraschte mit seiner Aussprache, als er die *Schahada* ein zweites Mal zitierte. Stolz schaute er mit einem Augenzwinkern zu mir herüber, als wollte er sagen, dass er ein guter Araber werden könnte. Dieses Mal genügte es dem Imam und er sagte: „Gut, herzlichen Glückwunsch. Somit bist du ein Muslim. Nun kommen wir zur Vermählung." Verwundert schauten Christian und ich uns an, denn wir hatten von Bekannten gehört, dass man einen neuen islamischen Vornamen wählen musste, wenn man zum Islam konvertierte. Doch er fragte uns nicht nach diesem.

Für einen Moment herrschte Stille. Dann fragte der Imam: „Gibt es einen Ehevertrag und eine Morgengabe?" Überrascht über diese Frage verneinte ich diese sogleich, woraufhin der

Imam nickte und erneut ein Gebet sprach. Dann schaute er zu meinem Vater hinüber. Er wies ihn an, meine Hand zu nehmen und sie in Christians Hände zu legen. Meinem Baba schien diese Handlung unendlich viel Last von seinen Schultern zu nehmen, denn er strahlte förmlich, als er meine Hand nahm und sie an Christian übergab. Ich hingegen fühlte mich wohl, weil Christians Hände meine hielten und ich seine Wärme und seine Ruhe spüren konnte. Nun wurde ich doch tatsächlich von einer männlichen Hand in die nächste gegeben – auch wenn es für mich nur eine symbolische Tat darstellte. Danach fragte der Imam in deutscher Sprache zuerst Christian: „Möchtest du, Christian Wagner, die Ehe mit Zada Abdullahi eingehen?" Dreimal stellte er ihm diese Frage und dreimal antwortete Christian darauf mit einem „Ja". Danach wurde ich dreimal gefragt: „Möchtest du, Zada Abdullahi, die Ehe mit Christian Wagner eingehen?", und antwortete ebenso. Und mit diesen Worten waren wir auf einmal nach dem Islam Mann und Frau. Das Gebet im Anschluss der Trauung las der Imam aus dem Koran vor. Dann gratulierte er uns und unserer Familie, bedankte sich für die Gastfreundschaft und mein Baba brachte ihn an die Tür. Mein Onkel stand nach der Trauung ebenfalls auf, verabschiedete sich und folgte den beiden.

Nun war es vollbracht. Christian und ich entspannten uns, denn die Zeremonie war vorbei. Die Frau meines Vaters betrat die Wohnstube mit einer riesigen Platte *Maloube*, bestehend aus Reis, Fleisch, und Gemüse, und reichte Salat und Joghurt dazu. Dabei ließ sie ein lautes *Zaghrouta* ertönen. Diese unerwartete Geste machte mich erneut sehr glücklich. Wir genossen die Zeit bei meinem Vater und mit meinem Bruder. Sogar meine Stiefmutter setzte sich zu uns und konnte mit uns den Moment genießen.

Mein Vater war so gelöst und freute sich über die gemeinsame Zeit mit uns. So schön kann unser Familienleben sein! Mitten im Gespräch fragte mein Vater Christian plötzlich: „In welchem Hotel schlaft ihr heute?" Verwirrt über diese Frage antwortete er: „Wir schlafen bei Zadas Bruder ..." Mein Bruder schaute mich warnend an. Er war peinlich berührt, da er ahnte, was nun kam. Mein Vater schüttelte den Kopf: „Nein! Das ist eure Hochzeitsnacht! Ihr müsst in einem schönen Hotel schlafen! Ihr könnt doch nicht das erste Mal in der Wohnung vor ihm intim werden!" Mein Lachen konnte ich kaum zurückhalten. Ich wusste nicht, was lustiger war: dass er sich Gedanken über unsere Hochzeitsnacht machte oder dass er annahm, dass wir die sechs Jahre unserer Beziehung enthaltsam gelebt hätten. Mein Vater zog mich vorsichtig an meinem Arm zu sich und sagte auf Arabisch. „Zada, du musst deinem Mann klarmachen, dass ihr in ein Hotel müsst!" Grinsend löste ich mich von ihm und erwiderte spaßend, während ich dabei auf Christian zeigte: „Baba, ich bin ja jetzt nach dem Islam verheiratet. Also bitte kläre das mit meinem Mann!" Dieser schaute mich verwirrt an. Mein Baba hingegen ließ sich nicht beirren und redete nun auf Christian ein. Überrascht von so viel Elan und Überzeugungskraft, die mein Vater an den Tag legte, gab Christian schließlich nach und versprach mit einem Augenzwinkern, die Sache noch einmal zu überdenken.

Meine Stiefmutter überraschte uns anschließend noch mit verschiedenen arabischen Nachspeisen: *Logma*, Teigbällchen mit Honig und Zimt, *Qatayif*, einer Art dünn gebackenen Pfannkuchen, die mit süßem Käse und Trockenfrüchten gefüllt wurden, und *Ma'amoul*, einem Grießgebäck mit Nuss- und Dattelfüllung. Während wir aßen, klingelte es an der Tür. Es war mein Sido. „Jaba, sie kommen gleich zu dir", vertröstete mein Vater ihn respektvoll und ich freute mich darauf, meinen Großeltern endlich Christian vorzustellen. Nach einer kurzen Weile bedankten wir uns bei meinem Vater und seiner Frau für ihre Gastfreundschaft und das leckere Essen und verabschiedeten uns.

Über den Hausflur gelangten wir zur Wohnung meiner Großeltern. Warmherzig und freundlich nahm mein Sido uns in Empfang. Er breitete seine Arme aus und umarmte mich. Meine Oma kam hinzu und legte ihre Arme ebenfalls um uns. Ich genoss es so sehr. Dann begrüßte mein Sido Christian mit einem festen Händedruck. Meine Oma hingegen nahm den langersehnten „Schwiegerenkel" einfach an sich und drückte ihn fest. Da gab es keine Distanz, weder aus Höflichkeit noch aus Fremdheit. Wir alle freuten uns über diese neue Situation und Christian war berührt von dieser Offenheit, die er sonst von meiner Familie nicht kannte.

Als wir das Wohnzimmer betraten, fanden wir erneut einen reich gedeckten Tisch mit allerlei Kuchen und Tee vor. Christian und ich sahen zueinander rüber und dachten dasselbe. *Noch mehr Essen?* Wir nahmen Platz und holten endlich alles nach, worauf wir all die Jahre verzichten mussten. Mein Sido stellte Christian viele Fragen, denn er interessierte sich für ihn. Meine Großeltern erzählten auch von sich und wir führten eines der schönsten Gespräche, das ich je mit ihnen führen durfte. Es kam mir vor, als ob sie in unsere Herzen schauen konnten und Christians und meine Verbundenheit erkannten. Mein Sido und meine Oma zeigten Christian, wie sehr sie von ihm angetan waren und entschuldigten sich bei ihm dafür, dass sie ihn aufgrund unserer Familiensituation erst jetzt einluden. Dann blickte mein Sido zu mir herüber und sagte: „Zada, ich habe viele Männer gesehen, die nichts taugen." Er ballte seine Hand zu einer Faust und fuhr mit ernster, erhobener Stimme fort: „Aber dein Mann, Zada, ist ein richtiger Mann!" Ich freute mich über seine Worte. Christian dagegen war so peinlich berührt, dass er nicht mehr wusste, wo er hinschauen sollte.

Und dann klingelte es schon wieder. Dieses Mal war es mein Onkel, dem Sido an der Tür mitteilte: „Ja, ja, sie kommen in ein paar Minuten zu euch." Als er zurückkam und uns sagte, dass wir im oberen Stockwerk bei meinem Onkel und meiner Tante eingeladen waren, nickte ich bloß, denn über diese Einladung freute ich mich nicht. Aber heute wollte ich den Tag mit meiner Familie genießen und aus Respekt vor ihnen all ihre Einladungen annehmen. Also verabschiedeten wir uns schweren Herzens von meinen Großeltern und gingen eine Etage höher. Mein armer Christian lernte an diesem Tag gleich die gesamte Familie meines Vaters kennen.

Meine Tante öffnete uns freudig und bat uns herein. Als wir das Wohnzimmer betraten, blickten wir in freudig strahlende Gesichter und auf noch mehr Essen. Die gesamte Familie meines Onkels mit allen Cousinen und Cousins wartete auf uns. Im Nu erhielt Christian schon wieder einen Teller mit Reis, Salat, Hummus und Fleischspießen. Er hatte eigentlich darum gebeten, nur eine kleine Portion zu erhalten, doch heute musste er mit der gastfreundlichen Kultur des Nahen Ostens rechnen. Das Gespräch mit meinen Verwandten war so leicht, dass man hätte meinen können, dass nie etwas vorgefallen war. Nach einer Weile klingelte mein Vater bei meinem Onkel und rettete uns damit vor weiteren liebevollen Nötigungen, noch mehr zu essen. Er fragte, ob Christian und ich mit ihm einen Spaziergang zum Friedhof unternehmen wollten, und wir ergriffen sofort seine rettende Hand. Bewegung war das Einzige, was uns jetzt helfen konnte. Erneut verabschiedeten wir uns mit vielen Danksagungen für die Gastfreundschaft unserer Verwandtschaft.

Der Spaziergang mit meinem Baba auf der einen und meinem Christian auf der anderen Seite gab mir seit langem das

Gefühl, wieder eine Familie zu haben – das, was ich immer wollte. Wenige Gehminuten vom Haus entfernt lag der Friedhof, ein grüner Ruheort auch für die Lebenden. Als Kind war ich oft mit meinen Großeltern dort gewesen, um Blumen für die Familie meiner Oma vorbeizubringen, die dort begraben lag. Manchmal säuberten wir die Grabstätte und ich durfte als Kind mit einer kleinen grünen Plastikgießkanne Wasser holen und die Blumen gießen. Und wie so oft hatte ich dabei nasse Füße bekommen. All diese schönen Erinnerungen wurden nun um eine erweitert: ein Spaziergang mit meinem glücklichen Vater und meinem Christian. Auf dem Rückweg trafen wir einen Bekannten der Familie. Mit Stolz stellte mein Vater uns vor: „Das sind meine Tochter Zada und ihr Mann." Dass Christian ein Deutscher war, spielte scheinbar überhaupt keine Rolle mehr für ihn.

Ich hätte vorher nicht gedacht, dass dieser Tag so schön werden würde. Die gesamte Familie hatte sich sehr viel Mühe gegeben, meine Tante und meine Stiefmutter hatten sich so fein gekleidet und wir wurden mit so viel Höflichkeit und Respekt behandelt. Nach dem Spaziergang suchten Christian und ich uns tatsächlich ein Zimmer in einem eleganten Hotel. Dort konnten wir uns erholen – und haben an diesem Tag nichts mehr gegessen.

Kapitel 28

Nach der islamischen Trauung verstand ich mich mit der Familie meines Vaters so gut wie nie zuvor und fühlte mich reich beschenkt. Als Christian einige Zeit später einen längeren Lehrgang im Ausland absolvierte, nutzte ich das Wochenende für einen Besuch meiner Familie in Hamburg. Meinen Bruder hatte ich schon lange nicht mehr gesehen und auch wenn wir regelmäßig telefonierten, wollte ich ihn mal wieder in den Arm nehmen und Zeit mit ihm verbringen.

Als ich im Hause meines Sido ankam, lud mich mein Onkel sofort in seine Wohnung ein. Er wollte mich Babas und seiner Schwester, also meiner Tante, vorstellen, die im Schwarzwald wohnte und ebenfalls zu Besuch in Hamburg war. Ich hatte keine Erinnerungen an sie, aber durch Erzählungen wusste ich, dass wir ihr, als ich vier Jahre alt war, im Schwarzwald einen Besuch abgestattet hatten. Zunächst wollte ich allerdings meinen Vater und meine Großeltern begrüßen. Als ich anschließend die Wohnung meines Onkels betrat, kam meine Tante auf mich zu und umarmte mich zur Begrüßung. Ihre Gesichtszüge waren wie versteinert und es erschien mir, als ob sie noch nie gelächelt hätte. Sie besaß keine einzige Lachfalte. Dazu war sie vom Kopftuch bis zum Saum ihres großen, figurlosen Kleides ganz in Schwarz gekleidet. Wir nahmen mit der restlichen Familie meines Onkels am Wohnzimmertisch Platz und verspeisten eine riesige Wassermelone.

Meine Tante beobachtete mich eine Weile, bis sie zu mir sagte: „Zada, ich würde mich gerne mit dir allein unterhalten.

Können wir einmal auf den Balkon gehen?" „Natürlich", antwortete ich und wusste nicht so recht, worüber sie sich mit mir unter vier Augen unterhalten wollte. Sie schloss die Glastür des Balkons und ich lehnte mich gegen das Geländer. Dann trat sie nah an mich heran und sagte mit einem herrischen Blick: „Ich habe gehört, dass du deinen Freund im Islam geheiratet hast." Stillschweigend nickte ich. Ich wusste nicht warum, aber ich stellte mich ebenfalls gerade hin, um es ihr gleichzutun. Sie fuhr fort: „Du machst unserer Familie Schande. Lass dich von dem Deutschen scheiden! Such dir einen arabischen Mann und heirate ihn!" Ich kann mich nicht mehr genau erinnern, wie ich bei ihren Worten ausgesehen haben muss. Ich war damit abgelenkt, mir vorzustellen, wie wir beide in Wut gerieten – sie über die Familienschande und ich über so viel Übergriffigkeit – und wie wir uns gegenseitig übers Geländer schubsten. Schnell beendete ich das Gespräch und sagte zu ihr: „Das ist meine Angelegenheit und geht dich nichts an." Damit ließ ich sie auf dem Balkon stehen, bedankte mich bei meinem Onkel für die Gastfreundschaft und verabschiedete mich.

Kaum im Flur angekommen, rief ich meinen Bruder an und verabredete mich mit ihm. Innerlich kochte ich: *Das kann doch nicht wahr sein – obwohl ich im Islam geheiratet habe, gibt es immer noch Menschen, die uns im Wege stehen!* Dann stieg eine Angst davor in mir auf, dass diese Tante Stimmung gegen mich in der Familie machen könnte und ich wieder von vorne anfangen müsste. Als ich meinen Bruder von seinem Büro abholte, drückte ich ihn fest an mich. Ihm konnte ich immer alles erzählen. Als ich ihn losließ, sprudelte das Erlebnis mit meiner Tante schon aus mir heraus. Im Gegensatz zu mir explodierte mein Bruder förmlich. Sofort nahm er sein Handy und rief unseren Sido an. Sehr impulsiv erzählte er ihm, was seine Tochter zu seiner Enkeltochter gesagt hatte.

Danach meinte mein Bruder zu mir: „Zada, du hast alles getan, was die Familie von dir verlangt hat. Niemand darf es wagen, von dir zu fordern, dich von deinem Mann, den du im Islam geheiratest hast, scheiden zu lassen!" Ich nickte nur, war aber wegen des Telefonats ein bisschen um die Gesundheit meiner Großeltern besorgt. Gemeinsam besuchten wir ein elegantes Restaurant, um unser Wiedersehen zu feiern. Seine Anwesenheit beruhigte mich und nach den ersten guten Gesprächen mit ihm verdrängte ich meine Gedanken an meine Tante.

Mit meinem Vater hatte ich verabredet, dass ich bei ihm schlief. Mein Bruder wohnte nicht mehr im selben Haus, da er sich kurz nach unserer islamischen Trauung sein eigenes Reich geschaffen hatte. Bevor ich die Wohnung meines Vaters betreten konnte, ging die Tür nebenan auf und mein Sido bat mich herein. Ich folgte seiner Bitte und wir setzten uns in die Wohnstube, in der meine Oma bereits auf uns wartete. *Was kommt nun?*, fragte ich mich, als ich in die zornigen Augen meines Sidos blickte. Ernst sagte er: „Dein Bruder hat uns angerufen und gesagt, was deine Tante getan hat. Ich habe sie heute zur Rede gestellt. Sie hat es zugegeben." Er hob seine Hand und fuhr fort: „Ich habe mit ihren Haaren den Boden gewischt und sie gefragt, was ihr einfallen würde, dir das zu sagen! Zada, ich habe deinen Mann kennengelernt. Ich bin stolz darauf, dass du einen so guten Mann an deiner Seite hast. Ich habe deine Tante hier rausgeschmissen. Sie darf erst wieder unser Haus betreten, wenn sie sich bei dir entschuldigt hat." Meine Oma nickte. Überrascht blickte ich meinen Sido an. Ich konnte nicht glauben, dass er das meinetwegen getan hatte. An dieser Stelle möchte ich erklären, dass arabische Schimpfwörter oftmals impulsiver sind als die deutschen. Wenn man auf Arabisch sagt, dass man „mit jemandes Haaren den Boden gewischt hat", dann bedeutet das, dass man diese Person in seine Schranken gewiesen hat. Man könnte es mit der deutschen Redewendung vergleichen, „jemandem gründlich den Kopf zu waschen".

Meine Angst, erneut meine Familie verlieren zu können, war also unbegründet. Ich dankte meinen Großeltern mit Tränen in den Augen dafür, da ich sehr gerührt war. Endlich nahm mich mal jemand, zusätzlich zu meinem Bruder, aktiv in Schutz. Auch wenn meinen Großelter der Ärger um mich nicht guttat, war ich überglücklich über diese Wendung. Leider erfuhr ich nicht die gleiche Loyalität von meinem Vater, der zwar nicht die Auffassung teilte, dass ich mich von Christian trennen sollte, jedoch die Meinung meiner Tante nachvollziehen und nicht nachempfinden konnte, warum ich mich so „anstellte".

Wenige Monate später besuchte ich meine Familie erneut und erfuhr von meinem Sido: „Ich habe deine Tante darum gebeten, aus dem Schwarzwald hierherzufahren und sich bei dir zu entschuldigen. Bist du damit einverstanden?" Ich stimmte zwar zu, doch in Wirklichkeit wollte ich ihre Entschuldigung nicht, denn ich wusste, dass sie nicht von Herzen käme, sondern nur erfolgte, weil mein Sido es von ihr erwartete. Sofort ging er in die obere Etage und kam mit meiner Tante wieder herunter. Verlegen stand sie vor uns und begrüßte erst meine Oma und dann mich. Mein Sido brachte uns in ein Zimmer nebenan, setzte uns auf gegenüberliegende Stühle, nickte meiner Tante energisch zu und verließ den Raum. Normalerweise war ich jemand, der in einem Gespräch den ersten Schritt machte und ich baute gerne Brücken zwischen Menschen. In diesem Fall wartete ich aber einfach ab. Sie sollte sich entschuldigen und ich wollte ihr nicht entgegenkommen. Für sie musste es eine ungeheuer schwere Aufgabe gewesen sein, denn die Stille im Raum knisterte. Sie war eine stolze Frau und von ihrer Rolle als „Wächterin der arabischen Werte", so wie sie diese sah, vollkommen überzeugt. Schließlich konnte sie, wenn auch etwas kleinlaut, ihre Stimme finden und sagte: „Kannst du bitte meinem Vater sagen, dass wir uns vertragen hätten?" *Aha, sie will sich also nicht entschuldigen.* Meinem Sido zuliebe willigte ich ein. Kaum hatte ich genickt, sprang sie auf und verließ den Raum. Dann ging sie geradewegs zu ihrem Vater und verkündigte ihm die gewünschte frohe Botschaft. Doch es war noch nicht genug der Versöhnung. Im Esszimmer war eine reich gedeckte Tafel voller Essen für die sich nun wieder versöhnten Parteien vorbereitet. Also nahmen wir mit meinen Großeltern das „Friedensmahl" ein. Tatsächlich war es ein wenig merkwürdig, aber gleichzeitig fand ich es gut, dass dem Vorfall so viel Aufmerksamkeit geschenkt wurde. Meinem Großvater war es wichtig, auch dem Rest der Familie zu zeigen, dass er hinter mir und Christian stand. Und dafür war ich ihm so unendlich dankbar.

Kapitel 29

Im nächsten Sommer bat Christian mich darum, mit ihm kurzfristig einen Sonnenurlaub zu machen. Ich wollte mich eigentlich in diesem Sommer intensiv auf meine Arbeit konzentrieren, trotzdem drängte mich Christian schon fast, unbedingt mit ihm in die Sonne zu fliegen, und zwar so bald wie möglich. Anfangs wunderte ich mich über sein Verhalten, doch dann schafften wir es, eine tolle Reise zu buchen.

Als wir am Mittelmeer auf einer sommerlichen Insel ankamen, war ich glücklich über den Tapetenwechsel. Wir entspannten uns und bereisten diesen wunderbaren Ort mit einem Motorroller. Als wir an einem schönen Strand ankamen, blickte ich in den Sonnenuntergang, der mit seinem orange-roten Himmel die Umgebung verzauberte. Ich drehte mich zu Christian, um zu sehen, ob auch ihn die schöne Atmosphäre verzauberte. Just in dem Moment, in dem ich mich umdrehte, schaute er mir in die Augen und kniete sich hin. Er hielt eine kleine Schatulle in der Hand und öffnete sie. Darin lag ein zarter Ring mit einem wunderschönen Diamanten, der mir entgegenfunkelte. Sofort bekam ich weiche Knie und ein heftiges Kribbeln im Bauch lähmte meine Gedanken. Er schaute mich an und sah dabei so aufrichtig aus, aber auch ein wenig aufgeregt. Dann sagte er: „Zada, ich liebe dich über alles. Ich weiß, dass ich den Rest meines Lebens mit dir verbringen möchte. Darum möchte ich dir die Frage stellen: Willst du mich heiraten?" Ohne nachzudenken, antwortete ich sofort mit: „Ja!" *Endlich ist es so weit!* Dann wollte er mir den Ring anstecken, doch ich zog ihn hoch, umarmte ihn und wir küssten uns innig. Dabei liefen mir Freudentränen über die Wangen. Dass dieser Moment, der für mich ganz klar irgendwann gekommen wäre, nun, wo er da war, so emotional verlief, war wunderschön. Langsam löste sich Christian wieder von mir und steckte mir den Verlobungsring an meinen Ringfinger. Er funkelte so schön, dass ich kaum glauben konnte, dass dieser nun meiner war und mich mit Christian tief verband. Wir waren so glücklich. Dass er hier bei mir war an meiner Seite und immer zu mir gestanden hatte, war so wunderbar. Die nächsten Wochen und Monate waren für mich unvergesslich. Ich war einfach so unendlich glücklich wie noch nie zuvor in meinem Leben.

Nach unserem Urlaub planten wir sogleich unsere Hochzeit. Wir entschieden uns, nur Menschen einzuladen, die uns wirklich mochten und liebten, denn wir wollten niemanden dabeihaben, der uns als Paar insgeheim kritisch gegenüberstand. Einige Monate später war es dann so weit: Der zwölfte Juli war unser großer Tag. Mit seinem blumengeschmückten weißen Pick-up fuhr mein zukünftiger Schwiegervater meinen Vater und mich zu unserer Hochzeitslocation. Das Herrenhaus lag majestätisch vor einem See, in dem sich die Wolken spiegelten, als wir den Weg zum Eingangsportal hochfuhren. Als der Wagen stand, wollte ich aussteigen, doch Christians Vater bat mich, auf ihn zu warten. Im nächsten Augenblick öffnete er mir die Tür und der untere Teil meines Hochzeitskleides fiel ihm förmlich entgegen. Er gab mir seine Hand und half mir beim Aussteigen, sodass ich mit dem Berg an weißem Stoff besser zurechtkam.

Bereits vor dem Eingang des Hauses begrüßte uns die herrliche Blumendekoration. Weiße und rote Rosen verteilten ihren angenehmen Duft in der Luft und ich genoss die Wärme, während ich auf die herrliche Blumengirlande über der Tür blickte. Die Sonne lächelte uns an. Wir hatten 24 Grad – es war perfekt. Als wir in den Vorraum gingen, umarmte mich mein geliebter Schwiegervater und sagte: „Ich gehe schon mal rein zu den anderen." Plötzlich fiel mir ein, dass mein Vater und ich uns noch nicht abgesprochen hatten und er doch keine Ahnung davon hatte, was jetzt passieren würde. Nun war meine Ruhe weg. Wie ein Wasserfall erklärte ich ihm, dass er mich bis zu Christian, der bereits vor dem Standesbeamten auf uns wartete, führen musste. Danach sollte er sich auf den freien Stuhl neben meinen Bruder setzen und damit wäre seine Aufgabe getan.

Der vom Klavierspieler angestimmte Hochzeitsmarsch war bereits zu hören. Ohne Vorwarnung öffnete sich die Saaltür, mein Vater und ich nahmen uns bei der Hand und gingen den langen, schmalen weißen Teppich entlang. Mein Baba hatte vergessen, mir seinen Arm anzubieten, damit ich mich einhaken konnte, und ich hatte vor lauter Nervosität auch nicht daran gedacht. Aber diese Dinge waren alle nicht wichtig, denn nun erblickte ich die vielen Menschen in dem Raum, die alle auf uns warteten. Es lag eine Spannung in der Luft, die mich belebte. Rechts und links saßen alle meine Lieblingsmenschen und blickten uns an. Und dann sah ich den Menschen, dem ich mein Leben anvertrauen würde, meinen zukünftigen Ehemann. Er sah so umwerfend aus in seinem maßgeschneiderten mattschwarzen Anzug. Der Weg zu ihm fühlte sich an, als würde ich jedes noch so kleine Detail in mir aufnehmen können: die rot-weiße Blumendekoration, die Hand meines Vaters an meiner, die vielen Augenpaare, die liebevoll auf mich gerichtet waren, die Decken- und Wandmalerei dieses historischen Saales und Christian, dem ich immer näherkam. Der Musiker, der am Ende des Saales vor bodentiefen weißen Fenstern an einem Flügel den Hochzeitsmarsch spielte, verlieh alldem den letzten runden Schliff. Ich war überrascht von der Intensität meiner Wahrnehmung und genoss diesen wichtigen Moment meines Lebens.

Christian stand fest und bodenständig vor dem Tisch des Standesbeamten, den ein schönes rot-weißes Rosengesteck schmückte, und ließ mich nicht aus den Augen. Dabei hatte er einen so liebevollen Blick. Mein langes weißes Hochzeitskleid, vielleicht auch meine ganze Erscheinung, die in diesem Rahmen und diesem feierlichen Moment besonders hervorstach, betrachte er genau. Meine dunklen Haare hatte ich um die Gesichtspartie mit dünnen Haarklammern, an deren Enden kleine Perlen befestigt waren, hochgesteckt. Es sah aus, als ob ich eine Perlenkrone um den Kopf trug, wobei mir meine hintere Haarpracht auf die Schultern fiel und vom Schleier bedeckt wurde. Christian bedankte sich bei meinem Baba und übernahm mich mit seinem liebevollen Blick, den ich so an ihm mochte. Auf blumengeschmückten Stühlen nahmen wir schließlich Platz.

Der Standesbeamte ergriff das Wort und begrüßte uns. Dann erzählte er unsere Geschichte vom Anfang bis zum damaligen Zeitpunkt, zumindest den Teil, den wir vorher mit ihm abgesprochen hatten und natürlich deutlich abgeschwächter, als es wirklich gewesen war. Als wir zum Ende der Trauung kamen, bat er uns aufzustehen und Christian reichte mir die Hand. Dann kamen die lang ersehnten Worte: „Wollen Sie, Christian Wagner, Zada Abdullahi zu Ihrer angetrauten Ehefrau nehmen?" Wir blickten uns an und ich erkannte seine Liebe zu mir in seinen großen blauen Augen, sodass ich eine Gänsehaut bekam, als er sagte: „Ja, ich will!" Danach wurde ich gefragt: „Wollen Sie, Zada Abdullahi, Christian Wagner zu Ihrem angetrauten Ehemann nehmen?" Ich schaute Christian an und sagte ebenfalls: „Ja, ich will!" Diese drei Worte waren mir die letzten Monate immer wieder durch den Kopf gegangen. Obwohl sie so einfach von den Lippen gingen, hatten sie eine unwahrscheinlich große Bedeutung. Damit verkündete der Standesbeamte schließlich: „Kraft des mir verliehenen Amtes erkläre ich Sie nun zu Mann und Frau. Sie dürfen die Braut jetzt küssen!" Da war er nun, der berühmte Kuss! Dabei hätten wir gar nicht aufgefordert werden müssen, denn zwischen uns knisterte es und die Spannung musste entladen werden. Christian und ich küssten uns also leidenschaftlich. Der Pianist fing erneut an zu spielen und der Song „All of me" von John Legend hallte durch den Raum. Hinter uns begann leises Rascheln, denn einige Gäste mussten Taschentücher herauskramen, um sich ihre Tränen der Rührung zu trocken.

Das schönste Geschenk, das wir bei der anschließenden Feier bekamen, war die Hochzeitsrede meines Zwillingsbruders. Er stand auf und entfaltete zwei Papierbögen. Dann nahm er ein Glas und schlug vorsichtig mit einem Messer dagegen, sodass alle ihm ihre Aufmerksamkeit schenkten. Er schaute mich mit einem Blick an, der mich an die schönen Momente unserer Kindheit erinnerte – mein Zwilling. Seine Augen schienen zu sagen: *Ich liebe dich und bin glücklich und zugleich stolz, hier an deiner Seite zu sein.* Dann ließ er einen Blick über die Gäste schweifen und las vor:

„Für die, die mich noch nicht kennen: Ich bin Jamal, der Zwillingsbruder und Trauzeuge von Zada. Zunächst wollte ich dem Brautpaar dafür danken, dass sie diesen wunderschönen, sonnigen Tag mit uns gemeinsam verbringen und uns somit an ihrem Glück ein Stück weit teilhaben lassen. Von der schönen Zeremonie, bei der so manche Träne floss, bis hin zu dieser Location und dem köstlichen Essen.

Mich wundert es ehrlich gesagt, dass bis jetzt alles heil geblieben ist, denn wer Zada etwas länger kennt, weiß, wie gerne und häufig sie irgendwo gegen läuft, etwas umstößt oder sonst etwas Tollpatschiges macht. Aber der Abend ist noch jung und die Hochzeitstorte kommt ja noch.

Ich muss zugeben, dass ich selbst auch nicht ganz frei von dem Problem der unkontrollierten, peinlichen Stolpereinheiten bin. Kein Wunder, wir sind ja schließlich Zwillinge und die haben halt die ein oder andere Eigenart gemeinsam. Und darüber bin ich ehrlich gesagt auch sehr froh. Früher, vor fast einem Jahrzehnt, hatten Zada und ich, wie einige vielleicht wissen, bereits einige Jahre keinen Kontakt, da wir getrennt voneinander aufgewachsen sind. Irgendwann nahm sie den Kontakt zu mir auf und kurz darauf wollten wir uns das erste Mal wiedersehen. Auf dem Weg zum Treffen stellte ich mir dumme Fragen, wie ‚Wie sie wohl aussieht?‘, ‚Ob wir uns verstehen werden?‘ oder ‚Ob sie was in der Birne hat?‘. Warum auch immer hielt ich die ganze Zeit nach einer kleinen Pummelfee Ausschau. Und auch wenn das alles ziemlich egal und albern war, war ich dann doch ziemlich erleichtert, als ich sie dann traf. Ich hatte eine intelligente, hübsche und unglaublich sympathische Schwester. Und dass wir eindeutig Zwillinge sind, merkten wir dann auch sehr schnell – sei es anhand der Feierlaune, unserer Vorliebe für Horrorfilme oder der später entwickelten Faszination für das Fallschirmspringen. Und so kommen wir wieder zum Punkt der Gemeinsamkeiten. Ich bin einfach froh darüber, dass auch die vielen Jahre des Abstands keinen Keil zwischen die Verbundenheit treiben konnte, welche zwischen Zwillingsgeschwistern existiert. Heute stehe ich sogar als ihr Trauzeuge hier und darf einige wenige Worte zu ihr verlieren. Hierfür vielen Dank, Schwesterherz!

Irgendwann beschlossen meine Schwester und ich, unseren 18. Geburtstag zu feiern. Als ich mich dann kurz mit einem Freund von mir auf eine andere Tanzfläche verzog und dann zurückkam, tanzte irgendein Typ meine Schwester an.

Ich ging zu ihr. Ihre liebevolle Antwort auf meine Frage hin, ob sie Hilfe bräuchte, werde ich nie vergessen. Ein ins Ohr geflüstertes ‚Verpiss dich!‘ stellte alles klar. Und das war der Moment, in dem Christian ins Leben meiner Schwester trat. Wer kann schon sagen, dass er beim Kennenlernen des Zukünftigen der Schwester so charmant vorgestellt wurde?

Einige Monate später zogen sie bereits zusammen, was zwar sehr früh war, wie man am heutigen Tage jedoch auch merkt, in keiner Weise ein Fehler. Nun durfte ich ihn dann richtig kennenlernen. Da ich bis dato das Thema ‚Partner der Schwester‘ nur aus Filmen kannte, war ich direkt erleichtert, dass Christian ein unglaublich sympathischer und netter Kerl war, dem man angemerkt hat, dass er es ernst mit meiner Schwester meinte. Jeder, der mich kennt, weiß, wie kritisch ich bin. Umso untypischer war es, dass ich an ihm nichts auszusetzen hatte. Ein anständiger Kerl, der Zada gut behandelt hat und nicht nur die einfachen, die guten Dinge, sondern auch die komplizierten akzeptierte und sie liebte. Und zudem ein Mann, der einen Traum hat und für diesen auch wirklich bereit war einzustehen. In meinen Augen super Eigenschaften, und viel wichtiger, in denen meiner Schwester. Und zwischen den beiden stimmte es einfach. Während sie die Quirlige, Tollpatschige und Plappernde war, war er der ruhige, passend zu ihrer Tollpatschigkeit, handwerklich begabte Gegenpol. Das einzige Problem sah ich damals in den langen Pausen, in denen man sich berufsbedingt nicht sehen kann. Aber da meinte Christian mal zu mir: ‚Während andere Paare sich eventuell irgendwann, auf gut Deutsch gesagt, auf die Nerven gehen können, freuen diese beiden sich nach jeder Pause aufs Neue darauf, endlich wieder den Partner zu sehen.‘

Und daher wünsche ich den beiden für die Zukunft auch weiterhin viel Vorfreude auf den Partner, dass sie die berühmten guten wie schlechten Zeiten immer füreinander da sein werden und eine glückliche Ehe nach Heinz Rühmann führen, in der man lieber nach Hause kommt als weggeht! Und mit diesem Satz beende ich meine Rede. Auf ein glückliches Brautpaar! Auf Christian und Zada!"

Alle klatschten und mir wurde klar, dass ich, nachdem ich heute Frau Wagner geworden war, mit den Worten meines Bruders ein zweites, ganz besonderes Geschenk erhalten hatte. Von der Freundin meines Bruders erfuhr ich zudem, dass er die Rede bereits Wochen vorher wieder und wieder einstudiert hatte.

Nach einer Weile eröffneten Christian und ich schließlich die Tanzfläche mit einem Discofox zu Herbert Grönemeyers Lied „Glück" und feierten unbeschwert bis tief in Nacht. Wir waren so glücklich und genossen die Zeit.

Nach der Hochzeit hielt diese Stimmung noch lange an. Dass wir eine Hochzeitsreise aus Kostengründen verschoben haben, tat unserer Freude keinen Abbruch, denn in dieser Zeit kündigte sich noch eine ganz besondere Veränderung an: Einige Tage vor unserem großen Tag hatten wir uns für die Hoffnung entschieden, bald *guter* Hoffnung zu sein. Und tatsächlich erfüllte sich unser Wunsch schneller als gedacht – wir konnten unser Glück kaum fassen!

Kapitel 30

Für mich begann nun ein ganz anderer Lebensabschnitt, denn die Geburt unserer beiden Kinder veränderte mein Leben. Nach dem Mutterschutz für meine Tochter kam die Elternzeit und gleich danach der Mutterschutz und die Elternzeit für meinen Sohn. Christian wollte am liebsten Kinder so viele wie die Orgelpfeifen, doch für mich kam das nicht in Betracht. Er wollte seinen Beruf nicht vernachlässigen und ich wollte nach einer angemessenen Zeit wieder zurück in meinen Beruf. Also blieb es bei unserem vierblättrigen Kleeblatt.

Unsere Tochter stellte nach ihrer Geburt erst einmal unser Leben auf den Kopf. Die Nacht wurde zum Tag und den Tag nutzte ich, um Schlaf nachzuholen. Christian zog sich alle paar Nächte aus dem Ehebett zurück, da er ab und zu durchschlafen wollte. Er nahm zwar nach der Geburt mehrere Tage Urlaub, danach forderte ihn sein Job jedoch wieder ohne Rücksicht auf familiäre Umstände. Meine Tochter und ich fanden aber schnell in einen Rhythmus, der uns allen guttat. Ich liebte es, sie zu stillen. Die Höhepunkte des Tages und auch der Nacht waren, sie bei mir zu haben. Ihr zuzusehen, wie sie trank, sie danach im Arm aufrecht zu halten und auf ein Bäuerchen zu warten. Ihre Nähe und ihr Geruch betörten mich. Christian war genauso fasziniert von diesem kleinen Lebewesen. Die Geburt, bei der *ich* fortwährend mit meinem Körper beschäftigt war, konnte *er* von einer ganz anderen Warte aus betrachten. Später erzählte er mir, dass er vollkommen beeindruckt davon war, was eine Frau bei der

Geburt ihres Kindes aushalten musste. Doch als mit den letzten Presswehen unsere Tochter das Licht der Welt erblickte, war er sogleich verliebt in sie. Selbst heute noch hat er die Geburten unserer Kinder als ein so nahegehendes Erlebnis in Erinnerung. Er meinte einmal, dass sie die Verbindung zu seinen beiden Kindern und zu mir für immer gefestigt hätten.

Als unser Sohn auf die Welt kam, mussten wir erneut einiges in unserem Alltag umstellen. Doch auch dieser kleine Schatz fand sogleich seinen Platz in unserer Familie. Meine Tochter band ich in alle Beschäftigungen mit ein, denn ich wollte nicht, dass sie vernachlässigt wurde. Beim Stillen schauten wir uns gemeinsam Bilderbücher an, beim Wickeln hatte sie die verantwortungsvolle Aufgabe, die neue Windel aus dem Schrank zu holen und wenn unser Sohn schlief, war *sie* im Mittelpunkt meiner Aufmerksamkeit. Unsere Kinder bereicherten nicht nur unser Leben, sondern auch das von Christians Eltern und seiner Tante. Alle drei gingen so liebevoll mit ihnen um. Natürlich bevorzugten sie den Luxus, die Kinder bei Schwierigkeiten wieder bei uns abzugeben zu können, zumindest sagten sie das. Doch eigentlich kamen derartige Probleme kaum vor. Und da alle drei in der unmittelbaren Nachbarschaft lebten, war es ein Leichtes, intensiven Kontakt zu ihnen zu haben. Wir lebten praktisch wie eine Drei-Generationen-Familie zusammen.

Mein Sido und meine Oma waren über ihre Urenkel sehr erfreut, aber leider lebten sie zu weit weg, um eine enge Bindung zu ihnen aufzubauen zu können, die ich mir persönlich gewünscht hätte. Außerdem machte ihr zunehmendes Alter ihnen zu sehr zu schaffen, um sich auf diese quirligen kleinen Kinder länger einzulassen. Mein Bruder hingegen war schwer verliebt in sie, kam oft zu Besuch und brachte stets Geschenke mit. Meine Kinder konnten ihn nur lieben. Wenn er da war, lag er meistens mit ihnen auf dem Wohnzimmerteppich und beschäftigte sich mit ihnen. Sie lachten und tobten oder spielten die Spiele, die er ihnen geschenkt hatte. Er machte es sich zur Aufgabe, die Kinder zu fördern, damit die beiden so klug würden wie er. Das war für meinen Bruder typisch und dafür liebte ich ihn. Der Rest meiner Familie beschränkte sich auf Glückwünsche und mein Vater schenkte zur Geburt jedes Kindes einen Strampler. Er hatte jedoch nie die Nähe zu ihnen gesucht.

Eines Tages rief mich mein Onkel an: „Zada, ich bin in der Nähe mit deiner Tante und den Kindern. Hast du Zeit, dass wir dich in einer Stunde besuchen kommen?" *Waaass? In einer Stunde? Ich liebe Spontanität, aber doch nicht so!* Aber die arabische Gastfreundschaft war heilig, auch für mich. Meine Kinder spielten auf der Krabbeldecke und Christian war leider wieder einmal bei einer Übung mit seinem Heer. Meine Schwiegereltern machten mit Christians Tante einen samstäglichen Einkaufsbummel. Manchmal passt es halt gar nicht. Natürlich sagte ich trotzdem zu, packte meine Kleinen ins Auto und fuhr schnell zum Bäcker, um die leckersten Kuchen zu kaufen. Die Auswahl der Stücke dauerte etwas länger, weil meine Tochter sich nicht entscheiden konnte, ob sie lieber Früchtekuchen oder Marzipanstücke bevorzugte. Um die Sache abzukürzen, kaufte ich großzügig alle Arten von Kuchen ein, was aber nur dem Zeitdruck geschuldet war. So leicht käme diese Zuckerschnute mit so viel Süßkram bei mir nicht durch! Doch heute schaute ich in ihr strahlendes Kindergesicht.

Zu Hause angekommen, kochte ich reichlich Kaffee, und nachdem ich den Tisch gedeckt hatte, klingelte es schon an der Haustür. Mit Verwunderung blickte ich in die verwirrten Gesichter meiner Familienangehörigen, als ich die Tür öffnete. „Was ist los?", fragte ich sie. Mein Onkel trat einige

Schritte zurück, schaute sich unser Haus an und blickte zu den Stellplätzen auf unserem Grundstück, wo unsere Autos standen. „Zada, wohnst du hier? Ist das dein Haus?" Für einen Moment betrachtete ich mich durch seine Augen. *Anscheinend hatte er nicht erwartet, dass die „Verstoßene", das „schwarze Schaf", dennoch ein gutes Leben führte!* Innerlich triumphierte ich und antwortete dennoch gelassen: „Ja, das Haus gehört mir und meinem Mann. Na ja, eigentlich noch der Bank", und lachte los. Ich spürte, wie beeindruckt sie waren. Dann begrüßten sie mich und meine Kinder, die als Gastgeschenk eine Tafel Schokolade erhielten. In Gedanken nahm ich mir vor, dass nächste Woche keine Süßigkeiten auf den Tisch kommen sollten.

Wie angekündigt, hatte mein Onkel seine Frau, zwei meiner Cousinen und einen kleinen Nachzügler, meinen Cousin Amir, mitgebracht. Ich blickte meiner einen Cousine in die Augen. Dies war ihr offensichtlich unangenehm, denn vermutlich erinnerten wir uns beide daran, wie sie mich vor einigen Jahren in einem Bus in Hamburg öffentlich als „Familienschande" tituliert hatte. Ihr Name war Safia. Nach ihrem Schulabschluss war sie eine arrangierte Ehe eingegangen und hatte schon vier Kinder bekommen. Ich fragte mich, wo ihre Kinder jetzt wohl waren, mochte aber nicht fragen. Ich schüttelte meine Erinnerung ab und wir betraten alle gemeinsam das Haus. Die große Auswahl an Kuchen wurde hoch gelobt und zum Glück wurde reichlich davon genommen. Mein Onkel verwickelte mich in ein Gespräch und versuchte dabei alles über meinen Werdegang zu erfahren. Also berichtete ich ihm von meiner Ausbildung nach unserem Umzug, von meinem Stipendium und dem Aufenthalt in den USA, von meinem Aufstieg im Unternehmen und von weiteren beruflichen Qualifikationen, die ich mir über andere Tätigkeiten in anderen Unternehmen angeeignet hatte.

Aufgeregt fragte er mich anschließend: „Kannst du denn Safia helfen, eine Ausbildung zu finden, oder ihr gute Tipps dafür geben?" Doch meine Cousine rief aus dem Hintergrund: „Ich brauche keine Hilfe!", und stand abrupt auf, um aufs WC zu gehen. Mein Onkel kam näher an mich heran und sagte leise: „Zada, ich sehe die ein oder andere Sache heute anders. Ich denke, es war ein Fehler, deine Cousine so früh zu verheiraten." Er schnaufte und sagte weiter: „Versuch ihr bitte zu helfen. Wir sind eine Familie!" Ich nickte und merkte die Besorgtheit meines Onkels.

Das Problem, das seiner Bitte zugrunde lag, verstand ich jedoch erst, als ich einige Wochen später meine Oma zum Geburtstag besuchte. Ich freute mich sehr auf die schönen Gespräche mit ihr und hoffte, dass meine beiden Kinder, die mit dabei waren, diese vor lauter Trubel, den sie manchmal verursachten, auch zulassen würden. Als ich die Wohnung meiner Großeltern betrat, umarmten wir uns herzlich und mein Sido verschwand sogleich mit meiner Rasselbande im Garten. So hatten meine Oma und ich Zeit für uns und wir plauderten, als ob wir uns eine Ewigkeit nicht gesehen hätten. Irgendwann sprach ich sie dann auf den Besuch meines Onkels an. Sie wurde ganz still und auch traurig. Als ob sie ihre Worte gut wählen wollte, nahm sie erst ihre Tasse in die Hand und wollte daran nippen. Doch dann sagte sie: „Dein Onkel hat deine Cousine mit dem falschen Mann verheiratet. Sie ist sehr unglücklich mit ihm. Deine Cousine hat schlimme Depressionen. Es ist einige Male vorgekommen, dass sie ihren Körper nicht mehr bewegen konnte. Sie ist körperlich und nervlich am Ende. Ich verstehe auch nicht, dass sie vier Kinder auf die Welt gebracht und sich somit so viel aufgebürdet hat." Das Leid, welches meine Cousine über die Jahre hinweg ertragen musste, hatte also auch an ihrem Körper Spuren hinterlassen und das machte mir Angst.

Nach dem Besuch bei meiner Oma trat ich also in das Leben meiner Cousine. Doch ich weiß nicht so recht, ob ich ihr wirklich eine Hilfe gewesen war. Ich suchte das Gespräch mit ihr. Jedes Mal, wenn ich in Hamburg war, unternahmen wir etwas, soweit ihre Umstände es zuließen. Wir lachten sogar und taten fröhliche Dinge. Einmal kaufte ich ihr einen mit Helium gefüllten Luftballon und bat sie darum, all ihre Sorgen daran zu hängen und dann loszulassen. Es fiel ihr so schwer, sich ihrer Problematik zu stellen, dass sie nur noch weinen konnte. Meine Hilfe bei der Suche nach einer Ausbildung wurde schwierig, weil sie gar nicht die Kraft dafür hatte. Irgendwann merkte ich auch, dass ich die Person war, deren Leben sie am liebsten wie einen Mantel angezogen hätte, um ihr altes loszuwerden. Sie sehnte sich unendlich danach, einen Beruf zu erlernen, damit sie nicht nur den ganzen Tag für den Haushalt, die Kinder und ihren Mann zuständig war. Etwas zu haben, worin sie sich selbst wiederfinden konnte – das war ihr Wunsch. Eine Situation werde ich nie vergessen: Wir saßen in ihrem Auto und sie war fast 40 Minuten lang wie erstarrt. Ich weiß nicht, ob etwas passiert oder vorgefallen war, aber ihr Körper hatte einfach gestreikt. Sie selbst konnte mir nicht sagen, wie ich ihr helfen konnte. Nur ein paar Tränen liefen über ihre Wangen und sie wollte nur dasitzen. Ich stieg aus, um ihr eine Flasche Wasser zu kaufen, und als ich wiederkam, war sie samt Auto verschwunden. Danach konnte sie mir ihr Verhalten auch nicht erklären.

Das letzte, was ich von ihr mitbekam, war, dass sie die Kraft gefunden hatte, mitsamt ihren Kindern ihren Mann zu verlassen. Auch von allen anderen Menschen, die sie kannte, hatte sie sich zurückgezogen. Vielleicht war dies für sie ein Neubeginn.

Kapitel 31

Nach meiner Elternzeit für meinen Sohn ging ich nicht zurück in meinen Beruf, sondern machte mich selbstständig. Christians Familie und der Kindergarten in unserem Dorf machten es möglich. Außerdem konnte ich meine Arbeitszeiten und mein Arbeitspensum nun frei wählen. Ich hatte lukrative Aufträge, für die es sich lohnte, so einen Aufwand zu betreiben. Das Gefühl, eine Familie zu haben, erfüllte mich einerseits, und nach außen hin wirkte es so, als ob in meinem Leben alles gut wäre.

Für ein Projekt sollte ich nach Hamburg reisen, um mit bestimmten Geschäftsführern Konzepte auszuarbeiten. Ich fragte meinen Vater, ob ich bei ihm übernachten konnte, um die übrige Zeit mit seiner Familie verbringen zu können. Er stimmte zu. Meine beiden Zwerge waren versorgt, denn meine Schwiegereltern freuten sich auf die Betreuung und die Zeit mit ihrem Sohn. Dieser hatte damit wiederum Zeit für Projekte am Haus und konnte sich an den gedeckten Tisch setzen, während ich entspannt meine Geschäftsreise antreten konnte. Was dann geschah, zeigte mir erneut, dass ein Teil meiner Familie und ich einfach zu unterschiedliche Vorstellungen eines ausgewogenen Familienlebens hatten. Mein Drang, von meinem Vater geliebt und akzeptiert zu werden, war auch noch im Erwachsenenalter vorhanden. Und jedes Mal tat es weh, wieder von ihm enttäuscht zu werden.

Als ich nach einigen anstrengenden Stunden in den Verhandlungsräumen eines Großunternehmens die Wohnung meines Vaters betrat, schaute er mich verwundert an und fragte: „Wo sind deine Kinder?" Irritiert über seine Frage antwortete ich: „Sie sind zu Hause. Heute waren sie bis 14 Uhr im Kindergarten und danach haben sie meine Schwiegereltern abgeholt. Mein Mann übernimmt sie, wenn er von seiner Arbeit nach Hause kommt." *Wenn er nicht noch eine weitere Auszeit mit seiner Mutter aushandelt, um auch noch den Garten umzugraben oder die Regenrinne zu richten,* fügte ich gedanklich amüsiert hinzu. Außer sich sagte er daraufhin: „Was? Du lässt deine Kinder im Stich und riskierst deine Ehe für deine Arbeit?" Wieder einmal kam ein bekanntes Gefühl in mir hoch. *Ist mein Lebensstil schon wieder haram?* Ich entgegnete ihm: „Baba, wie ich dir am Telefon erklärt habe, hatte ich heute bei einem Kunden einen Arbeitstermin hier in Hamburg. Morgen früh habe ich noch einen und dann fahre ich wieder nach Hause! Ich war dann eine Nacht weg, nicht um mich zu amüsieren, sondern um zu arbeiten!" Doch mein Vater schüttelte den Kopf: „Deine Arbeit gehört sich nicht. Such dir eine andere Arbeit." *Bevor wir im Islam geheiratet haben, hatte er mir versprochen, dass er sich nicht weiter in mein Leben einmischt!* Meine Arbeit mochte ich sehr, denn sie gab mir ein gewisses Selbstbewusstsein. Darum empfand ich seine Worte als übergriffig, schließlich war ich kein kleines Kind mehr. Mir, einer verheirateten Frau mit zwei Kindern, die mit ihrem Mann ein Haus gebaut hatte und auf eigenen Füßen stand, zu sagen, ich solle meine Arbeit aufgeben, weil es sich nicht schickte, ließ nur eines zu: das Gespräch zu beenden. Die Diskussion zu suchen, um über die Gesellschaft in Deutschland, in der er und ich lebten, zu sprechen, wäre müßig gewesen. Meine Lebensrealität war einfach nicht seine. Mit wenigen Worten gab ich ihm deswegen Bescheid, dass ich zu meinem Onkel und meiner Tante eine Etage höher gehen wollte, um sie zu begrüßen.

Mein Onkel öffnete mir die Tür. Er war allein in der Wohnung, denn der Rest der Familie war einkaufen. Während ich Platz nahm, reichte er mir Tee. Nach nur einer Minute fragte er mich, wo denn meine Kinder seien. Ich erklärte ihm, dass ich beruflich in Hamburg war, und schon fing es wieder von vorne an: „Zada, dass du hier bist, wird dafür sorgen, dass deine Kinder dich später nur zum Zucker- oder Opferfest besuchen werden. Sie werden dir niemals verzeihen, was du ihnen angetan hast." Ich konnte es nicht fassen. *Was ich ihnen angetan habe?* Es klang so, als ob meine Kinder nicht eine Nacht ohne mich auskommen würden. Als ob die Bereicherung, die sie durch meinen Mann und ihre Großeltern erhielten, schlecht für sie wäre. Und als ob ich an beiden Händen jeweils ein Kind halten müsste, damit ich ja nicht auf dumme Gedanken käme. Es sollte scheinbar nie aufhören, dass ich mich für meinen Lebensstil rechtfertigen musste. Ich verließ die Wohnung meines Onkels wieder, um meine Großeltern zu begrüßen.

Es war schon spät und die Abenddämmerung brach herein. In dem großen Fenster im Treppenhaus konnte ich den hektischen Verkehr Hamburgs sehen und die Scheinwerfer der Autos spiegelten sich in den Scheiben. Ach, wie sehnte ich mich in diesem Moment nach meinem kleinen Dorf, in dem ich so leben konnte, wie ich wollte. Nun hoffte ich auf einen versöhnlichen Abschluss des Tages bei meinen Großeltern. Sie sollten mein Trost sein und ich nahm mit ihnen im Wohnzimmer Platz. Aufgrund der Herzerkrankung meiner Oma kochte mein Sido überwiegend. Er sagte zu mir: „Zada, ich habe einen leckeren Nudelauflauf gekocht. Den wirst du lieben." Ich liebte ihre Gastfreundschaft. Gleichzeitig wollte ich nicht zu viel essen, da ich bei meinem Vater ebenfalls etwas angeboten bekäme. Während wir uns gemeinsam an den Auflauf machten, freute ich mich wie ein kleines Kind. Meine Großeltern versuchten stets, meinen Bruder und mich, obwohl wir bereits erwachsen waren, zu betüdeln.

Ich musste mich daran erinnern, wie mein Sido einmal etwas so Verrücktes, aber auch Liebevolles gemacht hatte: Vor einigen Jahren, bevor ich meine Kinder bekommen hatte, besuchte ich meine Familie und schlief dabei bei meinem Bruder im Zimmer. Damals studierte er noch und hatte sein eigenes Reich in der Wohnung meiner Großeltern. An diesem Abend betrat mein Großvater das Zimmer, als wir gerade schlafen gehen wollten. Er legte mir eine riesige Packung Baumkuchen aufs Bett und ich fragte ihn: „Sido, was soll ich mit dem Kuchen?" Mit einer Selbstverständlichkeit erwiderte er: „Zada, falls du heute Nacht aufwachst und Hunger hast, kannst du von dem Kuchen abbeißen." Ich erfreue mich bis heute an den Erinnerungen an seine Art der Fürsorge, mal abgesehen davon, dass ich nachts niemals auf die Idee käme, von einem Baumkuchen, der neben meinem Kopf lag, abzubeißen. Mein Bruder, der mir gegenüberlag, lächelte nur, während er mir zuflüsterte: „Sido lässt mich morgens nicht zur Uni, wenn ich nicht vorher gefrühstückt habe." Wie sehr beneidete ich ihn damals darum.

Als sich mein Opa räusperte, war ich wieder im Hier und Jetzt. Wir waren fertig mit dem Essen, als er bedrückt fragte: „Zada, dein Vater meinte, dass du deine Ehe aufs Spiel setzt, weil du Christian mit den Kindern im Stich gelassen hast und hier bist. Stimmt das?" Ich war wohl etwas zu impulsiv aufgestanden und schlug die Hände auf den Tisch. „Sag mal, spinnt der?! Jetzt reicht es mir! Ich habe hier einen geschäftlichen Termin! Das habe ich mit Christian abgesprochen. Meine Schwiegereltern kümmern sich um die Kinder nach dem Kindergarten, bis mein Mann von der Arbeit zurück ist! Christian wollte das so. Er findet es gut, die beiden mal ganz für sich allein zu haben. Warum erzählt Baba so einen Quatsch?" Nach diesen Worten entschuldigte ich mich sogleich für meine Lautstärke, aber meine Oma nickte. Wenn mich jemand verstand, dann sie. Nicht nur weil sie in einer deutschen Familie groß geworden war, sondern weil sie schon früh voll berufstätig war, und zwar gern. Das fand ich für ihre Generation auch bemerkenswert. Mein Sido verstand die Situation ebenfalls. Dann wechselten wir das Thema und unterhielten uns über andere Themen.

Die Gespräche mit beiden waren wie immer tiefgehend, egal ob über Politik oder auch über religiöse oder philosophische Themen gesprochen wurde. Ich hörte ihnen gern zu und interessierte mich für ihre Sichtweise auf die Welt. Und sie fragten auch nach meiner Meinung. Sie hatten eine so tolerante Art, die Welt zu betrachten. Nach jedem Gespräch mit ihnen fühlte ich mich bereichert. Vielleicht waren unsere Gespräche auch deswegen so kostbar, weil Oma und ich in letzter Zeit offen über den Tod sprachen. Am Ende eines jeden Treffens verabschiedeten wir uns so, dass wir uns, falls sie aufgrund ihrer Herzerkrankung versterben sollte, alles aufrichtig und in Liebe gesagt hatten, was sich eine Oma und ihre Enkeltochter nur sagen konnten.

Am nächsten Tag beendete ich meine Reise und fuhr wieder nach Hause.

Kapitel 32

In meiner Familie gab es noch weitere Frauen, die sich nicht fügen wollten oder daran zerbrachen, so wie meine Halbschwester, die Tochter meines Vaters aus seiner zweiten Ehe. Aamina war dreizehn Jahre jünger als ich. Sie war klug und sehr engagiert. Schon als Schülerin war sie auf jeder Umweltdemo zu finden gewesen und sie war überzeugte Veganerin. Wenn wir Kontakt hatten, spürten wir einen gewissen Draht zueinander. Wir konnten verhältnismäßig offen über viele Themen reden, auch wenn ich immer das Gefühl hatte, dass sie sich mir gegenüber nicht ganz öffnen konnte. Nach ihrem Schulabschluss absolvierte sie ein Freiwilliges Soziales Jahr und wollte anschließend in Heidelberg studieren. Sie hatte im Rahmen eines dualen Studiums bereits einen Arbeitgeber gefunden und wäre damit finanziell unabhängig gewesen. Eigentlich schickte es sich aus Sicht unserer Familie nicht, ein unverheiratetes Mädchen aus dem Elternhaus ausziehen zu lassen. Aamina war jedoch glücklich darüber, dass sie mit ihren 20 Jahren die Erlaubnis ihrer Eltern dazu erhielt.

In der Familie war es ein offenes Geheimnis, dass ihre Mutter sie geschlagen hatte. So wie damals bei meinem Bruder war das Geschrei durch das ganze Haus meiner Familie zu hören gewesen. Doch mein Sido konnte nichts ausrichten, da mein Vater und seine Frau alles leugneten. Ich fragte sie, ob es stimmte, dass ihre Mutter sie schlagen würde. Diese Frage war ihr jedoch unangenehm, das spürte ich, und sie verneinte sie.

Einen Tag vor ihrem Umzug nach Heidelberg rief sie mich an und sagte: „Zada, ich bin abgehauen und werde gleich meine SIM-Karte aus dem Handy nehmen." Besorgt wollte ich wissen, was passiert war. Wütend erklärte sie mir: „Baba und meine Mutter haben heute Morgen ihre Meinung geändert. *Heute Morgen!* Sie erlauben mir nicht mehr, in Heidelberg zu studieren. Ich habe aber bereits eine Wohnung dort und mein Studiengang wird nur dort angeboten. Sie sagen, ich kann auch in Hamburg etwas anderes studieren und zu Hause wohnen bleiben. Zada, ich bin jetzt 20 Jahre alt, ich habe das alles satt. Ich ertrage es nicht mehr. Ich will ganz weit weg von beiden und mein eigenes Leben anfangen. Den Kontakt zu dir würde ich gern behalten. Ein bisschen Familie muss doch sein! Sie dürfen nur nicht wissen, wo ich bin! Ich habe für Mama und Baba einen Abschiedsbrief geschrieben, indem ich ihnen erkläre, warum ich abhaue." Dann versagte ihre Stimme. Es dauerte eine Weile, bis sie weitersprechen konnte: „Was sie mir angetan haben – warum? Du hattest mich damals gefragt, ob es stimmte, dass ich geschlagen werde. Ich traute mich nicht, die Wahrheit zu sagen. Doch es war die Hölle! Zada, warum hat Mama das gemacht und Baba hat nichts dazu gesagt?"

Wie erstarrt hörte ich Aamina zu und fühlte mit ihr. Nun war auch sie bereit, alles hinter sich zu lassen, und fuhr fort: „Bitte ruf sie an und sag ihnen, dass ich abgehauen bin. Ich habe den Brief noch in Hamburg eingeworfen. Er wird frühstens morgen ankommen. Darum sag ihnen bitte, dass sie heute nicht mehr auf mich warten brauchen." „Wo bist du denn jetzt und willst du wirklich deine SIM-Karte wegschmeißen? Ist das denn notwendig?", fragte ich sie. „Zada, ich habe Angst davor, dass sie mich finden. Sie könnten mich vielleicht über mein Handy orten. Weißt du, als ich mit 14 Jahren in Jordanien war, da haben wir die Familie meiner Mutter besucht. Ich werde nie vergessen, als meine Cousine ins Haus getragen wurde. Sie war grün und blau geschlagen. Mein Onkel hatte sie mit einem Jungen in einem Café erwischt. Meine Mutter und auch ihre Mutter, also meine Tante, waren der Auffassung, dass ihr das recht geschehe – das musst du dir mal vorstellen! Vielleicht würden sie mit mir dasselbe machen, wenn ich einfach das mache, was ich will. Ich habe Angst vor ihnen!"

Ruhig sagte ich zu ihr: „Aamina, ich verstehe dich. Wenn du irgendetwas brauchen solltest, dann ruf mich bitte an! Melde dich bitte, damit ich weiß, dass alles gut bei dir ist. Oder willst du erst einmal zu uns kommen?" Sie bedankte sich und erklärte: „Nein, ich will dich da nicht weiter reinziehen. Es reicht schon, wenn du sie anrufst. Du hast schon genug Probleme mit der Familie. Außerdem könnten sie mich bei dir finden. Und ich will einen richtigen Cut. Ich will ganz weit weg! Seit Langem bin ich bereit, sofort weggehen zu können. Meine gepackte Tasche lag immer im Schrank. Und seitdem habe ich auch heimlich Geld verdient und zur Seite gelegt. Ich plane seit zwei Jahren, dass ich weggehe. Nun geht es eben nicht nach Heidelberg."

Es beeindruckte mich, wie sicher sie sich ihrer Sache war. Ich versuchte ihr Mut zuzusprechen und versicherte ihr, dass sie sich meiner Zuneigung gewiss sein konnte. Dann verabschiedeten wir uns.

Kurz darauf rief ich meinen Vater an und richtete ihm aus, was Aamina gesagt hatte. Kein Wort kam aus ihm heraus. Ich konnte mir kaum ausmalen, was er fühlte. Dann sagte er etwas, das vieles verändern sollte: „Das ist deine Schuld. Du hast ihr gesagt, dass sie abhauen soll. Wie konntest du das tun! Du bist hier nicht mehr willkommen!" Sofort stieg Wut in mir hoch, mein ganzer Körper war in Aufruhr und begann zu schwitzen: „Meine Schuld? *Meine* Schuld?!", fragte ich wütend und fuhr mit energischer Stimme fort: „Aamina hat mir erzählt, was ihre Mutter ihr angetan hat, und du hast alles mitangesehen. Du hast sie nicht beschützt. Weißt du was? Es reicht mir! Ich verstehe, dass du unter Schock stehen musst. Aber ich bin hier nicht euer Sündenbock." Nach diesen Worten legte ich einfach auf.

Einige Tage später rief mich mein Sido an und erzählte mir, dass die Familie zusammengekommen und ein Großteil davon überzeugt war, dass ich Aamina eingeredet hatte wegzugehen. Und wieder einmal hatte ich aus meiner Familie nur noch meinen Zwillingsbruder und meine Großeltern an meiner Seite. Meine Halbschwester meldete sich nur ein- bis zweimal im Jahr bei mir mit unterdrückter Nummer. Ihre Angst war so groß, dass sie mir ihre Nummer nicht gab. Ansonsten hatte sie keinen weiteren Kontakt zu ihrer Familie. Sie hatte solche Angst vor Konsequenzen gehabt, dass sie sogar in ein anderes Land gezogen war. Nachdem sie dort Fuß gefasst hatte und sich wohlfühlte, erklärte sie mir, dass sie nun die Kraft hätte, das Trauma ihrer Kindheit und ihrer Jugend zu verarbeiten. Auch wenn wir beide uns sehr gut verstanden und ich nichts mit den Qualen ihrer Vergangenheit zu tun hatte, hatte der Gedanke, dass sie den Kontakt zu mir halten sollte, Stress bei ihr ausgelöst. Daher ließ sie es irgendwann. Diese Entscheidung, über die ich sehr traurig war, konnte ich gleichzeitig so gut nachvollziehen. Über Umwege erfuhr ich später davon, dass sie zwischenzeitlich sogar Zuflucht in einem Frauenhaus gefunden hatte. Seit Jahren habe ich nun nichts mehr von ihr gehört.

Kapitel 33

Einige Wochen nach dem letzten Telefongespräch mit meinem Vater überraschte er mich erneut. Ich war gerade im Flur und wollte das Haus verlassen, als das Telefon klingelte. Ohne eine Vorrede oder nette Begrüßung fragte mein Vater mich: „Hat dein Bruder eine neue Handynummer? Ich erreiche ihn nicht." Höflich antwortete ich ihm: „Ich weiß es nicht, Baba. Vielleicht hat er gerade einen Geschäftstermin und sein Handy ausgeschaltet. Warum fragst du? Brauchst du bei etwas Hilfe?" Er antwortete trocken: „Oma ist gestorben. Das wollte ich ihm sagen." Seine Worte trafen mich so unvermittelt und damit so hart, dass ich mich mit zitternden Beinen auf die Treppe setzen musste. „Was!? Was redest du da?" Kalt und ohne Emotionen erwiderte er nur: „Ich will ihm sagen, dass er nach Hause kommen soll." Im ersten Moment glaubte ich, nicht richtig verstanden zu haben, was mein Vater gerade gesagt hatte, doch da liefen mir schon die Tränen über die Wangen. Meine Brust zog sich zusammen, sodass ich tief Luft holen musste, um das Gefühl der Enge loszuwerden. Ich hatte verstanden. Und langsam sickerten auch seine weiteren gefühllosen Worte in mich hinein.

Vorwurfsvoll sagte ich deswegen: „Wieso fragst du nach Jamal? Bin ich es nicht wert, dass du mir das auch mitteilen solltest? Sie war auch meine Oma! Du weißt doch, wie nah wir uns standen." Als ob man am Telefon seinen schüttelnden Kopf hören könnte, sagte er: „Das ist doch Quatsch, wie du reagierst. Jeder stirbt irgendwann." Nach diesen Worten legte ich auf. Sofort versuchte ich, meinen Bruder anzurufen, um meinem Vater zuvorzukommen. Ich wollte ihm auf meine Art mitteilen, dass unsere Oma, die beste Oma, die man sich nur wünschen konnte, von uns gegangen war. Doch wie mein Vater bereits festgestellt hatte, war sein Handy aus. Eine Stunde später rief er mich zurück. Er weinte am anderen Ende. „Hat es dir Baba gesagt?", fragte ich und hoffte dabei, dass er es nicht so erfahren musste wie ich. „Nein, Sido hat mich angerufen. Ihr Herz hat heute Nacht aufgehört zu schlagen.", antwortete er.

Die Tage vergingen und als die Beerdigung meiner Oma anstand, fuhren Christian und ich nach Hamburg. Meine Schwiegermutter hütete die Kinder. Ich wollte mich nicht ablenken lassen, sondern ganz bei meiner Oma sein und Abschied von ihr nehmen. Als wir am Haus meines Sido ankamen, klingelten wir direkt bei ihm. Er empfing uns herzlich und trauernd zugleich. Als wir bei ihm auf dem Sofa saßen, fehlte sofort eine Person im Raum, die sonst auch immer hier gesessen hatte. Tief spürte ich den Schmerz über den Verlust in mir. Doch noch etwas betrübte mich sehr, denn mir wurde klar, womit ich bereits seit Längerem rechnete: *Mein Sido wird ebenfalls bald sterben.* Er hatte Krebs, den er bislang gut im Zaum halten konnte. Was ihn jedoch viel mehr schädigte als der Krebs war sein schwindender Lebenswille durch den Verlust seiner großen Liebe. Es gab für ihn keinen Grund mehr, noch länger auf der Erde zu verweilen.

Tief betroffen saßen wir beim ihm. Mein Opa wirkte gefasst. Er hatte keine Angst vor dem Tod, denn sein Glaube half ihm über das Unausweichliche hinweg. Die Beerdigung sollte erst in zwei Stunden beginnen, sodass wir noch etwas Zeit mit ihm gemeinsam verbringen konnten. Und diese nutzten wir, um über Oma zu sprechen. Dann holte mein Sido eine kleine Kiste aus dem Schrank. Darin lagen zwei Dinge: eine lange, goldene Königskette und Omas Bibel, in der sie Tag für Tag gelesen hatte. Opa übergab mir den Inhalt mit den Worten: „Sie wollte, dass du das bekommst. Sie hat dich sehr geliebt!" Dass ich diese Bibel von ihr erhielt, bedeutete mir sehr viel. Ich wusste, dass dies ihr kostbarster Besitz war. Ein Schatz, den sie gehütet hatte. Und nun hatte ich etwas von ihr, was mich zutiefst mit ihr verband.

Die Beerdigung war meiner Oma würdig. Viele Menschen waren dort und sprachen meinem Sido ihr Beileid aus. Auch wenn ich oft den Tränen nahe war, waren es schöne Momente der Anteilnahme mit so vielen Freunden und Bekannten meiner Großeltern. Nach der Beerdigung deutete mein Sido auf das Rasenstück neben dem frischen Grab meiner Oma: „Hier werde ich liegen, wenn ich gestorben bin. Ich habe bereits alles veranlasst."

Nach der Trauerfeier verabschiedeten wir uns von meinem Opa. Mir versagte fast die Stimme, weil ich befürchtete, ihm heute vielleicht das letzte Mal so nahe sein zu können, als ich sagte: „Sido, ich danke dir für alles. Ich liebe dich und bin froh, dass du mein Sido bist." Und leider sollte ich recht behalten: Sechs Wochen später folgte er meiner Oma.

Diesmal rief mich mein Bruder an und brachte mir schonend bei, dass Sido gestorben war. Ich wusste, dass diese Nachricht mich in nächster Zeit erreichen würde, und doch war ich nicht darauf vorbereitet. Es erfasste mich wieder ein Schmerz, der mir vor Augen führte, wie unwiederbringlich, wie absolut und unumkehrbar der Verlust eines lieben Menschen war. Ich konnte nie wieder meinen Sido um Rat fragen und er würde mich nie wieder in den Arm nehmen können.

Wider aller Vernunft rief ich meinen Vater an, um ihm zu sagen, dass es mir leidtat, dass er seinen Vater verloren hatte. Ich wollte ihm einfach mein Mitgefühl zeigen und fragen, ob er meine Hilfe bei der Beerdigung bräuchte. Er bedankte sich für meine Anteilnahme und sagte im selben Atemzug: „Du brauchst mir nicht helfen. Abgesehen davon wirst du nicht zur Beerdigung kommen." *Was hat er gerade gesagt?* „Wieso?", fragte ich irritiert. „Du bist schuld, dass deine Schwester abgehauen ist. Du bist auf der Beerdigung nicht willkommen. Das ist deine Strafe." Und wieder stieg die Wut in mir hoch und ich begann zu schwitzen. *Meine Strafe?!*, brummte es in meinem Kopf. *Wann hört dieses Familiendrama endlich auf!* „Baba, wie oft denn noch! Ich habe ihr das nicht eingeredet! Ihr hattet doch einen Konflikt mit ihr!" Ruhig antwortete er: „Nein, bei uns war alles gut. Wie gesagt, du bist auf der Beerdigung nicht willkommen." Damit legte er auf.

Meine Hilflosigkeit gegen so viel Ungerechtigkeit war schier unerträglich. Ich spürte, wie mein Herz vor Wut fast platzte. Sofort rief ich meinen Bruder an und erzählte ihm von meinem Gespräch mit unserem Vater. Er wurde ganz still und sagt nichts. „Jamal, was ist los?" Mein Bruder fing an zu weinen. Ich hatte ihn nur in unserer Kindheit und beim Tod unserer Oma weinend erlebt. Es tat weh, ihn so zu hören und vor emotionaler Erschöpfung fing mein Unterkiefer an zu zittern. „Baba und Jamo haben mir vorhin gesagt, dass sie heute die Reservierung für die Grabstätte neben Oma rückgängig gemacht hätten. Sido soll am anderen Ende der Stadt in einem muslimischen Abschnitt eines Friedhofs beerdigt werden." Mein Kopf und mein Herz waren überfordert. Es dauerte eine Weile, bis das Gesagte bei mir ankam. *Was?! Das würde ja bedeuten ...* „Jamal, warte mal, was sagst du da? Er wollte doch neben Oma beerdigt werden. An Omas Beerdigung hatte er Christian und mir erzählt, dass er bereits alles in die Wege geleitet hat!" Mein Bruder antwortete: „Das Gleiche hatte er mir auch gesagt. Aber Baba und Jamo sagen, sie wollen, dass seine Seele zu Allah aufsteigt. Und der Imam hätte ihnen das wohl auch empfohlen. Sie haben sogar gelogen und gesagt, dass Sido, kurz bevor er starb, zu ihnen gesagt hätte, dass er seinen Wunsch, neben Oma zu liegen, widerrufen will. Zada, sie lügen! Ich war vor zwei Tagen bei Sido. Er sagte mir noch, dass es ihn glücklich machte zu wissen, neben Oma beerdigt zu werden. Aufgrund von Corona wird die Beerdigung erst nächste Woche stattfinden. Lass dir den Abschied von Sido nicht nehmen, nicht von Baba. Ich finde, dass du trotzdem zu der Beerdigung kommen solltest." So viele Gedanken und Gefühle tobten in mir. Wie konnten die eigenen Söhne den letzten Willen ihres Vaters nicht akzeptieren? Ich war erschöpft. „Jamal ...", sagte ich und zögerte einen Moment. Dann sagte ich schließlich: „Du weißt, wie sehr ich Sido geliebt habe. Aber ich habe Angst. Ich traue mich nicht, zur Beerdigung zu kommen." Nach diesen Worten erkannte ich mich selbst nicht wieder.

Die nächsten zwei Tage weinte ich oft. Nicht nur um den Verlust meines Sidos und meiner Oma, sondern auch weil ich mich schwach fühlte. Ich hatte das Gefühl, dass man mir etwas Wichtiges genommen hatte. Ich durfte meinem Sido nicht die letzte Ehre erweisen, dabei erschien mir dieser offizielle Akt so wichtig. Bei meiner Oma hatte ich erlebt, dass mir die Beerdigung den Abschied von ihr erleichtert hatte. *Kann mein Vater mir wirklich eine Strafe auferlegen und mir etwas verbieten?*

Einen Tag vor der Beerdigung saß ich am späten Nachmittag mit meinen Kindern im Auto. Ich stand vor einer Ampel und wartete auf Grün. In knapp 22 Stunden sollte die Beerdigung sein. Meine Hände griffen fest um das Lenkrad. Sie griffen so fest zu, dass es fast wehtat. Mit einem Mal veränderte sich meine Haltung. Ich war wieder Zada! *Was lässt du dir verbieten und von wem? Nein! Ich lasse nicht zu, dass ich hier das Opfer werde. Ich bin Zada Wagner! Ich lasse mir doch nicht*

verbieten, auf die Beerdigung meines Opas zu gehen! Ich bin eine
erwachsene Frau und weiß, was sich gehört und was unerhört ist.
Ich lasse mir nicht sagen, was ich darf und was ich nicht darf!

Nun war ich innerlich wieder ganz klar. Ich wusste wieder, was ich wollte und der innerliche Nebel war weg. Wenn ich nicht zur Beerdigung fuhr, würde ich es ein Leben lang bereuen. Ich wollte nicht nur Abschied nehmen von einem der wichtigsten Menschen in meinem Leben, ich wollte auch einem anderen Menschen in meinem Leben zeigen, dass er keine Macht mehr über mich hatte. Mein Baba durfte nicht mehr über mich bestimmen. Mit diesem Entschluss fuhr ich direkt nach Hause. Mein Mann war beruflich im Einsatz und sprach mir telefonisch Mut zu. Dafür hatte ich meine Schwiegereltern an meiner Seite, die die Kinder übernahmen. Also packte ich abends meine Sachen und fuhr am nächsten Morgen ganz in der Früh nach Hamburg.

Mein Bruder lächelte, als ich mit meinem Auto vor dem Friedhof parkte. Er nahm mich in den Arm und sagte: „Ich bin so froh, dass du gekommen bist!" Wir schenkten uns gegenseitig Trost und gingen gemeinsam auf den Friedhof. Doch wir waren nicht allein unterwegs. „Viele Menschen respektierten und mochten Sido sehr. Sie sind alle seinetwegen hier", sagte Jamal. Langsam kamen wir zum muslimischen Teil des Friedhofs. Aus der Ferne erkannte ich meinen Vater, der einige Meter entfernt vor dem offenen Grab meines Sidos stand. Mein Bruder und ich gingen auf ihn zu, während die einzelnen Trauergäste an ihm vorbeiliefen, ihn begrüßten und ihr Beileid bekundeten. Als er mich erblickte, erstarrte sein Gesicht. Als wir an der Reihe waren, begrüßte mein Bruder unseren Vater sehr kühl, der nur mit einem Nicken erwiderte. Auch ich begrüßte ihn ernst und wendete mich dann von ihm ab, um weiterzugehen. Doch ich konnte nicht. Schnell drehte ich mich um und umarmte ihn für einen kurzen Moment, dann ließ ich ihn los. Ich traute mich nicht, ihn anzuschauen.

Dann gingen mein Bruder und ich an den ganzen Menschen vorbei zu unserem Sido, der nun vor uns lag. Er wurde zuvor gewaschen, gesalbt und in ein Leichentuch gelegt. Es wühlte mich auf zu wissen, dass er vor mir lag. Obwohl ein Verstorbener nach dem islamischen Glauben schnellstmöglich begraben werden soll, darf er in Deutschland frühestens nach 48 Stunden beerdigt werden. Durch die Coronapandemie wurde die Beerdigung meines Opas sogar noch weiter nach hinten verlegt. Das Grab war gen Mekka ausgelegt, sodass der Blick und die Füße des Verstorbenen in diese Richtung zeigten. Als ich mich nach dem Anblick meines Sidos wieder beruhigt hatte, fiel mir auf, dass fast hundert Menschen hier waren, davon allerdings nur eine Handvoll Frauen. Ich stellte mich zu meiner Tante und meiner Cousine. Als die Beisetzung beginnen sollte, kam mein Onkel auf uns zu und sagte: „Schnell, geht hier weg! Ihr Frauen müsst nun einen großen Abstand zu uns halten." Nach dem Islam dürfen Frauen nämlich nicht an einem Grab trauern. Mir schoss dabei nur ein Gedanke in den Kopf: *Doch nicht hier in Deutschland!* Ich hatte nicht erwartet, dass diese religiöse Regel auch bei der Beerdigung meines Sidos durchgesetzt werden würde. Also standen wir Frauen nun abseits, wie Unwürdige, und konnten kein Wort verstehen, was über unseren Sido vor seiner Beisetzung gesagt wurde. Manchmal trug der Wind Wortfetzen zu uns herüber und ich meinte, die *Schahada* zu hören. Meine Cousinen, meine Tante und ich hatten zum ersten Mal eines gemeinsam: Wir waren wütend darüber, dass wir so respektlos behandelt wurden.

Nach all der Warterei und nachdem schließlich der letzte Mann Erde auf das Grab meines Sidos geworfen hatte, durften wir Frauen auch endlich an das offene Grab. Ganz bewusst stellte ich mich davor, nahm ein wenig Erde, warf sie hinein und mit ihr all die guten und dankbaren Gedanken an meinen Sido. Mir war es egal, was andere nun dachten. Auch wenn die Beerdigung mir wieder einmal gezeigt hatte, wo ich als Frau in der im islamischen Glauben verankerten, arabischen Gesellschaft stand, war ich froh, dabei gewesen zu sein.

Die männlichen Trauergäste fuhren im Anschluss zur Moschee, um dort für meinen Sido, wie bereits auf dem Friedhof, weiter zu beten. Nun war nur noch die Familie zusammen. Mein Vater ignorierte mich, verabschiedete sich von der restlichn Familie und fuhr ebenfalls zur Moschee. Das war das letzte Mal, dass ich ihn sah, und auch das letzte Mal, das ich ihn sehen wollte.

Gemeinsam mit meinem Bruder fuhr ich zu ihm nach Hause, wo wir einen wunderbaren Tag in Gedanken an unseren Sido verbrachten. Wir erzählten uns Geschichten aus der Vergangenheit, manchmal lachten wir auch und freuten uns über die schönen Erinnerungen. Am nächsten Morgen fuhr ich wieder heim in meine Welt, in der ich mich wohlfühlte.

Eine Woche später schickte ich meinem Vater eine Nachricht auf sein Handy. Sie war kurz und bündig. Ich verabschiedete mich von ihm. Mir war es egal, ob er dies verstand oder nicht. In seiner Welt hatte ich keinen Platz mehr und er auch nicht in meiner. Allein mein Zwillingsbruder stand mir weiterhin nahe, ansonsten blieb von meiner Familie keiner mehr übrig.

Kapitel 34

Mein verborgenes Ich

Als ich Mutter geworden war, hatte die Geburt meiner Kinder in mir nicht nur das Gefühl ausgelöst, nun vollständig, vollkommen glücklich oder im Leben angekommen zu sein. Nach außen hin schien mein Leben perfekt. Oft dachte ich auch, dass ich mich genauso fühlen müsste. Doch so war es nicht. Das Wesen Mensch ist sehr einfallsreich und kann auf verschiedenen Ebenen leben. Andere sehen nur das Äußere eines Menschen, denn er funktioniert weiterhin in seinem Alltag. Doch in mir drin sah es manchmal ganz anders aus. Dieses düstere Innere hielt ich stets vor der Außenwelt verborgen und kostete mich viel Kraft. Doch wie kam es dazu?

Als ich erfahren hatte, dass ich mit unserem ersten Kind schwanger war, hatten Christian und ich uns so sehr gefreut. Binnen vier Monate hatten wir das Kinderzimmer hergerichtet, alles gekauft und aufgebaut, was man nur brauchte. Und dann hatten wir festgestellt, dass wir nichts mehr weiter tun konnten, als zu warten. Und das war nicht gerade eine unserer Stärken. Ich hatte meine freie Zeit mit Lesen von Büchern übers Kinderkriegen und Erziehungsratgebern gefüllt. Daraufhin besuchten Christian und ich einen Geburtsvorbereitungskurs und ich lernte stricken. Meinem Baby strickte ich eine kuschelige Decke aus feinster Merinowolle. Im Mutterschutz vor der Geburt suchte ich mir jede erdenkliche

211

Aufgabe, um das Haus noch besser für das Kind vorzubereiten. Vor dem Zubettgehen ging ich oft ins Kinderzimmer, schaute mich um und küsste die Strickdecke, die in der Krippe lag.

Und dann war es endlich so weit. Der Moment war gekommen und niemand hatte mir vorher wirklich gesagt, wie unfassbar schmerzhaft so eine Geburt sein konnte und dass das Wochenbett alles andere als angenehm ist. *Hört man als werdende Mutter nur selektiv? Sieht man die Welt nur rosarot?*, musste ich mich manchmal fragen. Doch als ich meine Kleine dann im Arm hielt, war alles vergessen. Sie war es mehr als wert. Nun waren wir eine Familie. Eine richtige Familie. Mit Freude kümmerten wir uns um sie und schenkten ihr unsere bedingungslose Liebe. Sie hingegen gab uns mit ihrer Schutzlosigkeit, die wiederum Geborgenheit durch uns erforderte, das Gefühl, von ihr geraucht und geliebt zu werden. Allein ihr Lächeln wurde später unser großzügiger Lohn.

Einige Wochen nach der Geburt unserer Tochter und nach einer Welle von Glückseligkeit kam dann der Bruch in mir. Ich bekam einen Flashback aus meiner Kindheit. Meine kleine unschuldige Tochter lag auf der Wickelkommode und bevor ich ihr eine Strumpfhose anziehen wollte, brachte ich sie zum Lachen. Ich prustete mit meinen Lippen ganz vorsichtig auf ihren Bauch, sodass ich dadurch Geräusche machen konnte. Sie fing an zu glucksen, weil es sie wohl so schön kitzelte. Als ich nun die Strumpfhose über ihre Beinchen ziehen wollte, traf es mich aus heiterem Himmel. Vor meinem inneren Auge sah ich meine Mutter über mir, wie sie mir grob eine Strumpfhose anziehen wollte und mir wütend in die Beine kniff, weil es ihr nicht schnell genug ging. Ich stand wie erstarrt da. Aus meiner Kindheit wusste ich wenig. Vermutlich hatte ich all die Erlebnisse und Erfahrungen tief in mir vergraben, um mich zu schützen. Mit meinem eigenen Kind durchlebte ich nun all die Situationen, die schon Generationen von Müttern mit ihren Kindern erlebt hatten. Es war wie eine zweite Kindheit, nur dass ich diesmal die Mutter war. Und tatsächlich kamen in Alltagsituationen immer wieder Flashbacks mit all den Emotionen der damaligen Zeit in mir hoch.

Wenn meine Tochter nachts aufwachte und weinte, erinnerte ich mich daran, wie meine Mutter nachts meine kleinen Geschwister, die gerade mal ein Jahr alt waren, einfach nur angeschrien und beschimpft hatte. Sie war empört darüber, dass ihre Nachtruhe gestört worden war. Ich fragte mich, was sie mit mir als Baby wohl gemacht hatte, als ich nachts weinte. Mein Bruder und ich waren Zwillinge. Sie hatte also alles im Doppelpack. Ich versuchte, die Gedanken und Gefühle, die mich überfielen, abzuschütteln. Schließlich war ich kein Kind mehr, sondern eine erwachsene Frau, die jetzt selbst ein Baby hatte. Und wie so oft, wenn ich meine Kleine im Arm hielt, sie beruhigte und küsste, fragte ich mich, warum meine Mutter so ein Verhältnis zu ihren eigenen Kindern nicht hatte aufbauen können. Wie konnte jemand zu einem anderen Wesen, das einem anvertraut wurde und mit dem man von Geburt an und bereits seit Beginn der Schwangerschaft so eng verbunden war, so wenig Nähe und Empathie aufbauen? Wie hatte meine Mutter eine so zerrüttete, distanzierte Beziehung zu mir entwickeln können? War einem die Liebe zum eigenen Kind nicht mit in die Wiege gelegt?

Später kamen dann noch die Erinnerungen an körperliche Gewalt hinzu, an die ich viele Jahre nicht mehr gedachte hatte. Lange Zeit hatte ich diese Erfahrungen vergessen und sie hatten mein Leben nicht beeinträchtigt. Sie waren zwar in mir und doch gleichzeitig sehr fern. Dieser Zustand hatte mich geschützt – doch nun nicht mehr.

Aber die schlimmsten Erinnerungen, die in mir hochkamen, waren nicht die Schläge mit der Hand, einem Gürtel oder einem Schuh, ganz gleich, ob sie spontan aus Wut oder geplant mit Vorsatz geschahen. Nein, das Schlimmste waren diese Worte: „Ich bin deine Mutter und habe das Recht, dir das Leben zu nehmen." Die verschiedensten Morddrohungen, die ich mir anhören musste, stachen wie Nadeln in mir. Und dann gab es gleichzeitig auch diese schönen Momente aus meiner eigenen Kindheit. Die Erinnerung, wie glücklich meine Mutter gewesen war, als sie meinem Bruder und mir ein Eis ausgab. Diese Erinnerungen waren so paradox, unterschieden sie sich doch so sehr.

Was mir vor allem zusetzte, war, dass ich nun selbst Mutter war und mich nach einer Mutter sehnte, die mir nahestand. Eine, die ich fragen konnte, was ich tun sollte, wenn meine Tochter Bauchschmerzen hatte. Sie hätte mir einen Rat gegeben und dann erzählt, wie es damals für sie war, eine Mutter zu sein, und wir hätten die schönen Momente miteinander geteilt. Ich fühlte mich einsam, obwohl so viele liebenswerte Menschen um mich herum waren. Christian war ein liebevoller Vater. Seine Mutter, sein Vater und seine Tante waren mir auch so nah. Gleich nebenan! Aus meiner Familie war zwar nur mein Bruder für mich da, aber auch er war stets an meiner Seite, wenn ich ihn brauchte. Trotzdem fragte ich mich: *Warum reichen sie mir nicht? Bin ich undankbar? Was suche oder brauche ich noch? Sind die Liebe und Zuneigung der anderen denn nicht genug?*

In dieser Phase meines Lebens entfernte ich mich von mir selbst. Zuerst bemerkte ich es nicht. Eigentlich verlangte ich von mir, nun endlich glücklich zu sein. Da dies jedoch nicht möglich war, fing ich an, meine Gefühle nicht mehr spüren zu wollen, denn sie taten nur weh. Mein Leben wurde stumpf, als wäre ich in Watte gepackt und da draußen wartete die schöne Welt. Keine Farbe, kein Klang und keine Regung der Natur kamen mehr an mein Herz heran. Mein Kalender war gefüllt mit Verabredungen mit Frauen, die auch ein Kind hatten, oder ich besuchte meine Schwiegereltern nebenan oder Christians Tante, nur um nicht allein zu sein. Ich konnte mich einfach nicht ertragen. Meine Schwiegereltern sagten mir oft, dass meine Tochter trotz der blauen Augen meine Gesichtszüge hätte und mir sehr ähnlich sehe. Für viele wäre das wohl ein Kompliment gewesen, doch es fing an, mich zu stören. Ich wollte nicht, dass sie so aussah wie ich, und vor allem sollte sie nicht so wie ich werden.

Es blieb nicht nur bei den Flashbacks aus meiner Kindheit und dem Aushalten der schlechten Gefühle danach, um dann wieder in meinem inneren Wattekokon unterzutauchen. Die Leere in meiner Brust, die ich nicht verstand, löste aus, dass ich anfing zu grübeln. Alles, was um mich herum geschah, musste ich innerlich bewerten. Meine Gedanken waren immer sofort bei anderen Menschen, um von meinem eigenen Ich abzulenken. Anderen gegenüber besaß ich eine hohe Erwartungshaltung und legte jedes Wort auf die Goldwaage. Leider fing ich auch bei den kleinsten Anzeichen von Kritik an, mich mit meinen Liebsten zu streiten.

Und dann ging es noch einen Schritt weiter. Immer mehr nahm ich nur noch das Schlechte in dieser Welt wahr. Obwohl ich mein Leben lang eine Optimistin gewesen war, entwickelte ich mich in dieser Zeit zu einer besserwissenden, sauertöpfischen Pessimistin und fing an zu verurteilen. Kein Mensch machte etwas richtig im Leben, über jeden konnte ich etwas Schlechtes denken. Obwohl ich so ein schönes Leben hatte, fühlte ich nichts Schönes mehr in mir. Dieser ständige Begleiter in meinem Kopf, der immer wieder alles bewerten wollte, folgte mir auf Schritt und Tritt. Ach, wie sehr ich ihn verabscheute, denn alles machte er mir madig. Erlebte ich einen schönen Moment, so konnte ich ihn nicht genießen. Von allen Seiten betrachtete dieser Begleiter, was ich erlebte, zerpflückte jede Situation und analysierte in meinem Kopf alles, bis nichts mehr an Gutem übrig blieb. Er war bei den schönsten Momenten dabei, aber auch bei den schlimmsten und machte diese so noch schlimmer. Doch es war noch eine Steigerung möglich. Zuerst merkte ich nicht wirklich, dass sich alles weiter zuspitzte, bis es irgendwann nach außen sichtbar wurde: Der ständige Begleiter in meinem Kopf weckte in mir ein Gefühl von Hass. Wut über meine Situation und über andere Menschen, die mich störten, kam in mir hoch und brachte mich zum Schwitzen. Mehrmals am Tag musste ich mich umziehen, weil meine Wäsche, die ich direkt auf der Haut trug, zu feucht geworden war.

Spürte ich auch nur den Ansatz eines Glücksgefühls in mir aufsteigen und wollte mich ihm hingeben, war der Begleiter da. Alles wurde 1.000-mal durchgekaut und bis ins letzte Detail analysiert. Alle Analysen vorheriger Ereignisse vermengten sich zu einem einzigen Drama in meinem Kopf und alles, was ich zuvor akribisch in Einzelteile zerlegt und für schlecht befunden hatte, bestimmte, dass neue Erfahrungen ebenfalls schlecht sein mussten. Meine negativen Gedanken befruchteten sich gegenseitig, sodass irgendwann gar kein Lichtblick mehr durch sie hindurchdringen konnte.

Nach einer Weile fiel mir auf, dass ich diese Art zu fühlen und zu denken schon als Jugendliche verinnerlicht hatte, sodass ich mich fragte: *Ließ mich Christian, als er in mein Leben trat, diesen Begleiter nur für eine gewisse Zeit vergessen?* Zum Teil. Durch die vielen schönen Momente mit ihm war diese dunkle Seite in mir in den Hintergrund geraten. Die durch die Flashbacks wiedererlebten Erinnerungen an meine Kindheit ließen sie jedoch wieder die Oberhand in mir gewinnen. Ich wünschte, es wäre gelogen oder überspitzt ausgedrückt, was in meinem Kopf vorging. Doch ich verbrachte jeden Tag, bereits wenige Sekunden, nachdem ich morgens aufwachte, während ich frühstückte, mit dem Auto zur Arbeit fuhr, in ruhigen Momenten, wenn ich mal ausnahmsweise nichts zu tun hatte, auf dem Heimweg, während des Kochens und bis zum Schlafengehen damit, über einzelne Personen nachzudenken und sie abzuwerten. Ich nahm sie in meinen Gedankenfokus, bis ich anfing, sie zu hassen. Meist waren es ein oder zwei Personen, mit denen ich zu tun hatte, auf die ich mich unweigerlich fixierte. Weil sie zu meinem persönlichen und mitunter auch beruflichen Umfeld gehörten, konnte ich ihnen nicht aus dem Weg gehen. Alles, was sie taten oder sagten, nahm ich persönlich und sah darin einen Angriff gegen mich. Es war mir peinlich, wenn mich mein Mann dabei erwischte, wie ich tief in meine Gedanken absank. Er merkte es, wenn sich alles in mir anspannte und mein Gesicht leicht rot anlief. Er erkannte auch, wenn sich ein leichtes Zittern an meinem Kinn bemerkbar machte. Manchmal kam es vor, dass die Personen, auf die ich solch einen Hass entwickelte, wechselten. Doch nie hatte ich die Kraft, diese Menschen links liegen lassen zu können. Ich gab ihnen den Raum, mit ihren Sticheleien meinen Hass auf sie zu schüren.

Die Vorzeichen bei meiner zweiten Schwangerschaft waren denkbar ungünstig. Nicht nur mein ständiger Begleiter trieb mich in den Wahnsinn, sondern auch eine offensichtliche Depression, die ich nicht mehr verstecken konnte, kam zum Vorschein.

Manchmal saß ich mit meinem Mann und unserer süßen Tochter am Esstisch, wir aßen zu Abend und ich weinte und weinte und weinte. Damit meine Tochter davon nichts mitbekam, stand ich immer mal wieder auf und ging in die Küche. Daraufhin gab mir meine Hebamme ein homöopathisches Mittel, das meine starken Stimmungsschwankungen gerade so im Zaum hielt. Aber das Gedankenkarussell in mir nahm weiter Fahrt auf und ich machte mir Vorwürfe, dass mein Kind in mir Schaden nehmen könnte. Doch nicht nur mein Ungeborenes machte mir Sorgen, auch das Glück meiner Tochter und unserer Ehe sah ich in Gefahr. Daraus resultierte erneut ein schlechtes Gewissen, das sich zu Wut steigerte, weil ich schuld daran war, aber nichts ändern konnte.

Mein Leben wurde immer schwerer. Immer wieder sagte ich mir, ich müsste positive Gefühle haben und dürfte nicht so wütend sein. Doch schließlich sagte mein Mann: „Mäuschen, wir sind nur noch am Streiten. Dir geht es nicht gut. Du solltest einen Psychologen aufsuchen." Ein Teil in mir schrie: *Was fällt dir ein?! Ich brauche doch so etwas nicht!* Doch ein anderer Teil in mir war weiser. Dieser wusste schon längst, dass es so mit mir nicht weitergehen konnte. Allein meinen Kindern und Christian zuliebe war es an der Zeit, etwas zu ändern. Ich musste mich meiner Vergangenheit stellen.

Kapitel 35

Des Öfteren schon hatte ich mich mit dem Thema „Seele" beschäftigt. Meine Seele suchte nach Erlösung und meine Selbstheilungsversuche bestanden darin, mich intensiv mit diesem Thema auseinanderzusetzen. Also kaufte ich mir ein Buch über Achtsamkeit, das mir versprach: 20 Minuten tägliches Training sollten mein Leben verändern. Ich verschlang jede Zeile dieses Buches und machte alles ganz genau so, wie es beschrieben wurde. Täglich praktizierte ich das Achtsamkeitsprinzip und tatsächlich half es mir. Eine gewisse Zeit lang fühlte ich mich gut, doch kaum war ich zurück in meinem Alltag, versank ich wieder in meiner Dunkelheit. Die Zeit des Einübens von Ruhe und Gelassenheit gab mir kurzzeitig Kraft, doch sie half mir nur, meine Probleme gerade so auszuhalten, nicht, sie zu lösen. Auch andere Versuche, mir selbst zu helfen, blieben erfolglos und der Bücherstapel auf meinem Nachtschränkchen zu Themen wie Meditation, Glück, Zufriedenheit und Ernährung wurde immer höher.

Die Entscheidung, einen Psychologen aufzusuchen, war dann schließlich die richtige. Trotzdem schämte ich mich dafür, denn jemandem die Untiefen meiner Seele zu offenbaren, war nicht einfach und die Hemmschwelle groß. Einen Termin für eine Therapie zu bekommen, war dann noch ein ganz anderes Problem. Ich hatte so viele Therapeuten angerufen und wurde immer nur auf Wartelisten gesetzt. Acht Monate musste ich warten, bis die Therapie beginnen konnte.

In dieser Wartezeit wurde mein Sohn geboren. Das Erlebnis

der Geburt und ihn danach, so zart und unschuldig, wie er war, in den Armen zu halten, brachte mir eine kurze Pause meiner Selbstzerstörung. Erneut war ich so verliebt und endlich waren meine Weinattacken wieder weg. Es währte aber nicht lange und der Alltag mit zwei Kindern holte mich ein. Die Selbstvorwürfe begannen erneut: Bei so viel Glück musste ich doch glücklich sein. Mein Mann, meine beiden wundervollen Kinder, das große Haus, in dem wir wohnten – all das war doch Grund genug, sich glücklich fühlen zu können. Das war ich aber nicht. Wenn ich mit meinen Kindern spielte, konnte ich einfach nicht in diesen Augenblicken verweilen. Immer befand ich mich in meinem Wattekokon, der mich nur dumpf am Leben teilhaben ließ.

Als ich schließlich den Anruf einer Psychologin bekam, dass ich endlich von ihr behandelt werden konnte, sah ich ein Licht am Ende des Tunnels. Ich glaubte, wenn ich erst dort wäre, könnte sie mir helfen. Davon war ich überzeugt. Als der erste Termin anstand, freute ich mich darauf wie auf einen Urlaub. *Will ich vielleicht Ferien von mir selbst?*, fragte ich mich. Die Therapeutin wollte alles über mich wissen und war mir von Anfang an sympathisch. Ohne Hemmungen erzählte ich ihr von meiner Kindheit, meiner Mutter, meinem Vater, den Streitigkeiten mit Christian und meinen Stimmungsschwankungen. Später erzählte ich ihr auch von meinen schlimmen Gedanken – von meinem ständigen Begleiter, dem Hass. Nach wenigen Sitzungen wurde klar, dass meine seelischen Probleme das Resultat meiner Vergangenheit mit meiner Familie waren und ich wahrscheinlich schon immer leicht depressiv war. Liebe war dabei das Schlüsselwort. Weil meine Eltern nicht dazu fähig waren, mir ihre verlässliche Liebe zu schenken, konnte ich mich auch selbst nicht lieben. Daraus resultierte die Angst, verlassen zu werden. Ich begab mich also unbewusst in eine Schutzhaltung und versuchte die

Menschen von mir wegzustoßen, damit sie mich nicht verließen, sondern ich sie. Ich wollte mich nicht mehr in die Hände von Menschen begeben, die ich liebte, und nicht mehr das Opfer sein. Aber mein eigenes Verhalten tat mir selbst weh und ich versuchte, verlässliche Liebe annehmen zu können. Das (Ur-)Vertrauen in mich selbst und andere war jedoch abhandengekommen.

Meine Psychologin war sehr bemüht. Sie schaffte es nach jeder Behandlung, dass ich mich ein wenig besser fühlte, doch dieser Mehrwert hielt entweder nur wenige Tage an oder manchmal auch nur ein paar Stunden. Die Therapie half mir, meine Gefühle zu verstehen. Jedoch war mein großes Verlangen, dass mein Kopf endlich aufhörte, wie eine Maschine ständig alles Negative zu suchen. Es fühlte sich an, als ob ein Geschwür in meinem Kopf steckte, dass ich rausreißen wollte – koste es, was es wolle. Doch es gelang mir einfach nicht. Mit der Zeit war ich erschöpft von alldem. Ich war erschöpft von mir selbst.

In einer Therapiestunde musste ich auf meine Psychologin warten. Sie hatte mich bereits in ihr Sprechzimmer gebeten und ging für ein Telefongespräch aus dem Raum. Innerlich aufgekratzt und unruhig setzte ich mich nicht auf den für mich als Patientin vorgesehenen Sessel, sondern ging in dem Raum auf und ab. Ich kam an einem Tisch vorbei, auf dem ein dickes Buch mit dem Titel „Heilige Schrift" lag. Es war mir unheimlich peinlich, dass ich ausgerechnet dort im Raum stand, als die Therapeutin plötzlich wieder hereinkam. Verlegen wollte ich mich entschuldigen. Doch sie lächelte nur und empfahl mir, den Glauben für mich zu suchen. Sie erklärte mir, wie sehr ihr Gott Halt in Notlagen geben würde, und dass ich versuchen könnte, dies ebenfalls zu erleben. Seufzend erwiderte ich jedoch: „Ich glaube nicht wirklich an

Gott." Die Gespräche mit ihr an diesem Tag waren wieder hilfreich, doch wie immer waren sie auch anstrengend.

Müde im Kopf fuhr ich nach Hause. Meine Schwiegereltern machten gerade einen riesigen Spaziergang mit ihren Enkeln, als ich ankam. Die freie Zeit wollte ich nutzen, um mir eine Ruhepause zu gönnen, und legte mich aufs Sofa. Da fiel mein Blick plötzlich auf das Bücherregal und ich erinnerte mich daran, dass dort die Bibel meiner Oma stand. Ich überlegte. *Soll ich es wagen? Was soll es mir bringen?* Bereits in der Vergangenheit hatte ich sporadisch in der Bibel gelesen, weil ich verstehen wollte, warum meine Oma und so viele andere Menschen auf der Welt dieses Buch so wichtig fanden. Damals hatte sie mir die Bibel ihrer Mutter nach einem dieser herrlich intensiven Gespräche mit ihr geschenkt, als ich ihr von meinen Gefühlen erzählt hatte, die ich manchmal nicht verstand. Sie hatte mir die Bibel in die Hand gegeben mit den Worten: „Das ist die Bibel meiner Mutter. Ich würde sie dir gerne schenken. Versuche, im neuen Testament zu lesen. Wenn ich darin lese, dann berührt es mich auf eine Art, für die ich keine Worte habe. Es schenkt mir Gewissheit wie nichts anderes auf der Welt. Ich denke, es könnte dir helfen." Ich war dankbar über ihre Geste gewesen, weil ich ahnen konnte, wie viel ihr die Bibel meiner Urgroßmutter bedeutet hatte. Also hatte ich sie umarmt und mich bei ihr bedankt. Meine Bedenken, dieses Buch nicht annehmen zu können, hatte sie entkräftigt, da die Bibel, in der sie täglich gelesen hatte, eine andere gewesen war. Diese hatte sie von meinem Sido geschenkt bekommen, und sie war ihr heilig.

Ich stand also vom Sofa auf und nahm die Bibel meiner Oma, die direkt neben der ihrer Mutter stand, aus dem Regal. Sie war schwarz und besaß einen Goldschnitt. Als ich sie aufschlug, entdeckte ich eine Widmung darin: „Das ist meine Bibel. Ich lese täglich darin. Wenn ich irgendwann nicht mehr bin, Zada, gehört dieses Buch dir." Sofort stiegen Tränen in mir auf. Wie konnte es sein, dass ich nach Erhalt dieses Buches noch nicht einmal hineingeschaut hatte? Ich vermisste meine Oma so sehr. Über ihren Tod hinaus hatte sie tatsächlich an mich gedacht. Kaum hatte ich mich gefangen, hörte ich auch schon bekanntes Kindergeschrei. Meine Schwiegereltern kamen mit der Rasselbande zurück.

Kapitel 36

Während meines Behandlungszeitraumes hatte meine Psychologin drei Wochen Urlaub. Mir war nicht klar, wie sehr ich ohne die regelmäßigen Gespräche mit ihr leiden würde, denn meine Depression erreichte in dieser Zeit ihren Höchststand. Schlug ich morgens meine Augen auf, war der erste Moment wie ein Aufwachen aus einem schönen Traum. Es war einfach still in meinem Kopf. Und wie an jedem Tag zuvor war er nach wenigen Sekunden wieder da: mein ständiger Begleiter. Doch diesmal war nicht nur er da. Ich hatte das Gefühl, dass auch eine Schwärze mich umgab. Diese Dunkelheit konnte ich zwar nicht sehen, dafür jedoch fühlen. Es war, als ob ich in ein schwarzes Loch gezogen würde, mal stärker und mal schwächer. Zu fühlen, wie machtlos ich war, obwohl ich so viel tat, setze mir schwer zu.

Wenn ich allein war, weinte ich. Mit niemandem konnte ich darüber reden, nicht einmal mehr mit meinem Mann, was mir das Gefühl gab, isoliert und ausgeschlossen zu sein. Ich wusste, dass Christian müde war von diesem Thema, darum tat ich so, als ob alles wieder in Ordnung wäre. Ich hatte Angst, dass er mich verlassen würde, weil er meiner überdrüssig geworden war. Gleichzeitig sorgte mein Zustand dafür, dass ich ihn nicht mehr an mich heranließ und ihn von mir wegstieß. Ich wollte kein Opfer werden, das verlassen wurde.

In diesen drei Wochen, während ich keine Therapie hatte, verabredete ich mich mit Mira, einer Freundin, die ich durch den Geburtsvorbereitungskurs meiner Tochter kennengelernt hatte. Wir entschieden, dass die Kinder zu Hause bei ihren Vätern bleiben sollten, und trafen uns auf einem Parkplatz, um im Wald spazieren zu gehen. Ich wollte eine gute Zeit mit ihr verbringen und mich ablenken. Also plauderten wir einfach über alles Mögliche. Aus welchem Anlass auch immer kam die Schwärze selbst an diesem schönen Ort zu mir und diesmal schien sie noch dunkler und näher als zuvor. Die Panik, die mich ergriff, ließ mich ganz still werden. Ich brauchte all meine Kraft, um ruhig zu bleiben, denn immer fühlte es sich so an, als ob ich aus dem Leben fallen würde. Nach der Panikattacke begannen meine Beine zu zittern. Meine Freundin merkte, dass etwas nicht stimmte, war sehr besorgt und fragte, was los wäre. Noch ganz empfindsam von dem vorherigen Augenblick begann ich mich ihr zu öffnen. Ich erzählte ihr alles. Bis zu diesem Zeitpunkt hatte ich nur sehr wenigen Menschen in dieser Tiefe von meiner Schwärze erzählt. Ich mochte es nämlich, wie meine Freunde mich und mein Leben sahen. Ich war doch immer die gewesen, die alle ihre Ziele im Leben erreichte, ein tolles Leben führte, lebensfroh war und viel lachte. Vor ihnen wollte ich die Fassade aufrechterhalten. Meine Freundin Mira hörte mir geduldig zu. Ich erwartete nichts von ihr. Mein Wunsch war es nur, jetzt nicht allein zu sein.

Als wir aus dem Wald heraustraten, lag vor uns ein See. Erschöpft nahm ich auf einer Sitzbank Platz, Mira setzte sich neben mich und sagte: „Zada, ich hatte dir, als wir uns kennenlernten, erzählt, dass ich Christin bin." *Das stimmt, ich habe es ganz vergessen.* Lächelnd fuhr sie fort: „Ich habe in meinem Leben sehr oft sehen dürfen, wie Jesus, also Gott, Menschen heilte oder sie in Not rettete." Sie schwieg einen kurzen Moment und fragte mich dann: „Wenn ich darf, dann würde ich gerne für dich beten und danach vorschlagen, dass du betetest."

Beten? Verlegen blickte ich auf meine Schuhe. Mir war dieser Moment ein wenig unangenehm und peinlich. Doch ich wollte nicht unhöflich sein und ihre Idee machte mich auch neugierig. Ich nickte. Wie konnte diese Frau, genau wie meine Oma, so selbstsicher sein? Mit strahlenden Augen blickte sie auf den See und sagte schließlich: „Himmlischer Vater, ich danke Dir dafür, dass Du heute hier bist und mir Zada als Freundin geschenkt hast. Bitte zeige ihr, wie wunderbar Jesus ist, und höre sie an. Bitte, Vater, nimm ihre Depression und lass sie erkennen, dass sie geheilt ist. Amen." Während sie das sagte, schaute ich sie bewundernd an und dachte gleichzeitig: *Wie kann sie an so etwas wirklich glauben? Ist das nicht ein Stück weit naiv?* Doch ihr Vertrauen war so groß!

Nach ihrem Gebet legte sie ihre Hand auf mein Knie und sagte: „Versuch du es einmal. Lege dem Herrn deinen Kummer hin und bitte Ihn um Heilung!" In mir begann ein Kampf zwischen meiner Vernunft und einem Gefühl, das zu sagen schien: *Was hast du zu verlieren? Du bist bereits am Boden und hast schon alles versucht. Wenn du aufstehen willst, solltest du diesen Strohhalm nutzen!* Trotzdem schämte ich mich vor ihr zu beten und die Worte laut und deutlich auszusprechen. Es schien mir albern und kindisch. Langsam atmete ich ein und blickte auf den See. *Was wäre, wenn mir das jetzt wirklich helfen würde? Nein, ich habe doch schon alles versucht, was man nur versuchen kann. Jedes Mal dachte ich, es hätte funktioniert, und nach wenigen Stunden war alles wieder beim Alten!* Mit einem Seufzer atmete ich wieder aus. Dann schloss ich die Augen, faltete einfach meine Hände und neigte meinen Kopf leicht gebeugt über sie. Ich machte es so, wie ich meinte, dass es richtig wäre. Die Zeit war mit einem Mal wie ausgehebelt und mit den geschlossenen Augen konnte ich eine innere Betrachtung vornehmen. Mich wahrnehmen. Als wenn ich endlich Zeit hatte, mich wirklich zu spüren! Innerlich sprach ich mir zu: *Alles, was jetzt passiert, ist gut! Lass los und habe Vertrauen! Mache dich frei – wirklich frei!* Dann fing ich an aus den Tiefen meines Herzens laut und deutlich zu sagen: „Lieber Gott, lieber Jesus Christus, ich weiß, ich habe noch nie so richtig zu Dir gebetet. Seit so einer langen Zeit habe ich eine Depression. Gerade jetzt ist es für mich unerträglich damit. Bitte lass mich die unbeschwerte, lebensfrohe Zada sein. Bitte nimm mir diese Gedanken, dieses Chaos aus meinem Kopf. Bitte heile mich." Als ich diese Worte ausgesprochen hatte, fühlte ich mich sofort erleichtert, als ich merkte, wie einfach es war und wie diese Worte meinen innersten Wunsch hervorgebracht hatten. Nun war es heraus und ich schämte mich nicht mehr, hier zu sein – und krank zu sein. Ich spürte einen weiteren Atemzug in mich hinein- und wieder aus mir herauskommen. Ich spürte *mich* und es fühlte sich so gut an!

Langsam öffnete ich die Augen und merkte: Dieser Moment war der bislang wichtigste und prägendste Moment meines Lebens. *Wird dieses Gefühl, mich so zu spüren, bleiben?* Ich wusste in der Sekunde, als das Tageslicht wieder in meine Augen fiel, dass mein Schmerz, meine Angst, meine eingeschränkte Wahrnehmung und meine Depression nicht mehr in mir waren. Als ob ein Schalter umgelegt wurde, hatte ich plötzlich wieder Licht und Freiheit in meinem Kopf und fühlte mich wach. Die Finsternis, die stets um mich herumwaberte, war weg. Der See bestach mit all seiner Klarheit. So hatte ich ihn zuvor nicht wahrgenommen. Seine Schönheit, das Glitzern des Wassers und der Wind um mich herum belebten mich. *Was war das? Was ist passiert?* Diesmal stammten die Fragen in meinem Kopf jedoch nicht von meinem bisherigen ständigen Begleiter. Es war kein Gedankenkarussell mehr vorhanden, aus dem ich nicht aussteigen konnte, weil es sich immer schneller drehte und mir mein Gefühl für mich nahm.

Mira saß immer noch ganz still neben mir und wartete ab. Ich musste lächeln und war überwältigt davon, mit so viel innerer Ruhe dort auf der Bank an diesem See sitzen zu können. Mit einem Blick auf mich spürte Mira, wie sie mir später erzählen sollte, dass sich etwas verändert hatte. Für sie stand fest: Ich war Gott begegnet.

Kapitel 37

Berauscht von diesem Erlebnis hörte ich Mira zu, wie sie mir von ihrem Leben mit Gott erzählte. Das Hochgefühl in mir ließ ein wenig nach und die Endorphine beruhigten sich wieder, doch was blieb, war meine Klarheit im Kopf. Ich nahm eine innere Ruhe in mir wahr, als ob jemand bei mir wäre. Ja, als ob „dieser jemand" die ganze Welt und damit die Verantwortung für alles, also auch ganz konkret *mich*, in seinen Händen hielt. Ich konnte einfach loslassen. Und dieses Gefühl schenkte mir wieder Vertrauen in mein Leben.

Nach diesem einzigartigen Erlebnis fuhr ich wieder nach Hause. Für mich hatte sich etwas verändert. Von meinem Wesen her war ich jemand, der gerne alle Menschen an dem teilhaben lassen wollte, was mich bewegte. Am liebsten hätte ich allen erzählt, wie gut es mir ging, aber dann hätten alle erkannt, dass es mir ziemlich schlecht gegangen sein musste. Außerdem würde doch keiner verstehen, was am See wirklich mit mir geschehen war. Ich wusste es ja selbst nicht genau!

Zu Hause angekommen freute sich meine Tochter darüber, dass ich wieder da war. Und ich spürte ihre Freude in mir. Mein Mann baute im Garten einen Spielplatz für unsere Kinder, während unser sechs Monate alter Sohn neben ihm auf der Terrasse in seinem Nestchen im Kinderwagen schlief. Gemeinsam mit meiner Tochter bereitete ich unser arabisches Lieblingsessen vor. Es gab Reis, Esskastanien, Gemüse und Lammfleisch. Meine Tochter half, so gut sie konnte. Es machte mich glücklich, sie neben mir zu haben – einfach so!

Anschließend deckten wir gemeinsam den Tisch und aßen zusammen.

Christian saß nicht einmal einen halben Meter von mir entfernt, als er mich anschaute und schließlich sagte: „Dir geht es gut! Oder?" *Die Untertreibung meines Lebens!* Dann erzählte ich ihm mit dieser Ruhe, die mich auf der Parkbank erfüllt und seitdem nicht mehr verlassen hatte, was passiert war, und dass ich mich seitdem so anders fühlte. Ich seufzte, weil ich nicht so recht wusste, was ich noch sagen sollte. Dann fragte Christian nach: „Was meinst du mit, dass du dich anders fühlst?" Es war mir unangenehm, ihm diese Frage zu beantworten. Einerseits wollte ich ihn nicht anlügen, andererseits fehlten mir die richtigen Worte, um ihm zu erklären, dass ich wieder Vertrauen in mich und in das Leben gefunden hatte. Also antwortete ich: „Ich fühle mich einfach richtig gut wie schon seit Langem nicht mehr." Mein Mann grinste. Er kannte mich einfach zu gut und sagte: „Du willst doch nicht ernsthaft sagen, dass Gott dich geheilt hat?" Ertappt biss ich mir auf die Lippen. Für einen Moment blickte ich zu meiner Tochter. Mit Reis und Soße verschmiertem Gesicht stopfte sie sich das Essen mit ihrem kleinen Löffelchen in den Mund. Es machte mich glücklich zu sehen, dass sie mochte, was ich gekocht hatte. Nachdenklich schaute ich wieder zu Christian und sagte schließlich: „Doch, ich glaube schon."

Unmittelbar nach dem Erlebnis am See war in mir das Bedürfnis entstanden, mich aus Dankbarkeit zu „Ihm" zu bekennen. Aber obwohl ich wusste, dass das, was mit mir geschehen war, unumkehrbar war, wollte ich diese Kraft in mir langsam wachsen lassen. Ich wollte mehr verstehen von dem, was da passiert war.

Nachdem ich meine Tochter am Tag danach im Kindergarten abgegeben und meinen Sohn zu Hause wieder in sein Bettchen gelegt hatte, nahm ich mir Zeit für mich. Mit der Bibel meiner Oma in der einen und einem Becher Kaffee in der anderen Hand machte ich es mir auf der Couch bequem. Während ich den Kaffee genoss, dachte ich über den gestrigen Tag nach. Ich sah mir die Bibel noch einmal ganz in Ruhe an und stellte den Becher auf den Couchtisch. Langsam atmete ich ein, legte dann meine Stirn auf die Bibel und sagte: „Ich danke Dir so sehr, ich danke Dir aus vollstem Herzen, aus jeder einzelnen Zelle in mir, dass Du mir geholfen hast!" Und schon wieder fing ich vor Dankbarkeit an zu weinen. Emotional war ich immer noch sehr dünnhäutig, aber dass ich hier mit mir allein saß und die Ruhe aushalten konnte, war wunderbar. Ich öffnete die Bibel an einer beliebigen Stelle und schlug dabei das 14. Kapitel des Johannesevangeliums auf. Dort fiel mir sofort Vers 13 ins Auge:

„Und was ihr bitten werdet in meinem Namen, das will ich tun, auf dass der Vater verherrlicht werde im Sohn."

Diese Zeilen hatte ich schon einmal gelesen, aber nicht verstanden. Diese Worte erschienen mir zu „pompös", sodass es ein Leichtes für mich gewesen war, sie nicht an mich heranzulassen. Damals konnte ich nicht verstehen, warum dieses Buch im Laufe der letzten 2.000 Jahre so viele Menschen fasziniert hatte. Und vor allem hatte ich nicht verstanden, was meine Oma genau meinte, als sie gesagt hatte: „Wenn ich darin lese, dann berührt es mich auf eine Art, für die ich keine Worte habe. Es schenkt mir Gewissheit wie nichts anderes auf der Welt." Heute hatte ich jedoch einen ganz anderen Zugang zu diesen Worten und ich fragte mich: *Habe ich nicht genau das erlebt? „Und was ihr bitten werdet ..."* Hatte ich nicht *um etwas in seinem Namen gebeten? Wow!* Ab diesem Tag hatte ich das Gefühl, als ob mir ein Schleier von den Augen genommen wurde und ich nun richtig verstand.

Ich nahm das Telefon in die Hand und berichtete Mira von meiner Erfahrung. Sie erzählte mir, dass sie oft hörte, dass die Menschen, die die Bibel lasen und keinen Glauben hatten, sie ebenfalls anders betrachteten. Vorurteile würden verhindern, den Worten offen zu begegnen.

Im Laufe der Zeit, in der ich mich immer mehr mit dem Glauben und der Bibel auseinandersetzte, entwickelte ich ein Gefühl für die Sprache und die Zusammenhänge in den Bibeltexten. Was mich vor allem beeindruckte, war, dass bereits einzelne Worte Macht besaßen und eine Dynamik in einem Vers ausmachen konnten. Mit diesen neuen Erkenntnissen war ich meiner verstorbenen Oma nähergekommen, aber auch meinem verstorbenen Sido. Dieser fühlte sich genauso zu Texten seiner Religion hingezogen und sie erfüllten ihn. Sie machten ihn zu einem liebevollen, tiefgründigen und toleranten Menschen. Meine beiden Großeltern waren meine Vorbilder und ich hoffte, ebenfalls ein so reiches Leben führen zu könne, wie sie es hatten.

Aber ich spürte auch, dass noch etwas fehlte, deswegen erzählte ich meiner Freundin davon: „Mira, ich bin mir sicher, dass etwas ganz besonders mit mir passiert ist. Ich fühle mich immer noch so frei von meinen schlechten Gefühlen. Ich ruhe in mir. Aber mir fehlt etwas. Ich wäre unaufrichtig, wenn ich sagen würde, dass ich ab jetzt so richtig an Gott glauben würde. Nicht so wie du oder meine Oma. Ich habe keine Vorstellung davon, wer Gott ist!" Zur Antwort gab sie mir: „Der Glaube, Zada, ist ein Geschenk durch den himmlischen Vater. Wenn du *Ihn* darum bittest, wird *Er* dir den Glauben an *Ihn* schenken." Ihre Worte trafen mein Innerstes. *Ich muss Ihn darum bitten, mir Glauben zu schenken?* Ja, das wollte ich. Ich wollte die Kraft, die mich geheilt hatte, wirklich kennenlernen. Ich wollte mich darin fallen lassen und vertrauen. Mein Verstand sagte mir hingegen etwas anderes: *Das ist nicht möglich! Schau dich um! Das widerspricht dem Leben auf dieser Welt. Überall gibt es Kriege und Hungersnöte.* So etwas Gutes gibt es nicht! Und dennoch fühlte es sich so richtig an.

Also entschied ich mich dafür, für meinen Glauben zu bitten. Seit dem Tag an dem See war in mir eine Sicherheit gewachsen, ein Vertrauen und eine Liebe, die so einzigartig waren. Und dieser Kraft wollte ich näher sein. Sie sollte sich in mir verfestigen und in alle Bereiche meines Lebens hineinwachsen.

Kapitel 38

Ab jetzt nahm ich mir vor, täglich um meinen Glauben zu bitten. In ruhigen Momenten meines Alltags suchte ich ein gutes Plätzchen im Haus, dankte Gott, dass es mir gut ging, und fing an zu beten. Ich bat *Ihn*, mir den wahrhaftigen Glauben an *Ihn* zu schenken. Danach las ich ein Kapitel im neuen Testament, manchmal auch nur wenige Verse, und ließ die Worte in mein Herz hinein. Im ersten Brief von Johannes, in Kapitel fünf, Vers zwölf, stand etwas, das mein Leben widerspiegelte:

> *„Wer den Sohn hat, der hat das Leben; wer den Sohn Gottes nicht hat, der hat das Leben nicht."*

Jahrelang hatte ich mich allein und vom Leben ausgeschlossen gefühlt, obwohl ich einen Mann an meiner Seite hatte. „Wer den Sohn hat, der hat das Leben; ..." Diese Worte nahmen mir meine Angst und schenkten mir eine Gewissheit, eine Zuversicht, die ich seit dem Tag am See wahrgenommen hatte. Endlich hatte ich das Gefühl, einen Vater zu haben, den ich immer um Hilfe bitten konnte, egal in welcher Lebenssituation. Jetzt hatte ich einen, der mir die Liebe gab, nach der ich so lange gesucht hatte.

Wenn ich wieder negative Erlebnisse mit meinen Mitmenschen hatte, war es nicht wie zuvor, dass ich mich endlos lange darüber ärgerte. Natürlich war ich im ersten Moment wütend, manchmal auch sehr stark. Doch der Unterschied zu früher war, dass ich es emotional loslassen konnte. Ich bat

Gott einfach darum, dass alles wieder gut werden würde, und das wurde es auch. Manchmal dauerte es länger oder kam anders als gewünscht, aber es war dennoch gut. Bevor ich zu Gott fand, hatte ich mir oft so lange den Kopf zerbrochen, bis ich mein Problem lösen konnte. Gewiss habe ich auch in meinem Leben mit Gott meine Probleme überwiegend selbst gelöst, auch wenn ich Ihn um Unterstützung bat. Die Sicherheit, die er mir gab, und das Vertrauen in mich selbst ließen mich aber vieles gelassener betrachten.

Manchmal bat ich auch ganz banal um meine Schlüssel, die ich verlegt hatte. Früher war ich wütend geworden, hatte vor mich hin geschimpft und war immer hektischer bei der Suche geworden. Jetzt gab ich meine Suche in *Seine* Hände und bat *Ihn* in Gedanken: *Jesus, kannst Du mir bitte sagen, wo meine Schlüssel sind?* Ich glaubte fest daran, eine Antwort zu erhalten. Entspannt packte ich also weiter die Sachen ein, die ich für das Außerhausgehen brauchte. Wenige Sekunden später hatte ich eine Art Impuls und mir fiel ein, wo meine Schlüssel waren, oder aber ich sah sie unter einer Zeitung oder einer Kindermütze auf der Flurkommode liegen. Seit dem Tag am See war Gott immer für mich da. Wirklich immer! Und täglich bedankte ich mich bei Ihm dafür.

Das größte Geschenk, das Er mir jedoch machte, war, dass ich endlich aufhören konnte zu hassen. So viele wunderbare Momente in meinem Leben hatte ich zuvor nicht auskosten können, weil meine negativen Gefühle mich ständig beherrschten. Der ständige Begleiter hatte alles kaputt gemacht. Seitdem meine Hass-Spirale verschwunden war und ich wieder das Gute in dieser Welt sehen konnte, stieg meine Lebensqualität enorm. Endlich war ich glücklich und das Leben wieder lebenswert.

Nachdem die Kraft von Gott in mir wuchs, erzählte ich meinem Mann und später auch seiner Familie von meinem tiefen Glauben. Ich war dankbar dafür, dass sie meine Entscheidung, eine Christin zu sein, respektierten. Mir war es wichtig, dass die Menschen, die ich liebte, mich so nahmen, wie ich bin. Die Angst davor, abgewiesen zu werden, steckte immer noch in mir, denn natürlich waren die Erfahrungen aus meiner Vergangenheit immer noch präsent. Irgendwann gewann ich das Vertrauen, auch von meiner Erfahrung am See zu erzählen. Für Außenstehende war die schnelle Wendung in meinem Leben vielleicht schwierig zu verstehen. Ich wollte aber, dass meine neue Familie mich verstand und mich als Christin annahm.

Eines Tages sagte mein Mann zu mir: „Vor ein paar Jahren bin ich Muslim geworden, damit wir nach dem Islam heiraten konnten, und nun bist du Christin?!" Ich lachte laut auf, umarmte ihn und erwiderte: „Ist das nicht verrückt?" Daraufhin meinte Christian: „Mäuschen, du weißt, dass ich nur für dich zum Islam konvertiert bin, damit deine Familie Ruhe gibt. Ich sehe mich nach wie vor als Christ, doch ich glaube nicht so aktiv wie du an Gott oder Jesus." Ja, das wusste ich, und trotzdem hoffte ich, dass der Herr ihm eines Tages ebenfalls den Glauben schenken würde, damit auch er die Liebe, Zuversicht und Gelassenheit erfahren konnte, die ich spürte. Mir war bewusst, dass es nichts bringen würde, ihn zum Glauben zu überreden. Er musste sich selbst dafür entscheiden.

Um meinen Glauben mit anderen zu teilen, wollte ich an einem Sonntag in die Kirche einer evangelischen Gemeinde gehen. Nachdem ich die Entscheidung getroffen hatte, andere Christen zu treffen, war ich ein wenig aufgeregt. Ich wollte mit Gleichgesinnten gemeinsam einen Gottesdienst erleben und Gottes Wort hören. Meine Kinder hatte ich also bei meinem Mann gelassen, damit ich mich ganz auf mich konzentrieren konnte.

Als ich die Kirche betrat, ging ich davon aus, dass alle Bänke mit vielen Menschen besetzt sein würden. Kurz kam auch die Angst in mir auf, dass ich vielleicht angestarrt werden könnte, weil mein Aussehen eher einer Muslima glich als einer Christin. Doch es war ganz anders. In diesem schönen, großen, fast pompösen Gebäude, in dem bestimmt Platz für 250 Personen war, saß kaum ein Mensch. Ich entdeckte eine Familie mit fast erwachsenen Kindern und zwei weitere ältere Ehepaare, die über die Sitzreihen verteilt ziemlich allein dasaßen. Anfangs war ich entsetzt und gleichzeitig von meinen Mitmenschen enttäuscht, dass sich offensichtlich nur so wenige die Mühe machten, an diesem Gottesdienst teilzunehmen. Als er begann, kam der Pfarrer hinzu. Nun waren wir zehn Personen in diesem großen Raum.

Schon während der Predigt wurde mir klar, warum nur so wenige auf diese Veranstaltung Lust hatten. Ich empfand den Gottesdienst als sterbenslangweilig! In meiner Vorstellung war die Kirche ein Ort, wo man die Liebe Gottes spürte und dankbar dafür war. Ich hatte am See bereits einmal das große Glück erlebt, Gott in mir zu spüren. Und ich erwartete nicht, dass der Gottesdienst wieder ein so wahnsinniges Erlebnis wie am See sein würde. Aber ein bisschen mehr als nur Worte für den Verstand hatte ich schon erwartet. Hier jedoch war ich dankbar, als die Predigt endlich zu Ende war. Die Schönheit der Worte aus der Bibel und der Sinn des Lebens aus christlicher Sicht wurden nicht so vermittelt, dass es mich ansprach oder berührte. Für mich war die Predigt nur ein Vortrag aus leeren Metaphern, die ich schlecht auf mein Leben übertragen konnte. Mir wurde auch klar, dass ich meine Kinder definitiv nicht hätte mitnehmen können. Sie waren zu klein, um sich eineinhalb Stunden ruhig auf der Bank zu halten. Enttäuscht fuhr ich nach dem Gottesdienst wieder nach Hause.

Einige Wochen später startete ich einen zweiten Anlauf, denn ich dachte: *Vielleicht hatte der Pfarrer einfach einen schlechten Tag gehabt und vielleicht waren die meisten Gemeindemitglieder zufällig an diesem Sonntag verhindert gewesen.* Erneut betrat ich also die Kirche und wurde sofort wieder eines Besseren belehrt. Der Wunsch danach, in diesem Gottesdienst Gott nahe sein und ihn besser kennenlernen zu können, und zwar mit dem Herzen und nicht mit dem Verstand, erfüllte sich wieder nicht. Ich merkte auch, dass ich hier keine aktive Gemeinde finden würde, die eine Lebensbereicherung für mich werden konnte.

Als ich mit Mira telefonierte und ihr von meinen ernüchternden Erlebnissen berichtete, seufzte sie und sagte: „Genau das war auch unser Problem, daher haben wir uns entschieden, eine andere Gemeinde zu suchen. Unser Gottesdienst ist richtig schön. Wir singen viel und sind nicht so ‚vor Ehrfurcht erstarrt'. Gott ist lebendig, so wie wir! Sogar eine Kinderbetreuung kannst du nutzen. Aber niemanden würde es stören, wenn die Kinder mal nicht auf ihrem Sitz bleiben würden. Es hängt im Grunde davon ab, wie ein Pastor seine Gemeinde führt. Komm doch mal mit zu unserem Gottesdienst! Du musst dann zwar mit dem Auto fahren, aber du wirst es nicht bereuen." Miras Worte machten mir Mut, also sagte ich ihr zu, dass ich sie am nächsten Sonntag begleiten wollte.

Kapitel 39

Am nächsten Sonntag trafen wir uns bei Miras Gemeinde. Auch sie war eine evangelische Christin. Ich war leider einige Minuten zu spät dran. Christian wollte mit den Kindern auf einen Abenteuerspielplatz gehen, aber insgeheim hoffte ich, dass auch mein Mann irgendwann bereit wäre, mit mir in die Kirche zu gehen. Als ich auf den Parkplatz fuhr, staunte ich nicht schlecht: Mehr als 70 Autos standen darauf. Zunächst schaute ich mich um, ob hier womöglich eine Veranstaltung anstand, zu der so viele Besucher gekommen waren. Von Weitem sah ich, wie Mira, ihr Mann und ihre drei Kinder auf mich zukamen. Wir begrüßten uns mit einer herzlichen Umarmung. Ich entschuldigte mich, dass ich zu spät war, aber auch sie berichtete, dass sie ebenfalls erst gerade angekommen wären. Als wir die Kirche betraten, begrüßte uns ein Ehepaar freundlich im Vorraum. Miras Kinder rannten los, als sie die ersten Freunde entdeckten. Hier schienen sich alle zu kennen und jeder begrüßte jeden. Dann betraten wir den eigentlichen Innenraum der Kirche und ich hörte laute Musik, sodass ich mich fragte: *Bin ich hier auf einem Konzert oder in einem Gottesdienst?* Hinter einem Altar hing ein riesiges Holzkreuz und davor befand sich eine Musikband. Viele Menschen in diesem Raum standen vor ihren Sitzbänken und einige Kinder direkt vor den Musikern und sangen oder klatschten im Takt der Lieder. Fast alle bewegten sich frei und wippten zur Musik.

Schräg hinter der Band, die aus einem Schlagzeuger,

mehreren Gitarristen, einer Pianistin und mehreren Sängern bestand, hing eine weiße Leinwand, auf der der Liedtext in Echtzeit abgebildet wurde, den die Band sang. Der Raum wurde von großen Mosaikfenstern, die die Geschichte Jesu darstellten, farbenfroh lichtdurchflutet. Bunte Farben fielen an der einen Seite auf die Sitzbänke und die Menschen, die dort standen, weil die Sonne kräftig hereinschien. Mira nahm mich an die Hand und mit ihrem Mann suchten wir zusammen freie Plätze relativ weit vorne aus. Ich wurde ganz still und konnte kein Wort sagen. Vorsichtig drehte ich mich um und schaute erst nach rechts und dann nach links. Hier waren Männer, Frauen, große und kleine Kinder und ältere Menschen – so ausgelassen und fröhlich. Als das nächste Lied begann, las ich den Text auf der Leinwand mit. Sofort fühlte ich mich berührt, als eine sanfte, aber dennoch moderne Melodie erklang, die die Liebe Gottes auf eine so schöne Weise beschrieb. Den Refrain, der zwei Mal wiederholt wurde, konnte ich gleich mitsingen:

„Die Liebe des Retters hat triumphiert. Als du am Kreuz den Tod besiegtest, wurd ich erlöst, wurd ich erlöst."[1]

Tränen liefen über meine Wangen. Das Lied mit dem Titel „Die Liebe des Retters" beinhaltete so viel Wahrheit für mich! Ich dachte an mein altes Leben, wie es ohne meinen Glauben gewesen war und wie ich durch diesen einen Moment mit Gott aus der Gefangenschaft meiner Gedanken und meines negativen Seins befreit wurde. Hier brauchte ich nicht verlegen meine Tränen zu trocknen, denn Gefühle waren hier erlaubt. Mira schaute mich lächelnd an und sagte: „Jetzt weißt du, warum ich hierherkomme. Hier spürt man wahrhaftig die Liebe des Vaters!" Wir umarmten uns. Als ich mich von ihr löste, blickte ich durch den Saal in die Gesichter der Menschen und war erstaunt, wie viele glücklich und ausgelassen aussahen. Ich fühlte mich so verstanden in meiner Liebe und dem Glauben zu Gott. Denn ihnen erging es ebenfalls wie mir. Ich konnte einigen ansehen, dass sie voller Dankbarkeit und Freude waren. Mit diesem Lied wurde mir klar, dass ich meine Gemeinde gefunden hatte.

Die Band spielte ein weiteres Lied und vom Klavier ertönte eine wunderbare Melodie. Die Zeilen handelten von Gottes Gnade und dass wir durch Jesus' Tod am Kreuz von aller Schuld freigesprochen wurden. Besonders berührte mich diese Textzeile: „[D]u nennst mich ganz dein. In deinen Armen darf ich sein.“[2] Zum Schluss spielten sie dann noch das Lied „Höher“[3], das zum Lieblingslied meiner Kinder und mir wurde. Oft sangen wir dieses später zusammen vor dem Zubettgehen. Der Spaß daran war, mit unseren Armen und Händen die Geschichte, die erzählt wurde, dazustellen. Auch hier waren die Gemeindemitglieder dabei, das Lied körperlich mitzugestalten: Erklang „weiter als der Himmel“, wurden die Arme ausgebreitet, und bei „deine Liebe ist tiefer als das Meer“ bückten sich alle und versuchten, den Boden zu berühren. Es war mir eine Freude zu sehen, dass sich auch ältere Menschen ausgelassen bewegten, dabei lächelten und sich ganz unbeschwert verhielten. Oft hatte ich erlebt, dass Ältere in unserer Gesellschaft immer ruhiger wurden, kaum Emotionen zeigten, selten berührt waren und wenn doch, dies nicht offensichtlich zeigten. Als die letzten Töne verklungen waren, klatschten alle. Die Mitglieder der Band verließen die Bühne und jeder wusste, dass nun die Predigt beginnen würde.

Die Kinder folgten laufend und springend einer Frau in einen Nebenraum. Meine Freundin flüsterte mir ins Ohr, dass es hier einen Spielraum für die Kinder gäbe und sogar eine ausgebildete Erzieherin für die Kinder da wäre. Dann trat der Pastor vor den Altar. Ich schätzte ihn auf knapp 50 Jahre und er begrüßte alle herzlich. Der Gottesdienst war für mich mit sehr viel Liebe gemacht. Alles wirkte so ehrlich und herzlich auf mich. Der Pastor gab viele Anregungen zum Nachdenken, indem er aus der Bibel zitierte und darüber sprach, wie er diese Zeilen verstand. Einige Gemeindemitglieder hatten etwas vorbereitet und durften von persönlichen Erlebnissen erzählen, von denen sie meinten, darin in besonderer Weise Gott erlebt zu haben. Die Predigt des Pastors gefiel mir außerordentlich. Als Grundlage nahm er den Vers aus der Bibel „Der Mensch denkt über vieles nach und macht seine Pläne, das letzte Wort aber hat der HERR" (Sprüche 16,1; HFA). Ja, ich hatte mein bisheriges Leben anders geplant und hatte es mir leichter vorgestellt. Doch auf Umwegen war ich nun hier in dieser Kirche, mit so vielen herzlichen Menschen, und fühlte mich angekommen.

Am kommenden Sonntag traf ich mich erneut mit Mira und ihrer Familie in der Gemeinde. Meine Kinder nahm ich diesmal mit und auch sie waren begeistert von der Musik und der Kinderbetreuung. Es freute mich sehr, dass sie hier willkommen waren. Auch viele weitere Sonntage verbrachten wir gemeinsam dort in der Gemeinde. Ich fand auch Anschluss an Gleichgesinnte, denen ich mich öffnen konnte. Mit dieser neuen Gemeinde fühlte mich reich beschenkt.

Kapitel 40

Ich lebte bereits ein ganzes Jahr mit Gott. Unser Familienleben war eine Freude und ich hatte verstanden: Wenn es mir gut ging, ging es auch meiner Familie gut. Wir kamen viel besser miteinander klar, wenn ich im Einklang mit mir selbst war. Gott half mir dabei und ich fühlte mich in ihm geborgen. Ich hatte auch entdeckt, dass Musik meine Verbindung zu Gott unterstützte. Als Mira irgendwann vorschlug, gemeinsam ein Gospelkonzert zu besuchen, war ich deswegen sofort begeistert und sagte zu.

Das Konzert fand in einer großen Kirche statt und wir konnten direkt in der ersten Reihe Plätze ergattern. Die Stühle waren wie ein großes U vor dem Altar aufgestellt, damit die Sänger sich zusätzlich auf dieser großen Fläche bewegen konnten. Die Vorfreude unmittelbar vor dem Konzert stieg und der Saal füllte sich bis auf den letzten Platz. Als der Gospelchor, der aus den USA kam, die Kirche betrat, wurde das Licht gedämmt. Die prachtvollen, bodenlangen bunten Gewänder, die starken Stimmen und das Orgelspiel dazu waren beeindruckend. Wir sangen mit, so gut wie wir konnten, und hatten dabei einfach viel Spaß.

Dann trat eines der Chormitglieder nach vorne und sang den Song „Sometimes I Feel Like a Motherless Child". Schon bei den ersten Worten musste ich schlucken, denn dieses Lied bewegte mich sehr. Es erinnerte mich an das vierte Gebot aus dem zweiten Buch Mose, dass man seine Eltern ehren sollte. Mit dieser Aussage aus der Bibel war ich zuerst nicht gut zurechtgekommen, was aufgrund meiner Vergangenheit vielleicht verständlich war. Doch die Aussage des Liedes, sich wie ein mutterloses Kind zu fühlen, weckte in mir das Gefühl, dass ich dennoch meiner Mutter dankbar sein wollte. Schließlich hatte ich eine – und sie hatte mich großgezogen. Ohne sie hätte ich all die Erfahrungen, gute und schlechte, nie gemacht, die mich zu der Person gemacht hatten, die ich jetzt war. Noch während dieses Liedes wusste ich plötzlich, dass ich ihr einen Brief schreiben wollte. Trotz unseres zerrütteten Verhältnisses wollte ich ihr Danke sagen für all das, was sie für mich getan hatte. Nach wie vor war mir klar, dass wir nicht mehr zueinanderfinden würden. Da ich nun jedoch selbst Kinder hatte und wusste, wie anstrengend es sein konnte, sie großzuziehen, sah ich einiges anders. Meine Mutter war überfordert gewesen und niemand hatte ihr zuvor gezeigt, wie man liebevoll mit Kindern umgeht. Sie selbst musste eine schlimme Kindheit gehabt haben. Woher sollte sie also wissen, was Liebe ist und was sie leisten konnte?

Einige Tage nach dem Konzert schrieb ich ihr also einen Brief. Es wurden ganze zwei Seiten, auf denen ich ihr mitteilte, wofür ich ihr dankbar war. Meine Entscheidung, keinen Kontakt mehr zu ihr haben zu wollen, war von diesem Brief vollkommen unabhängig. Es fühlte sich aber richtig und vor allem wichtig an, ihr dennoch diese Wertschätzung zu geben. Keine Zeile enthielt Kritik, einen Vorwurf oder auch nur eine Andeutung unserer Probleme. Ich kannte meine Mutter. Trotz unserer Differenzen war ich mir sicher, dass sie viele Abende vor dem Fernseher gesessen haben musste und um mich geweint hatte. Wenn ich mir vorstellte, dass ich mit einem meiner Babys, die ich jeden Tag aufs Neue liebte, im Erwachsenenalter keinen Kontakt mehr hätte, dann würde es mir das Herz brechen. Daher hoffte ich, ihr mit meinen letzten Worten an sie dabei zu helfen, dass sie mich loslassen und ihr eigenes Leben leben konnte. Sie sollte glücklich werden. Als ich den Brief beenden wollte und er geschrieben vor mir lag, stellte ich fest, dass ich ihn noch einmal schreiben musste, denn überall waren Spuren von Tränen auf dem Papier. Nachdem ich ihn ein weiteres Mal geschrieben hatte, schob ich ihn in einen Briefumschlag, schrieb „Mama" darauf und fügte noch ein Foto von mir bei. Dieses Bild zeigte mich, wie ich mit meiner Tochter schwanger gewesen war. Ich fand, dass ich meiner Mutter auf dem Bild ähnlich sah und sie sollte eine Erinnerung an mich haben. Eine Freundin bat ich darum, den Umschlag in ihren Briefkasten zu werfen, denn ich wollte nicht, dass sie anhand des Absenders oder des Poststempels erkennen konnte, wo ich wohnte. Gleichzeitig wollte ich auch sichergehen, dass der Brief wirklich bei ihr ankam.

Ein Jahr später hatte Jamal eher ungewollt Kontakt zu unserer Mutter. Er berichtete mir, dass er, der mittlerweile ein großer, starker Mann geworden war, beim Anblick unserer Mutter immer noch die Verletzungen und die Angst spürte, die ihn im Kindesalter begleitet hatte. Und auch diese Begegnung mit ihr war unangenehm gewesen. Wie gewohnt hatte sie ihm sofort Vorwürfe gemacht. Er berichtete mir auch davon, dass sie wütend gesagt hatte: „Deine Schwester denkt, sie könne mit ihrem Brief als die Gute dastehen. Für das, was sie mir angetan hat, wird Allah sie in die Hölle schicken!"

Es machte mich traurig, dass sie meinen Brief so aufgenommen hatte. Meine Worte an sie hatten keine böse Absicht im Sinn, sondern kamen von Herzen. Dennoch war ich froh, dass ich ihr geschrieben hatte. Auch wenn sie mich nicht verstand, hoffte ich inständig, dass sie es irgendwann tun und Frieden mit mir schließen könnte.

Dieser Brief hatte aber noch eine ganz andere Wirkung – eine auf mich: Ich konnte meiner Mutter vergeben. Wenn ich an sie dachte, hatte ich keine schlechten Gefühle und auch keine Ängste mehr in mir. Ich war frei! Gott hatte mir die Liebe geschenkt, die ich mir immer gewünscht hatte. Und diese Liebe füllte das Loch in meiner Seele. Ich fühlte mich unversehrt. Einer der wichtigsten Punkte, die ich durch meinen Glauben gelernt habe, ist: Im Laufe des Lebens wird der Rucksack der schlechten Erfahrungen mit den damit einhergehenden Gefühlen immer schwerer. Wenn man jemandem vergibt, hilft es einem beim Loslassen und der Rucksack wird um die belastenden Gefühle leichter und macht somit Platz für das Gute. Durch Vergebung wird es einfacher, sein Leben so zu leben, wie man es sich wünscht.

Kapitel 41

Es war ein schwüler, heißer Mai-Tag, als ich mit meinem Wocheneinkauf im Auto und einer Großpackung Erdbeereis nach Hause kam. Bevor ich meine Einkäufe aus dem Auto holte, öffnete ich den Briefkasten. Ich sah, dass wir eine Einladung eines befreundeten Paares aus unserer Straße zur Taufe ihres Kindes erhalten hatten, und sogleich schoss mir ein Gedanke durch den Kopf: *Hey, ich möchte mich auch taufen lassen! Und zwar in diesem Jahr! Ich werde mich für alle sichtbar zu Jesus bekennen, obwohl ich innerlich schon, seitdem ich ihn am See getroffen habe, eine Christin bin.* Sofort teilte ich diesen Gedanken mit meiner Schwiegermutter, die die Kinder zu Hause gehütet hatte, und sie fing an zu lachen: „Lassen sich nicht normalerweise Kinder taufen?" Ich musste ebenfalls lachen, da ihr Lachen so ansteckend war. Übermütig erwiderte ich: „Na und? Warum sollte das nicht gehen?" Anschließend ließen wir uns vom Eis im Mund erfrischen und ich schmiedete auch schon Pläne für meine Taufe. Sie sollte besonders werden. Ich wollte mich öffentlich zu Gott bekennen und dies mit den wichtigsten Menschen in meinem Leben feiern.

Wenige Wochen später war es dann so weit. Der Pastor meiner Gemeinde half mir bei den Vorbereitungen und wir wählten einen Samstag im August. Ich wollte an dem Ort getauft werden, an dem Gott *mich* das erste Mal getroffen hatte. Der See war in diesem Waldabschnitt von einer großen Wiese umrahmt und ich hatte die engste Familie meines Mannes, meinen Bruder sowie einige Freundinnen eingeladen. Die ein oder andere Person aus meiner Gemeinde war auch gekommen. Gleichzeitig mit mir sollte auch das Kind meiner Freundin Mira getauft werden. Ihr Sohn war bereits zwölf Jahre alt und hatte sich ebenfalls bewusst für ein Leben mit Gott entschieden. Angeregt durch meine Entscheidung, wollte auch er in diesem See getauft werden. Seine Familie und Freunde waren somit ebenfalls dabei. Wir bauten Biertischgarnituren auf und stellten köstliche Kuchen, Snacks, Kaffee und Getränke für alle bereit. Viele brachten selbst etwas für das Buffet mit, sodass es immer reichhaltiger wurde. Die Sonne schien und die Kinder der Familien rannten über die Wiese oder aßen mit großem Appetit den Kuchen. Man hörte sie kreischen und lachen und von überallher konnte man das Zwitschern der Vögel hören. Die Erwachsenen standen in Grüppchen zusammen und waren in Gespräche vertieft. Ich atmete tief ein, vernahm den Duft des Waldes, der sich mit dem Geruch des Seewassers mischte, und genoss diese Atmosphäre.

Als der offizielle Teil der Feier schließlich begann, bat der Pastor um Aufmerksamkeit und sprach ein Gebet. Gleich darauf trat Miras Schwester zusammen mit ihrem Sohn vor uns. Sie war eine professionelle Sängerin und hatte für diesen Tag ein Lied komponiert für ihren Neffen und für mich, das von Vertrauen in Gott handelte. Ihr Sohn begleitete sie mit seiner Gitarre. Sie sang über Gottes Größe, seine Güte und darüber, dass sich der Mensch voller Hingabe in ihm fallen lassen könne. Sie hatte ja so recht! Dieser wunderbare Moment gab dieser Tauffeier etwas ganz Besonderes. Dann folgte der eigentliche Höhepunkt. Miras Sohn und ich, beide ganz in Weiß gekleidet, gingen mit dem Pastor in den See hinein, bis wir hüfttief in ihm standen. Unsere Gäste begleiteten uns bis zum Ufer. Mira, meine Taufpatin und der Pate ihres Sohnes standen direkt an der Wasserlinie und blickten zu uns hinüber.

Ich hörte, wie meine Tochter Christian fragte, „Papa, darf ich auch baden?", und brachte uns damit alle zum Schmunzeln.

Dann wandte sich der Pastor an mich. Er erzählte kurz von meinem Weg, wie ich zum Glauben gekommen war, und betonte seine Freude darüber, wie glücklich ich ihm erschien. Dann las er mit lauter Stimme meinen Taufspruch vor, den meine Taufpatin für mich ausgewählt hatte:

„Deine Augen sahen mich, da ich noch nicht bereitet war,
und alle Tage waren in dein Buch geschrieben, die noch
werden sollten und von denen keiner da war."
(Psalm 139,16)

Dann bat er mich, meine Hände rechts und links über Kreuz auf meine Schultern zu legen und ihm zu vertrauen. Er stand seitlich zu mir und hielt mich fest in seinen Armen. Mit den Worten „Ich taufe dich auf den Namen des Vaters und des Sohnes und des Heiligen Geistes in den Tod und in die Auferstehung Jesu Christi hinein" tauchte er mich rückwärts ins Wasser. Als ich unterhalb der Wasseroberfläche war, öffnete ich für einen Moment meine Augen. Durch das Wasser hindurch blickte ich in den Himmel und betete in Gedanken: *Ich danke Dir für alles!* Mit diesem wunderbaren Gefühl der Dankbarkeit in mir zog der Pastor mich aus dem Wasser, sodass ich wieder aufrecht stehen konnte. Meine Freunde am Ufer klatschen und freuten sich mit mir. Zum Schluss sagte der Pastor: „Du bist nun neu und dein altes Leben ist vorbei!" Danach wurde Miras Sohn auf die gleiche Weise getauft und wir erhielten vom Pastor noch unseren Segen. Dieser Tag an diesem so besonderen Ort wurde für mich unvergesslich. Die Taufe war mir wichtig, denn ich wollte mich vor allen zu Gott bekennen. Doch in meinem Herzen wusste ich auch, dass *Er* mich bereits ohne dieses Sakrament begleitet und auf mich aufgepasst hatte. Diese Sicherheit war tief in mir verankert. Ich fühlte mich mit mir und der Welt im Reinen.

„Liebe deinen Nächsten wie dich selbst." – Nachdem ich durch Gott meine Liebe zu mir selbst gefunden hatte, war es ein Leichtes, dieses Bibelwort auch auf meine Mitmenschen anzuwenden. Wenn ich mein Leben heute betrachte, bedeutet das für mich auch, anderen gegenüber ehrlich zu bleiben und es gut mit ihnen zu meinen. Tatsächlich merke ich, dass meine Aufrichtigkeit auch von Menschen geschätzt wird, die mit mir zusammenarbeiten. Und durch das Vertrauen, dass Gott mir schenkt, fällt mir auch die Vergebung leichter. Aus kleinen Ärgernissen mache ich keine große Sache mehr. Mit dem Herz am richtigen Fleck nehme ich persönliche Reibereien mittlerweile als Übungen zur Nächstenliebe, an denen ich wachse. Habe ich Probleme, die sich nicht so einfach lösen lassen, vertraue ich auf Gott und gehe gelassener mit ihnen um. Oft kommt die Auflösung von selbst oder aber es kommt ein hilfreicher Gedanke auf, den ich vor lauter Wut und Angst nicht erkannt hätte. Dann danke ich Gott dafür.

Epilog

Draußen stürmt es und die Regentropfen laufen die Fensterscheiben hinunter. Ich blicke nach draußen und denke an Christian. An unsere vielen schönen gemeinsamen Momente. An den Zusammenhalt, der unsere Beziehung immer ausmachte. Und an den Schmerz, den wir beide fühlten.

Christian und ich haben erkannt, dass wir nur noch aus Loyalität, doch nicht mehr aus Liebe zusammen waren. Wann die Liebe verschwand, wissen wir beide nicht so recht. Was wir jedoch wissen, ist, dass wir ein wunderbares Leben miteinander hatten, das uns, neben den Kindern, immer verbinden wird. Nach 15 Jahren Beziehung haben wir uns freundschaftlich getrennt. Wir sitzen oft noch zusammen bei der Übergabe der Kinder, trinken Kaffee und berichten uns von den Highlights der Woche, die wir selbst oder mit den Kindern erlebt haben. Und wir beide haben das Glück, dass wir erneut jemanden kennengelernt haben.

Ich bin glücklich darüber, wie sich mein Leben entwickelt hat. Ich fühle mich stark. Vor allem aber fühle ich mich frei, und dafür bin ich dankbar.

In der nassen Fensterscheibe betrachte ich mein Spiegelbild und lächle. Ein kurzer Aufschrei meiner Kinder holt mich wieder ins Hier und Jetzt zurück. Beide sitzen an dem großen Esstisch, auf dem überall Buntstifte, Papier, Anspitzer, Scheren und Klebstifte verteilt sind. Sie streiten darüber, wer zuerst mit dem hellgelben Stift eine Sonne auf seinem Blatt malen darf. Aber die beiden können sich schnell einigen. Dann sagt meine Tochter zu ihrem Bruder: „Jetzt darfst du zuerst, das nächste Mal darf ich zuerst." Die beiden gehen oft liebevoll miteinander um.

Ich erinnere mich zurück an die Kindheit mit meinem Bruder. Auch wir sind sehr liebevoll miteinander umgegangen, und wenn es Streit gab, konnten wir nicht lange ohne den anderen, also mussten wir uns schnell wieder vertragen. So eine rücksichtsvolle Einstellung wünschte ich auch meinen Kindern für ihr Leben. Welche Lebensaufgaben auch auf sie warten, ich will sie immer unterstützen. Auch wenn ich mit ihren Entscheidungen, die sie für sich treffen werden, vielleicht nicht einverstanden bin, nehme ich mir vor, tolerant zu sein. Und falls sich kulturelle Hindernisse in ihren Weg stellen, will ich ihnen Mut zusprechen, die Kritik der anderen auszuhalten und zu überwinden. Sie sollen ein bewusstes und selbstbestimmtes Leben führen können.

Diese Kraft der Selbstbestimmung für sich zu entwickeln, wünsche ich allen Menschen. Ich bin unendlich dankbar dafür, dass ich den Mut und die Kraft besaß, meinen Weg zu gehen. Meine Freiheit, „ich zu sein", schätze ich sehr. Ich wünsche jedem, sich geliebt zu wissen, denn erst dann kann man seinen ureigenen Wert erkennen. Ebenso wichtig finde ich es, dass man seine individuelle Art für sich entdeckt und darin die Kraft findet zu akzeptieren, dass es Menschen gibt, die einem nicht folgen können.

Mit meiner Geschichte möchte ich mich auch besonders an Eltern wenden und ihnen mitgeben: Verwehrt euren Kindern nicht ihr Glück, um das vermeintliche „Gesicht vor der Gesellschaft" zu wahren. Diese Botschaft ist mir unglaublich wichtig und für sie werde ich mich einsetzen.

Zu wissen, dass Gott bei mir ist, hat für mich eine besondere Bedeutung. Erst durch Ihn habe ich mein wahres Glück gefunden und Er gab meinem vorherigen Lebensweg einen Sinn. Denn durch Seine Liebe habe ich meine seelischen Verletzungen, die nicht von selbst heilen konnten, überwunden.

An einer Weggabelung zu stehen und eine Entscheidung zu treffen, so wie ich sie treffen musste, ist sehr schwierig. Ich bin mit einem glücklichen Leben davongekommen, doch ich hätte es auch verlieren können. Ich war bereit, vieles für meine Freiheit in Kauf zu nehmen. Und ja, ich hatte manchmal Angst, dass ich die falsche Entscheidung treffen würde. Aber heute stehe ich hier und kann sagen, dass mein Weg richtig für mich war – und es auch weiterhin ist.

Deswegen möchte ich mit einer Frage enden: Wie wird dein Weg sein?

Danke

Lieber Herr Holtgrefe, ich danke Ihnen. Wenn Sie mir nicht vorgeschlagen hätten, ein Buch über meine Vergangenheit zu schreiben, dann wäre dieses Buch nie entstanden. Möge dieses Buch Mädchen und Frauen Mut machen, ihr Leben selbstbestimmt zu führen!

Lieber Johannes und lieber Hannes, liebe Deborah und liebe Ellen, ich danke euch für die sympathische und gute Zusammenarbeit!

Vor allem aber möchte ich mich bei dir, liebe Britta, von Herzen bedanken. Danke für deine große Unterstützung im Entstehungsprozess dieses Buches und für deine Freundschaft!

Mit einer Botschaft an meine beiden Kinder möchte ich schließen: Meine Vergangenheit soll euch ein Leben ebnen, das ihr frei und selbstbestimmt gestalten könnt. Denn nur eines zählt: Dass ihr glücklich seid und bleibt.

Anmerkungen

1 Die Liebe des Retters
Text und Melodie: Mia Friesen; Stefan Schöpfle
© 2010 Outbreakband Musik
adm. by Gerth Medien, Wetzlar

2 Mutig komm ich vor den Thron
Originaltitel: Boldly I Approach
Text & Melodie: Rend Collective
Dt. Text: Simon Gottschick
© 2014 Thankyou Music
Für D, A, CH: SCM Hänssler, Holzgerlingen

3 Höher
Originaltitel: Higher
Text & Melodie: Dominik Laim
Dt. Text: Zippora Schneider-Ulrich & Jennifer Pepper &
Sarah Keim & Steffen Bodemer
© 2015 ICF Media GmbH/Integrity's Praise! Music
Für D, A, CH: SCM Hänssler, Holzgerlingen